公益財団法人 日本学校保健会 推薦

ライフスキルを育む
思春期の心と体
授業事例集

JKYBライフスキル教育研究会(代表 川畑徹朗)編著

かんたんプリント
CD-ROM付
活動シート 生徒用資料
教師用資料 掲示用資料 等

とうほう
東京法令出版

JKYB（Japan Know Your Body）ライフスキル教育研究会は、
青少年のセルフエスティーム（健全な自尊心）や
目標設定スキル、意志決定スキル、
ストレスマネジメント、コミュニケーションスキルなどの
一般的・基礎的な心理社会的能力（ライフスキル）の形成を
図ることによって、青少年の健全な発達を促し、
喫煙・飲酒・薬物乱用を始めとする危険行動を
防止することを目的として1988年に発足した研究グループです。

はじめに

　CDC（米国疾病管理・予防センター）は、「望まない妊娠やHIVを含む性感染症に関係する性行動」を、現代の青少年がとる「危険行動」（自分自身の健康を損ねたり、社会に対して重大な影響を与えたりするおそれの高い行動）の一つとしてとらえ、こうした危険行動を抑制することが、現代社会の健康問題を解決するための具体的戦略になるとしています。

　青少年がとる早期の性行動は、若年妊娠や性感染症などの身体的健康問題を引き起こすだけではなく、精神的・社会的健康を損ない、経済的困窮や学業の放棄につながるなど、彼らのQOL（人生の質）に対しても好ましくない影響を与えます。

　早期の性行動がもたらすこのような影響の重大性にもかかわらず、我が国の青少年の性行動は1990年代以降急速に活発化、早期化してきており、特に高校生女子においてその傾向が顕著です。そのため、性行動が活発化する前に、効果的な性教育を学校において実施することは、これまで以上に重要視されるべきだと考えられます。

　しかし、かつて行われた「過激な性教育」に対するバッシングの影響もあり、多くの学校では性教育を実施することにはためらいもあるようです。こうした不幸な状況を打破するためには、多くの教職員や保護者の理解が得られ、しかも青少年の性行動の早期化や活発化、それに伴う様々な問題を抑制するのに有効なプログラムを開発し、提案することが求められています。

　JKYBライフスキル教育研究会では、こうした課題意識の下に、我が国の青少年の性行動が活発化する直前の中学生期に焦点を当てたプログラムの開発研究に2005年以降取り組んできました。本プログラムの内容は、我が国でこれまでに行われてきた知識伝達型、あるいは脅し型の健康教育の限界を踏まえ、青少年の性行動の関連要因に関する国内外の研究成果に基づいたものです。

　私たちは、本プログラムが青少年の性に関する諸問題を解決するのに貢献するだけではなく、全ての青少年が自分らしく有意義な人生を歩む助けとなることを願っています。

　　平成26年6月

　　　　　　　　　　　神戸大学大学院人間発達環境学研究科　教授
　　　　　　　　　　　JKYBライフスキル教育研究会　代表　　川畑　徹朗

目 次

はじめに …………………………………………………………………………………………… 3

基礎編

1　青少年の性に関する行動の実態 ………………………………………………… 6
2　青少年の性行動の関連要因 ……………………………………………………… 6
3　JKYB性教育プログラム「思春期の心と体」の基本的考え方と
　　内容構成 …………………………………………………………………………… 10

実践編

1年

① 中学生の心と体の健康に関する生徒のニーズ調査 ……………………… 18
② 思春期の体の変化 …………………………………………………………… 27
③ 思春期の心の変化 …………………………………………………………… 37
④ 思春期の心と体に関する情報源 …………………………………………… 50
⑤ 私の成長と家族 ……………………………………………………………… 63
⑥ ストレスへの対処 …………………………………………………………… 73
⑦ より良い人間関係を築く …………………………………………………… 89
⑧ 友人関係に伴うトラブルの解決 ………………………………………… 102
授業評価表 ……………………………………………………………………… 114

2年

① 中学生の心と体の健康に関する生徒のニーズ調査 …………………… 122
② 仲間の影響 ………………………………………………………………… 133
③ 危険行動を避ける ………………………………………………………… 147
④ 誘いを断る ………………………………………………………………… 159
⑤ 男女の人間関係 …………………………………………………………… 177
⑥ 性に関する情報源 ………………………………………………………… 189
授業評価表 ……………………………………………………………………… 201

3年

① 中学生の心と体の健康に関する生徒のニーズ調査 …………………… 208
② お互いを高め合う男女交際 ……………………………………………… 222
③ 性にかかわる危険行動を避ける ………………………………………… 232
④ 性感染症の予防 …………………………………………………………… 245
⑤ 自分の未来を考える ……………………………………………………… 256
授業評価表 ……………………………………………………………………… 269

本書付録のCD-ROMについて ……………………………………………………………… 274

Life Skills
基礎編

1. 青少年の性に関する行動の実態

　全国から無作為に抽出した中学校1年生から高校3年生4,367人を対象として、2000年11月から2001年2月にかけて実施した川畑ら[1]の調査によりますと、性交経験率は、中学校3年生から高校3年生にかけて、男子では6％から35％へ、女子では4％から37％へと急増しています（図1）。また、高校2年生では女子の性交経験率が男子を上回っています。こうした性差は、日本性教育協会[2]や東京都幼稚園・小・中・高・心障性教育研究会[3]（以下、東京都性教育研究会）の最近の調査結果においても確認されています。

　日本性教育協会の調査は、全国の中学校、高校、大学の児童生徒および学生を対象として、1974年より（中学校は1987年より）ほぼ6年ごとに実施され、我が国青少年の性行動の経年変化を知ることができます。図2には、中学生と高校生の性交経験率の年次推移を示しました[2]。中学生の性交経験率は、男女ともにいずれの年度も5％以下であり、大きな変化はありません。一方、高校生の性交経験率は1987年以降に急増しており、とりわけ女子においてその傾向は顕著です。東京都内の公立小学校、中学校、高校の児童生徒を対象として、1981年より3年ごとに実施されてきた東京都性教育研究会の調査結果[3]においても、高校生女子の性交経験率は1993年以降に急増しており、1990年代になって高校生女子の性行動が活発化してきたことは疑いのないことであると考えられます。

図1　性・学年別に見た性交経験率

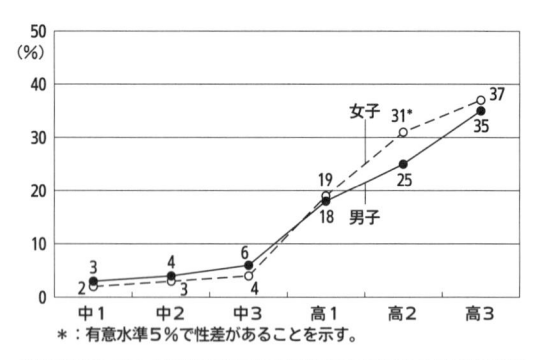

（川畑徹朗他「中・高校生の性行動の実態とその関連要因」『学校保健研究』、49、2007より作図）

図2　性交経験率の年次推移

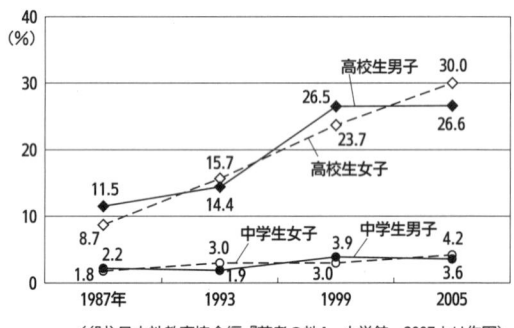

（（財）日本性教育協会編『若者の性』、小学館、2007より作図）

2. 青少年の性行動の関連要因

　性教育に限らず、行動変容に有効な健康教育あるいはヘルスプロモーションプログラムを開発するためには、まず対象となる行動の開始や継続にかかわる要因を明らかにし、それらの要因を重要性や変容可能性の観点から整理し、プログラムにおいて働きかけるべき要因の優先順位を決める必要があります。

　これまでに国内外で実施された青少年の性行動を含む危険行動に関する研究結果によりますと、危険行動は多くの環境要因と個人要因の相互作用の結果として生じることが明らかになっ

(1) 環境要因

環境要因の中でもとりわけ青少年に大きな影響を与えるのが、家族や仲間など、青少年にとって重要な周囲の人々の行動や態度、そしてマスメディアなどの社会的要因です。以下では、仲間とメディアに焦点を当てて、性行動に及ぼす影響について述べることとします。

ア 仲間

周囲の人々の中でも仲間の影響は、年齢が進むにつれて次第に強くなってきます。とりわけ性に関する関心が強くなってくるのが思春期以降であることから、性の問題は他の問題以上に仲間の影響が大きいことが予想されます。

図3には、東京都性教育研究会[3]が2005年に実施した調査結果の中から、「あなたはエッチな場面や性に関する話を、何から見たり聞いたりしていますか」という質問に対する中学生の回答結果を示しました。「親や先生」と回答した割合は、最も高い3年生女子でも14.0％に過ぎません。その一方、「友だち・先輩」と回答した割合は、最も低い1年生女子でも32.5％、最も高い2年生男子では61.6％に達しています。

図3-1 性に関する情報源（中学生男子）

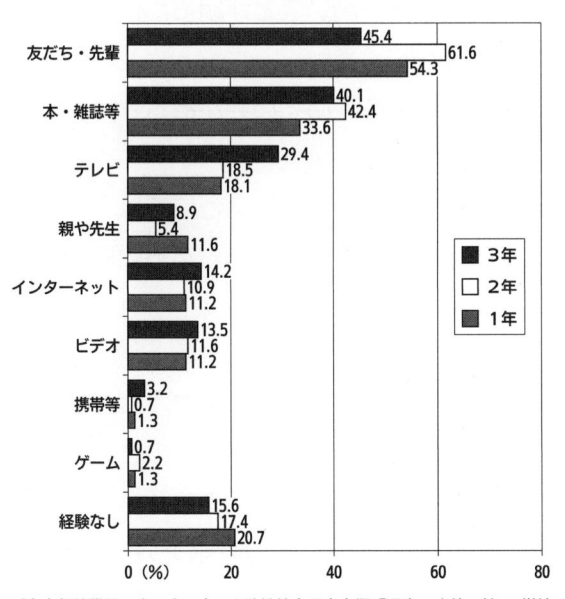

情報源	3年	2年	1年
友だち・先輩	45.4	61.6	54.3
本・雑誌等	40.1	42.4	33.6
テレビ	29.4	18.5	18.1
親や先生	8.9	5.4	11.6
インターネット	14.2	10.9	11.2
ビデオ	13.5	11.6	11.2
携帯等	3.2	0.7	1.3
ゲーム	0.7	2.2	1.3
経験なし	15.6	17.4	20.7

（東京都幼稚園・小・中・高・心障性教育研究会編『児童・生徒の性』、学校図書、2005より作図）

図3-2 性に関する情報源（中学生女子）

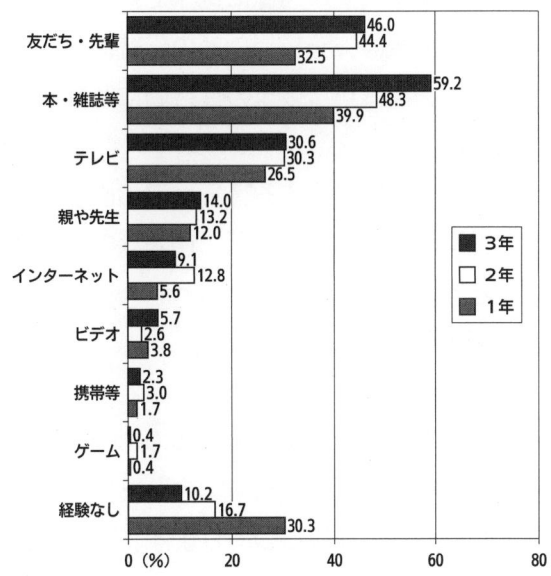

情報源	3年	2年	1年
友だち・先輩	46.0	44.4	32.5
本・雑誌等	59.2	48.3	39.9
テレビ	30.6	30.3	26.5
親や先生	14.0	13.2	12.0
インターネット	9.1	12.8	5.6
ビデオ	5.7	2.6	3.8
携帯等	2.3	3.0	1.7
ゲーム	0.4	1.7	0.4
経験なし	10.2	16.7	30.3

（東京都幼稚園・小・中・高・心障性教育研究会編『児童・生徒の性』、学校図書、2005より作図）

また、日本性教育協会[2]の2005年の調査によれば、性的誘惑を受けたことのある割合は、中学生男子4.5％、同女子7.5％、高校生男子9.0％、同女子16.7％であり、誘惑を受けた相手としては、学校種、性の別を問わず、「友人などから」が最も多く挙げられていました。

以上のことから、青少年は性に関して直接的にも間接的にも仲間からの影響を強く受けており、その影響は年齢が進むにつれて大きくなることが分かります。

イ　メディア

　現代の青少年は、以前とは比較にならないほど多様かつ多量のメディア情報にさらされており、また様々なメディア媒体を長時間使用するようになってきています。そのため、こうしたメディア環境や使用実態が青少年の健康に影響するのではないかと懸念されるようになってきました。とりわけ近年になって懸念されるようになってきたのが、メディア情報のコンテンツ（たばこ、酒類、食品などの宣伝や広告、ダイエットなどに関する特集記事、映画やテレビなどにおける暴力、喫煙、飲酒、性行動などのシーン）が、青少年の考えや行動に及ぼす影響です[4]。

　木原[5]は、青少年の性行動が近年になって活発化してきた理由の一つとして、性情報の氾濫や携帯電話などの普及に伴う出会い系サイトの利用促進を挙げています。実際に、メディアは青少年にとって性に関する重要な情報源となっています。例えば、図3によれば、「友だち・先輩」と並んで、「本・雑誌等」が多く挙げられ、「テレビ」がこれに次いでいます。また男子では、「インターネット」や「ビデオ」を挙げる割合が、「親や先生」を上回っています。中学校1年生326人を対象とした宋ら[6]による縦断調査の結果によれば、インターネット上の性情報に中学校2年までに接触したグループは、3年時以降に接触したグループや接触経験のないグループに比べて、中学校3年時の性交経験率が高いことが明らかになっています。今後は、テレビなどの伝統的なメディアだけではなく、インターネットなどの新しいメディア媒体が青少年の性行動に及ぼす影響についても研究を進める必要があると考えられます。

　こうした性に関するメディアの直接的な影響以外にも、映画やテレビなどにおける性行動の描写や性に関する会話、性的な内容を含む宣伝・広告が、青少年の性に対する態度に少なからず影響を及ぼしていると考えられます。

(2) 個人要因

　性の問題に限らず、環境は人のとる行動に極めて大きな影響を及ぼしています。しかしながら、様々な個人要因が環境要因の影響を緩和したり、増大させたりしながら、人のとる行動を規定していきます。行動科学の進展に伴って、青少年の危険行動とかかわりのある様々な個人要因が明らかになりつつあります。ここでは特に性行動と関連のある個人要因のうち、主なものについて述べることとします。

ア　性に関する自己効力感

　自己効力感（セルフエフィカシー）は、近年の健康教育もしくはヘルスプロモーションにおいて最も重視されている心理社会的要因の一つです。自己効力感とは、ある行動を起こす前にその個人が感じる遂行可能感[7]であり、過去の同様の行動に関する経験によって規定されるところが大きいとされています。

　中・高校生を対象とした川畑ら[1]による全国調査の結果によりますと、性交経験者は非経

験者に比べて、性的圧力を避ける自己効力感、性感染症を避ける自己効力感、望まない妊娠を避ける自己効力感が低いことが示されています。また、Santelli ら[8]が中学校1年生を対象として実施した縦断調査の結果においても、中学校1年生が1年以内に性交を開始する要因の一つに自己効力感があり、性にかかわる危険行動を避けたり、薬物乱用を避けたりする自己効力感が低い者ほど、性交開始のリスクが高まることが示されています。

イ 自尊心

自尊心（セルフエスティーム）とは、自分の能力や価値に対する自信の程度を意味しています。欧米における研究によりますと、喫煙、飲酒、薬物乱用、暴力や非行などの反社会的行動、抑うつや不登校などの非社会的行動を含む青少年の様々な危険行動と自尊心との間には強い関係が認められています[9]。

我が国においても、青少年の喫煙、飲酒、薬物乱用と自尊心との関係については幾つかの研究[10]-[15]がなされ、これらの研究は一致して、喫煙、飲酒、薬物乱用をする青少年の自尊心が低いことを示しています。

性行動と自尊心との関係については、川畑ら[1]が実施した全国調査の結果によれば、性交経験者は非経験者に比べて、家族から愛され尊重されていると感じたり、家族の一員で良かったと感じたりする傾向を表す、家族に関する自尊心が低いことが示されており、特に中学生においてはその傾向が顕著です（**図4**）。

家族に関する自尊心が様々な危険行動と密接な関係があることは、国内外の研究によって確認されています。例えば、南アフリカの8年生と11年生を対象として、喫煙、飲酒、薬物乱用、いじめ、自殺、性行動と自尊心との関係を調べたWildら[16]の調査結果によりますと、家族に関する自尊心が低いほど、男女ともに喫煙、飲酒、自殺、性行動をするリスクが高まるという結果が示されています。

図4 性交経験別に見た家族に関する自尊心の得点

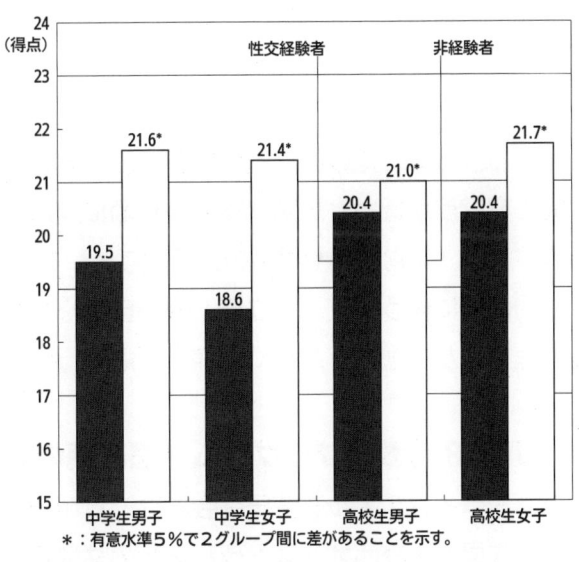

	性交経験者	非経験者
中学生男子	19.5	21.6*
中学生女子	18.6	21.4*
高校生男子	20.4	21.0*
高校生女子	20.4	21.7*

＊：有意水準5％で2グループ間に差があることを示す。

（川畑徹朗他「中・高校生の性行動の実態とその関連要因」『学校保健研究』、49、2007より作図）

おそらくは、家庭や家族のあり方は、直接的に青少年の危険行動に影響するとともに、彼らの自尊心の高低に強い影響を与え、仲間やメディアなどの社会的要因の影響の受けやすさの程度を規定するものと考えられます。

ウ 他の危険行動

川畑ら[1]が実施した全国調査の結果によれば、性交経験者は非経験者に比べて、性や学校

種の別を問わず、この1か月間に喫煙や飲酒をしたり、これまでに薬物乱用を経験したりしている割合が高い傾向にありました（**図5**）。

性交経験と他の危険行動との間に関連性があることは、他の研究においても示されています。例えば、全国の高校から無作為に抽出した高校生を対象として広範な危険行動について調査した野津ら[17]の研究結果においても、性交経験と喫煙、飲酒、薬物乱用、朝食欠食行動との間には正の相関関係が認められました。また、Santelliら[8]が実施した縦断調査の結果においても、飲酒や違法薬物の使用は性交開始と関連があることが示されています。

図5　性交経験別に見た飲酒、喫煙、薬物乱用経験（中学生男子）

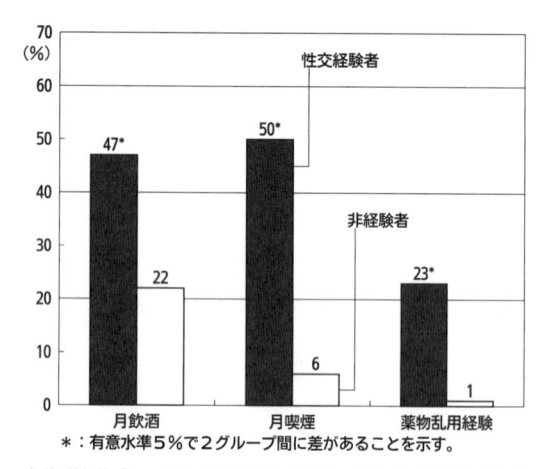

＊：有意水準5％で2グループ間に差があることを示す。

（川畑徹朗他「中・高校生の性行動の実態とその関連要因」『学校保健研究』、49、2007より作図）

性交経験と他の危険行動との間に関連があることについては、いくつかの説明が可能です。まず、これらの危険行動のうちのいくつかは同一の状況で起こる可能性があります。例えば、飲酒や薬物の影響下にある青少年は、性衝動をコントロールできずに性交する危険性が高いと考えられます[8]。また、酒類やたばこが「門戸開放薬」ないしは「入門薬物」であると言われるように、比較的に社会的寛容度が高いと青少年が認知する危険行動から始まって、次第に寛容度が低いと認知する危険行動に進んでいくことも考えられます。あるいはまた、喫煙、飲酒、薬物乱用や早期の性行動など、社会的規範に反する行動をとる青少年は共通して、人間関係に伴う不安、孤立感、低い自尊心など、深刻な心理社会的問題を抱え、そうした不快な気分から逃れるために、様々な危険行動をとってしまうのかもしれません[18]。

3．JKYB性教育プログラム「思春期の心と体」の基本的考え方と内容構成

JKYBライフスキル教育研究会では、我が国の青少年の性行動の実態やその関連要因に関する研究成果および西オーストラリア州の性教育プログラム[19]などを参考にしながら、性行動が活発化する直前の中学生に焦点を当てた性教育プログラム「思春期の心と体」の開発研究に2005年から取り組んできました。

本プログラム（**図6**）は、従来我が国で行われてきた性教育のように、ただ単に性にかかわる知識を提供するだけでは、青少年は仲間やメディアなどの環境要因の影響に適切に対処できないという基本的考えに基づいています。もちろん、思春期の心と体の変化、思春期に次第に強くなってくる仲間の影響、早期の性行動を含む危険行動の影響について理解することは、思春期を健康的に過ごすための動機付けとなります。しかし、そうした動機を実際の健康的な行動に結び付けるためには、仲間やメディアの影響に対処するためのスキル（自己主張的コミュ

ニケーションスキルやメディアリテラシー)、思春期の心と体の変化、家族関係や友人関係の変化に伴うストレスに適切に対処するためのスキル(ストレス対処スキル)、あるいは性にかかわる問題を含む様々な問題状況において適切な解決法を見つけるためのスキル(意志決定スキル)、自分の人生上の目標を明確にし、その実現を妨げる様々な要因(性にかかわる危険行動を含む)に気付き、避けるためのスキル(目標設定スキル)などの心理社会能力、すなわちライフスキルを育てることが必要であると考えました。私たちはまた、ライフスキル形成を基礎とする性教育あるいは健康教育は、身体的、精神的、社会的健康を向上させるだけではなく、とりわけ自尊心(セルフエスティーム)を高め、QOL(人生の質)を高めることにも寄与すると考えています。

図6 JKYB性教育プログラム「思春期の心と体」の内容構成の基本的考え方

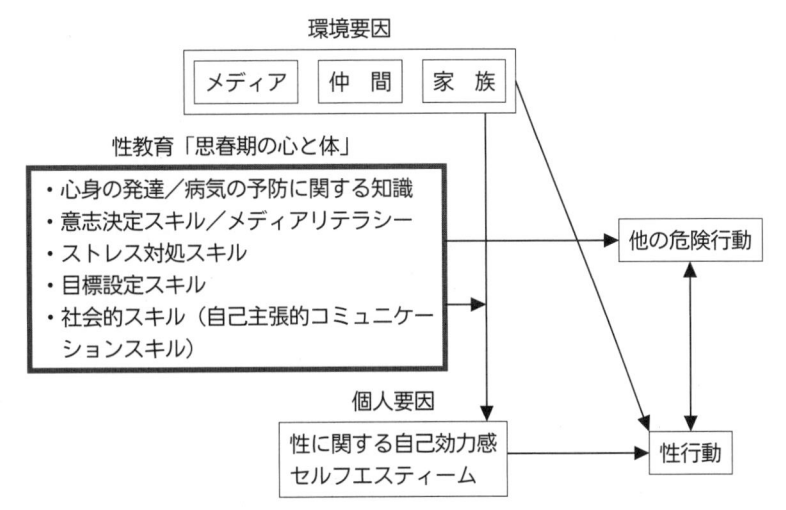

表1には3年間の内容構成を示しました。プログラムは各学年とも「心身の発達」、「病気の予防」、「個人的スキル」、「社会的スキル」の四つの領域から構成されており、とりわけ意志決定スキル、目標設定スキル、ストレス対処スキル、社会的(対人関係)スキルなどのライフスキルの形成を重視しています。

表1 JKYB性教育プログラム「思春期の心と体」中学生用の内容構成

内容	1年	2年	3年
心身の発達	1 中学生の心と体の健康に関する生徒のニーズ調査 2 思春期の体の変化 3 思春期の心の変化	1 中学生の心と体の健康に関する生徒のニーズ調査 2 仲間の影響	1 中学生の心と体の健康に関する生徒のニーズ調査
病気の予防			4 性感染症の予防
個人的スキル	4 思春期の心と体に関する情報源 5 私の成長と家族 6 ストレスへの対処 8 友人関係に伴うトラブルの解決	5 男女の人間関係 6 性に関する情報源	3 性にかかわる危険行動を避ける 5 自分の未来を考える
社会的スキル	7 より良い人間関係を築く	3 危険行動を避ける 4 誘いを断る	2 お互いを高め合う男女交際

表2〜4には、各学年の授業概要を示しました。ここでは、中学校1年生用のプログラムを例にとって、本プログラムの基本的考え方を説明することとします。

授業1「中学生の心と体の健康に関する生徒のニーズ調査」は、全ての学年で実施される授業であり、プログラムの内容がそれぞれの学校の生徒や保護者のニーズに合ったものにするために設けたものです。具体的には、「思春期の心と体」についてのマインドマップづくりや、生徒や保護者に対する質問紙調査を実施します。引き続いて、思春期の心と体の変化に関する知識や関心（授業2、3）、思春期の心と体に関する信頼できる情報源（授業4）を確認します。また、思春期の変化に伴うストレスに適切に対処する方法についても学習します（授業6）。

表2　JKYB性教育プログラム「思春期の心と体」中学校1年生用の授業概要

	授業名	授業目標	関連するライフスキル
第1時	中学生の心と体の健康に関する生徒のニーズ調査	・中学生の心と体について知っていることを挙げる。 ・中学生の心と体の健康に関して学びたい内容を明らかにする。	
第2時	思春期の体の変化	・思春期の体の変化について知っていることを確認する。 ・思春期の体の変化に関する知識や関心には、個人差や性差があることに気付く。	
第3時	思春期の心の変化	・思春期を迎えて、心が変化してきていることに気付く。 ・思春期の心の特徴を受け止め、前向きに生きるための方法について考えを述べる。	・ストレス対処スキル
第4時	思春期の心と体に関する情報源	・心と体に関する様々な情報源のメリットとデメリットに気付き、有効な活用法について話し合う。	・意志決定スキル／メディアリテラシー
第5時	私の成長と家族	・自分の成長を支える家族の愛情に気付く。 ・自分や家族を尊重していこうとする気持ちをもつ。	・セルフエスティーム形成スキル
第6時	ストレスへの対処	・人によってストレスの原因や感じ方には違いがあることに気付く。 ・ストレスへの様々な対処法を挙げる。 ・ストレスを上手に乗り越えるための、自分なりの対処法を見つける。	・ストレス対処スキル
第7時	より良い人間関係を築く	・人間関係を改善するためには、自己主張的コミュニケーションスキルが有用であることに気付く。	・社会的スキル
第8時	友人関係に伴うトラブルの解決	・意志決定の基本ステップを知る。 ・友人関係に伴うトラブルの場面において、意志決定スキルを適用する。	・意志決定スキル ・社会的スキル

本プログラムはまた、「人間関係についての理解やコミュニケーション能力を前提とすべきであり、その理解の上に性教育が行われるべきである」（文部科学省「健やかな体を育む教育の在り方に関する専門部会」報告書）という基本的認識に立ち、良い家族関係を基盤としつつ（授業5）、健康的な友人関係の形成を重視しています（授業7、8）。なお、異性関係に伴う問題への対処については、我が国の中学生の性行動の実態や学習指導要領の内容等を考慮して、中学校2・3年生で取り扱うことにしました。

表3　JKYB性教育プログラム「思春期の心と体」中学校2年生用の授業概要

	授業名	授業目標	関連するライフスキル
第1時	中学生の心と体の健康に関する生徒のニーズ調査	・1年時に学習した内容を想起する。 ・中学生の心と体の健康に関することで、2年時にはさらに、どのようなことを学習したいのか明らかにする。	
第2時	仲間の影響	・仲間が、自分の考えや行動に影響を及ぼしていることに気付く。	
第3時	危険行動を避ける	・仲間からの影響を受けて、危険行動が起こることに気付く。 ・様々な危険行動を避けるためには、自己主張的コミュニケーションスキルを身に付けることが大切であることを確認する。	・社会的スキル
第4時	誘いを断る	・自己主張的コミュニケーションスキルの要素について確認する。 ・誘いを断るロールプレイングを通して、自己主張的コミュニケーションスキルを練習する。	・社会的スキル
第5時	男女の人間関係	・意思決定の基本ステップを確認する。 ・男女の人間関係にかかわる状況において、意志決定スキルを適用する。	・意志決定スキル
第6時	性に関する情報源	・性に関する様々な情報源の信頼度を評価する。	・意志決定スキル／メディアリテラシー

表4　JKYB性教育プログラム「思春期の心と体」中学校3年生用の授業概要

	授業名	授業目標	関連するライフスキル
第1時	中学生の心と体の健康に関する生徒のニーズ調査	・1、2年時に学習した内容を想起する。 ・中学生の心と体の健康に関することで、3年時にはさらに、どのようなことを学習したいのか明らかにする。	
第2時	お互いを高め合う男女交際	・性的接触によって起こる様々な影響に気付く。 ・性的接触を伴わない、お互いを高め合う男女交際の在り方について考える。	・社会的スキル
第3時	性にかかわる危険行動を避ける	・危険行動に伴う様々な影響を挙げる。 ・危険行動を避けるためには、意志決定スキルが有用であることを確認する。	・意志決定スキル
第4時	性感染症の予防	・若い世代の性感染症が多い理由について話し合う。 ・性感染症を避けるための方法について話し合う。 ・性的接触を避けることが、中学生にとって最も望ましい予防法であることに気付く。	・社会的スキル
第5時	自分の未来を考える	・将来の目標を達成するために、短期的な目標を設定する。 ・目標の達成を妨げる様々な危険行動に気付く。	・目標設定スキル

　本プログラムはライフスキルの形成を中心としています。ただし、限られた時間の中でライフスキルを育てることはけっして容易なことではありません。そこで、JKYBライフスキル教育研究会では、特定の危険行動に焦点を当てるのではなく、ライフスキルそのものを育てることに主眼をおいたプログラムも開発しています[20)-22)]。こうしたライフスキル教育プログラムを併せて実施することによって、本プログラム「思春期の心と体」の効果は一層高まるものと考えます。

引用文献

1）川畑徹朗、石川哲也、勝野眞吾他：中・高校生の性行動の実態とその関連要因―セルフエスティームを含む心理社会的変数に焦点を当てて―．学校保健研究 49：335-347、2007
2）(財)日本性教育協会編：「若者の性」白書―第6回 青少年の性行動全国調査報告―．小学館、東京、2007
3）東京都幼稚園・小・中・高・心障性教育研究会編：2005年調査 児童・生徒の性．学校図書、東京、2005
4）(公財)日本学校保健会：平成24年度メディアリテラシーと子どもの健康調査委員会報告書．(公財)日本学校保健会、東京、2013
5）木原雅子：性行動―その実態・社会要因と WYSH 教育の戦略―．学校保健研究 47：501-509、2006
6）宋昇勲、川畑徹朗、李美錦他：インターネット上の性情報への接触が中学生の性行動に及ぼす影響に関する縦断研究．学校保健研究 55：197-206、2013
7）坂野雄二：健康への認知行動的アプローチ．(島井哲志編)、健康心理学、59-69、培風館、東京、1997
8）Santelli JS, Kaiser J, Hirsch L et al.：Initiation of sexual intercourse among middle school adolescents：The influence of psychosocial factors. J Adolesc Health 34：200-208, 2004
9）ドナ・クロス（川畑徹朗訳）：学校健康教育におけるライフスキルの形成：確かなものか、不確実なものか．学校保健研究 37：499-504、1996
10）川畑徹朗、島井哲志、西岡伸紀：小・中学生の喫煙行動とセルフエスティームとの関係．日本公衆衛生雑誌 45：15-26、1998
11）Kawabata T, Cross D, Nishioka N et al.：Relationship between self-esteem and smoking behavior among Japanese early adolescents：Initial results from a three-year study. J Sch Health 69：280-284, 1999
12）川畑徹朗、西岡伸紀、春木敏他：思春期のセルフエスティーム、ストレス対処スキルの発達と喫煙行動との関係．学校保健研究 43：399-411、2001
13）川畑徹朗、西岡伸紀、石川哲也他：青少年のセルフエスティームと喫煙、飲酒行動との関係．学校保健研究 46：612-627、2005
14）小川育美、川畑徹朗、西岡伸紀：中学生の家族関係および友人関係に関するセルフエスティームと喫煙、飲酒行動との関係．学校保健研究 47：525-534、2006
15）今出友紀子、川畑徹朗、石川哲也他：思春期の子どもたちの喫煙開始に関する要因．学校保健研究 49：170-179、2007
16）Wild LG, Flisher AJ, Bhana A et al.：Associations among adolescent risk behaviours and self-esteem in six domains. Journal of Child Psychology and Psychiatry 45：1454-1467, 2004
17）野津有司、渡邉正樹、渡辺基他：日本の高校生における危険行動の実態および危険行動間の関連―日本青少年危険行動調査2001年の結果―．学校保健研究 48：430-447、2006
18）Schinke SP, Botvin GJ, Orlandi MA：Substance Abuse in Children and Adolescents. Sage Publications, California, 1991
19）Department of Health, Western Australia：Growing and Developing Healthy Relationships. 2002
20）JKYB 研究会編：心の能力を育てる JKYB ライフスキル教育プログラム 中学生用 レベル1．東山書房、京都、2005
21）JKYB 研究会編：「実践につながる心の能力」を育てる JKYB ライフスキル教育プログラム 中学生用 レベル2．東山書房、京都、2006
22）JKYB 研究会編：「未来を開く心の能力」を育てる JKYB ライフスキル教育プログラム 中学生用 レベル3．東山書房、京都、2007

Life Skills
実践編

1 中学生の心と体の健康に関する生徒のニーズ調査

1 指導のねらい

中学生の心と体の健康に関して学びたい内容を明らかにする。

身体的、精神的変化の著しい中学生のこの時期に、思春期の心と体の健康について学習していきます。子どもたちの心身ともに健やかな成長発達を願い、心や体の変化のみならず、思春期に伴って子どもたちの身のまわりで起こっていること、家族のこと、人間関係やストレスのこと、将来のことなど幅広く学習を進めていきます。

ここではまず、中学生の心と体について知っていることを確認します。さらに、これからどのような内容について学びたいと思っているのかを明らかにし、生徒のニーズに基づいた学習活動が展開できるよう、教師側の基礎資料としたいと考えました。

本時では、中学生の心と体の健康の学習を進めるにあたり、生徒自身が学びたいと思っている内容を明らかにするとともに、クラス全体が和やかな雰囲気で学習のスタートが切れるよう、この題材を設定しました。

2 授業目標

①中学生の心と体について知っていることを挙げる。
②中学生の心と体の健康に関して学びたい内容を明らかにする。

3 教育課程への位置付け

1学年：特別活動　学級活動

4 準備物リスト

- 活動シート1－1「中学生の心と体の健康に関する調査」
- 模造紙（1／2の大きさ）
- マジック
- 保護者用アンケート「中学生の心と体の健康に関する調査」

5　指導過程の概略

	活動のステップ	活動のポイント	準備物
導入	**STEP 1** ●本時から中学生の心と体の健康について学習することを確認する	●教師は、本時が中学生の心と体の健康に関する学習の最初の授業であることを伝える ●教師は、本時では心と体の健康について、これからどのようなことを学びたいと思っているかを確認することを説明する	
展開	**STEP 2** ●マインドマップの作り方を知る	●「青」という言葉を例に、マインドマップの作り方を知る	
	STEP 3 ●「中学生の心と体」に関するマインドマップを作る	●「体に関すること」「心に関すること」「身のまわりで起こっていること」「将来に関すること」などについて、次々と連想した言葉をつなげていく（マインドマップを作る）	●模造紙 ●マジック
	STEP 4 ●できあがったマインドマップを紹介し合う	●グループの代表者は、思春期の特徴的な言葉のつながりが書かれている部分についてクラス全体に発表する ●教師は、発表された内容について説明を加え、クラス全体で共有させる	●完成したマインドマップ
	STEP 5 ●「中学生の心と体の健康に関する調査」に記入する	●各自で、活動シート1-1「中学生の心と体の健康に関する調査」に記入する	●活動シート1-1「中学生の心と体の健康に関する調査」
まとめ	**STEP 6** ●本時の学習内容を確認する	●教師は、心と体の健康に関して知っていること、そして、これからどのような内容を学習したいのかを確認したことを伝える ●教師は、次時からは、出された意見を踏まえながら、中学生の心と体の健康について具体的に学習していくことを伝える ●教師は、保護者用アンケート「中学生の心と体の健康に関する調査」を配付し、保護者に記入してもらい、学校に持参するように生徒に伝える	●保護者用アンケート「中学生の心と体の健康に関する調査」

6　指導の展開

導　入

STEP 1 ｜ 本時から中学生の心と体の健康について学習することを確認する

※グループ活動を行うので、4〜6人のグループに分けて座らせる。

- 教師は、本時が、中学生の心と体の健康に関する学習の最初の授業であることを伝えます。
- 教師は、本時では心と体の健康について、これからどのようなことを学びたいと思っているか、確認することを説明します。

> **説明**　みなさんはこれから1年間、中学生の心と体の健康について学習していきます。今日はその第1回目の授業です。みなさんがどのようなことに関心があるのかを確認したいと思います。
>
> 　また、これから授業を進める上で、和やかに、そして真剣に話し合いができるようにしたいと思います。自分の意見を素直に友だちに伝え、さらに友だちの意見を真面目に受けとめる気持ちをもって授業に臨んでほしいと思います。

展　開

STEP 2 ｜ マインドマップの作り方を知る

- 教師は、マインドマップの作り方を「青」という言葉を例にして、黒板に書きながら説明します。

> **説明**　これからマインドマップの作り方について、「青」という言葉を例にしながら説明します。まず、中央に「青」と書きます。次に、「青」という言葉から思い浮かぶ言葉を書いていきます。さらに、その言葉から連想する言葉を書き加え、次々に言葉をつなげていきます。

※マインドマップの例を活用しながら説明する。

<マインドマップの例>

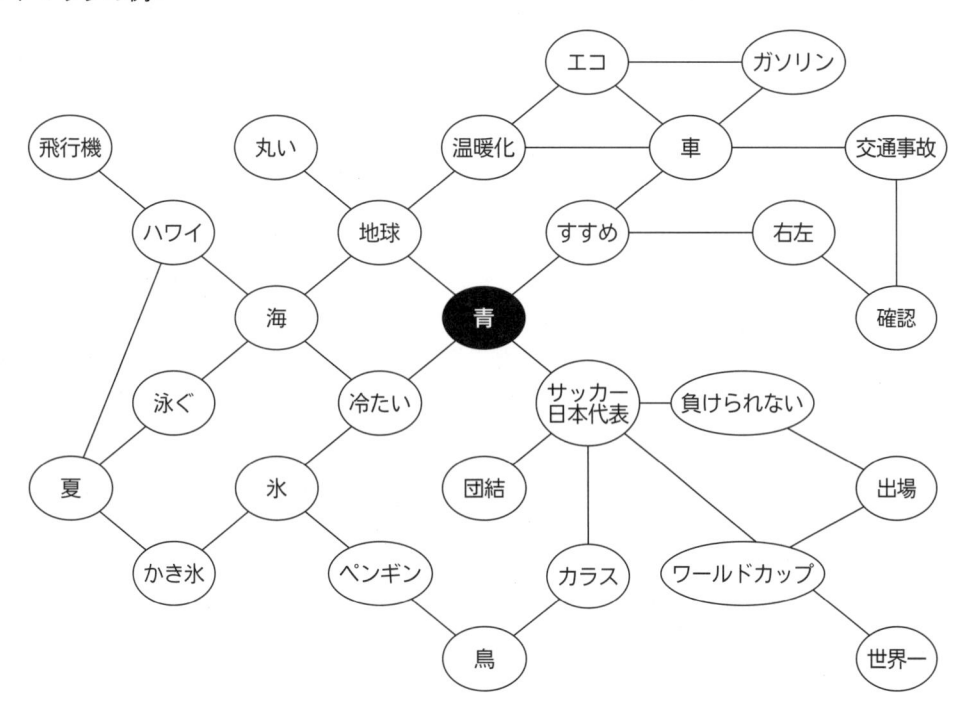

```
飛行機―ハワイ        丸い    エコ―温暖化―車―ガソリン
         \    /    \    /    \
          海―地球    すすめ    交通事故
         /    \    /    \    /
     泳ぐ      【青】      右左―確認
    /    \    /    \
  夏    冷たい    サッカー日本代表―負けられない
   \    /    \        |        \
    かき氷   氷    団結    ワールドカップ―出場
              \              /         \
              ペンギン   カラス        世界一
                    \    /
                     鳥
```

STEP 3　「中学生の心と体」に関するマインドマップを作る

● 模造紙の中央に「中学生の心と体」という言葉を書き、マインドマップを作ります。

> **指示**　これから「中学生の心と体」という言葉について、マインドマップをグループごとに作っていきます。つなげていく言葉は、家族や先生などいろいろな人から聞いたことや、保健体育の授業や講演会などで学んだこと、教科書や本などで知ったことを自由に書いてください。その内容は、「体に関すること」「心に関すること」「身のまわりで起こっていること」「将来に関すること」などです。この活動の後に、これから1年間学ぶ「中学生の心と体の健康」について、どのようなことを知りたいと思っているかを質問用紙に記入してもらいます。みなさんが「中学生の心と体の健康」に対して思うことや考えることが、このマインドマップの中に書かれていると、とても参考になります。
> では、模造紙の中央に「中学生の心と体」と書いてください。先ほど、「青」という言葉を例にしてマインドマップの作り方を説明したとおり書き進めていきましょう。では、始めてください。

● 教師は、次の活動に備えて、机間指導をしながら、マインドマップに書かれている心や体に関すること、思春期の特徴的な行動や人間関係などが書かれている部分を確認し、マジックで印をつけておきます。

STEP 4 | できあがったマインドマップを紹介し合う

- グループの代表者は、教師から印を付けられた思春期の特徴的な言葉のつながりについて、クラス全体に発表します。

> **指示**　マインドマップができあがりましたね。グループで協力してたくさんの言葉がつながりました。先ほど、各グループのマインドマップを見ながら思春期の特徴的な言葉のつながりが書かれている部分にマジックで印をつけました。「中学生の心と体」からどのように言葉がつながったのか、代表者は印がついた部分を中心に発表してください。

- 教師は、代表者が発表した後で、思春期の特徴的な言葉のつながりについて説明を加え、グループで作ったマインドマップをクラス全体で共有させます。

> **指示(例)**　発表ありがとうございました。このグループの思春期の特徴的なつながりが書かれている部分は「体に関すること」でした。みなさんのマインドマップには、体に関することは書かれていましたか。書かれているグループは、自分たちで印を付けておきましょう。書かれていないグループは、自分たちの考えになかった言葉として心にとめておいてください。

※作成したマインドマップは、2、3年時にも活用するので保存しておくとよい。

＜マインドマップの記入例＞

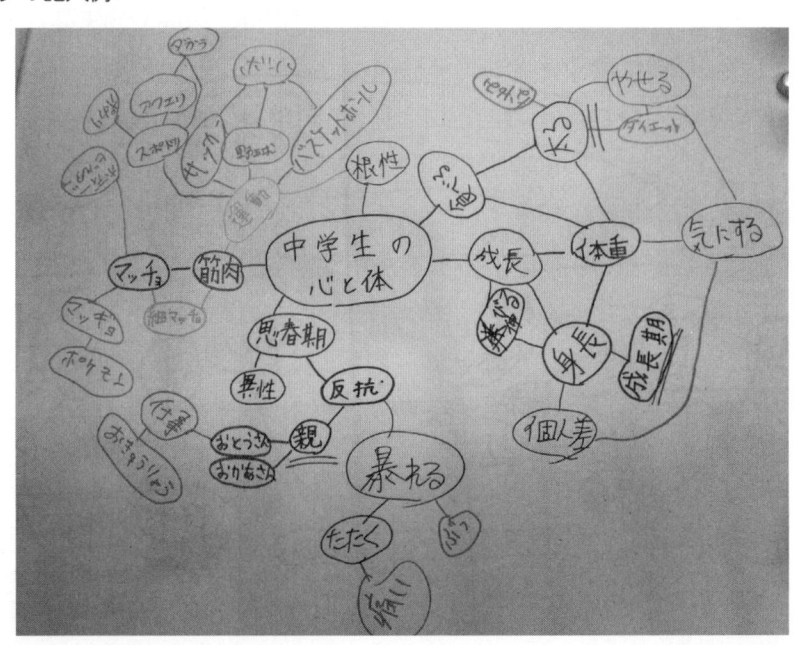

STEP 5 | 「中学生の心と体の健康に関する調査」に記入する

- 各自、活動シート1－1「中学生の心と体の健康に関する調査」に記入します。

> **指示** これから、「中学生の心と体の健康に関する調査」を配ります。この調査は、みなさんがこれから、どのようなことを学習したいのかを知るために行います。この調査の答えは、これからの学習だけに活用します。みなさんの率直な意見を確認したいので、正直に答えてください。

- 教師は、記入された調査票を回収し、授業後に集計して生徒のニーズを明らかにし、今後の学習に役立てます。

まとめ

STEP 6 | 本時の学習内容を確認する

- 教師は、本時では、心と体の健康に関して今までに学習した内容を振り返るとともに、中学生の心と体の健康に関して、どのような内容を学習したいのかを確認したことを伝えます。
- 教師は、次時からは、生徒たちの意見を踏まえながら、中学生の心と体の健康について具体的に学習していくことを伝えます。
- 教師は、保護者用アンケート「中学生の心と体の健康に関する調査」を配付し、保護者に記入してもらい、指定した日までに学校に持参するように生徒に伝えます。

7 家庭や地域と連携した活動

- 教師は、回収した調査票を集計し、中学生の心と体の健康に関して、保護者はどのようなことを学んでほしいと考えているのかを確認します。

活動シート１－１　「中学生の心と体の健康に関する調査」　１－①－１

中学生の心と体の健康に関する調査

　入学おめでとうございます。
　みなさんはこれから「中学生の心と体の健康」について学んでいきます。学習を進めていくにあたり、みなさんがどのようなことを知りたいのか確認したいと思いますので、質問に答えてください。
　なお、この質問に対する答えはこれからの学習だけに活用します。それ以外には使用しないので正直に答えてください。

　　　　　　　　　　　　　　　　　　　　　　１年＿＿＿組　　（　男　・　女　）

１　「中学生の心」に関することで、どのようなことを学習したいですか。以下の中から、あてはまるものを三つまで選んで、記号に○をつけてください。

　　ア　なぜ、いろいろなことに興味がわいてくるのだろう
　　イ　なぜ、異性を気にするようになるのだろう
　　ウ　なぜ、服装や髪型が気になるのだろう
　　エ　なぜ、親やきょうだいの話を素直に聞けなくなるのだろう
　　オ　なぜ、友だちとの付き合い方が難しくなるのだろう
　　カ　なぜ、ちょっとしたことが原因で、気分がとても楽しくなったり、落ち込んだりすることがあるのだろう
　　キ　なぜ、急に一人になりたいと思うことがあるのだろう
　　ク　なぜ、急にさみしいと感じることがあるのだろう
　　ケ　なぜ、イライラすることが多くなるのだろう

２　「中学生の心」に関することで、「１」の項目以外で知りたいことはありますか。あればその内容を書いてください。

```
[                                                                         ]
```

３　「中学生の体」に関することで、どのようなことを学習したいですか。以下の中から、あてはまるものを三つまで選んで、記号に○をつけてください。

　　ア　中学生前後から始まるいろいろな体の変化について
　　イ　男子と女子の体の発達の違いについて
　　ウ　自分とまわりの友だちの体の発達の違いについて
　　エ　身長の伸びや体重の増え方について
　　オ　体毛について
　　カ　声がわりについて
　　キ　体のにおいについて
　　ク　ニキビについて

４　「中学生の体」に関することで、「３」の項目以外で知りたいことはありますか。あればその内容を書いてください。

```
[                                                                         ]
```

　　　　　　　　　　　　　　　　　　　　　　　　　　　　　ありがとうございました。

保護者用アンケート 「中学生の心と体の健康に関する調査」 1－1－2

中学生の心と体の健康に関する調査

ご入学おめでとうございます。
　子どもたちは、「中学生の心と体の健康」について学んでいきます。学習を進めていくにあたり、保護者の方々がどのような内容をお子さまに学んでほしいと思っていらっしゃるのか、確認したいと思います。お手数ですが質問にお答えください。
　なお、このご回答はこれからの学習だけに活用しますので、ご協力をお願いします。

　　　　　　　　　　　　　　　　お子さまは1年＿＿＿組　（男　・　女）

1　「中学生の心」に関することで、どのようなことをお子さまに学んでほしいと思われますか。以下の中から、あてはまるものを三つまで選んで、記号に〇をおつけください。

　　ア　なぜ、いろいろなことに興味がわいてくるのだろう
　　イ　なぜ、異性を気にするようになるのだろう
　　ウ　なぜ、服装や髪型が気になるのだろう
　　エ　なぜ、親やきょうだいの話を素直に聞けなくなるのだろう
　　オ　なぜ、友だちとの付き合い方が難しくなるのだろう
　　カ　なぜ、ちょっとしたことが原因で、気分がとても楽しくなったり、落ち込んだりすることがあるのだろう
　　キ　なぜ、急に一人になりたいと思うことがあるのだろう
　　ク　なぜ、急にさみしいと感じることがあるのだろう
　　ケ　なぜ、イライラすることが多くなるのだろう

2　「中学生の心」に関することで、「1」の項目以外でお子さまに学んでほしいと思われることはありますか。ありましたらその内容をお書きください。

3　「中学生の体」に関することで、どのようなことをお子さまに学んでほしいと思われますか。以下の中から、あてはまるものを三つまで選んで、記号に〇をおつけください。

　　ア　中学生前後から始まるいろいろな体の変化について
　　イ　男子と女子の体の発達の違いについて
　　ウ　自分とまわりの友だちの体の発達の違いについて
　　エ　身長の伸びや体重の増え方について
　　オ　体毛について
　　カ　声がわりについて
　　キ　体のにおいについて
　　ク　ニキビについて

4　「中学生の体」に関することで、「3」の項目以外でお子さまに学んでほしいと思われることはありますか。ありましたらその内容をお書きください。

　　　　　　　　　　　　　　　　　　　　　　　　ご協力ありがとうございました。

参考資料

● マインドマップとは

　トニー・ブザン（Tony Buzan）が提唱した思考・発想法の一つ。頭の中で起こっていることを目に見えるようにした思考ツールのこと。「マインドマップ」という呼称は、日本国内では一般社団法人ブザン教育協会が商標登録をしている。

　描き方は、表現したい概念の中心となるキーワードやイメージを中央に置き、そこから放射線状にキーワードやイメージを広げ、つなげていく。思考を整理し、発想を豊かにし、記憶力を高めるために想像と連想を用いて思考を展開する。

（http://ja.wikipedia.org より一部抜粋）

　本学習活動で行う『マインドマップ』を作成する活動は、個人活動ではなく、グループ活動で行う。一つの言葉を中心に、それぞれが連想した言葉を紙面に書き連ねていく。グループの中には、発想力に長けている生徒もいれば、そうでない生徒もいる。仲間同士で言葉をつなげる活動を行うことにより、発想力の乏しい生徒にも連想するきっかけを作り、多くの生徒の意見を反映させた活動をしたいと考えた。さらに、グループで作り上げることを通して連帯感を味わわせたいと考え、この活動を取り入れた。

2 思春期の体の変化

1 授業のねらい

思春期の体の変化について知っていることを振り返る。

身体的変化の著しいこの時期は、日に日に成長する喜びを感じる一方、自我の目覚めから他人と自分を比べて思い悩むなど、精神的に不安定な時期でもあります。また、二次性徴を迎えて男女の身体的な発達や機能の成熟も顕著になっていきます。

思春期のこうした変化に対して、興味や疑問を持ちながらも、明らかにする手段や方法が分からず、悩みながら過ごしている場合も少なくありません。

そのため、同じように友だちが悩んでいることに気付き、考えや意見を交流し合うことは、思春期の様々な悩みや不安に対して前向きに立ち向かうための良い機会となるはずです。

本時では、思春期の体の変化に関する知識や関心には個人差や性差があることや、悩みや不安を抱えているのは自分だけではないことに気付くとともに、お互いを理解することによって尊重し合い、和やかな人間関係を築くために、この題材を設定しました。

2 授業目標

①思春期の体の変化について知っていることを確認する。
②思春期の体の変化に関する知識や関心には、個人差や性差があることに気付く。

3 教育課程への位置付け

1学年：特別活動　学級活動
※保健体育の授業との関連を図りながら行うことが望ましい。

4 準備物リスト

- 活動シート2－1「発表を記録しよう」
- 活動シート2－2「振り返りシート」
- 短冊（アイスブレイク用）
- 質問を書いたくじ（男女別）
- くじを入れる袋（2枚）
- 模造紙
- マジック（黒色のマジックは人数分、青色と赤色のマジックはグループの数分）

5　指導過程の概略

	活動のステップ	活動のポイント	準備物
導入	**STEP 1** ● 「仲間さがしゲーム」をする **STEP 2** ● 本時の学習のねらいを確認する	●「中学生になってうれしかったこと」を短冊に一つ記入し、教室内を歩き回ってよく似た内容を書いた友だちを探し、男女別に3、4人のグループをつくる ●教師は、本時では思春期の体の変化について学習することを説明する	●短冊（アイスブレイク用）
展開	**STEP 3** ● 体に関する質問に対して知っていることを模造紙に記入する **STEP 4** ● グループごとに各自の意見を発表し合い、まとめる **STEP 5** ● クラス全体に発表する	●教師は、前時に行ったニーズ調査結果などから、体に関する生徒の質問を提示する ●教師は、一つの質問に対し男女各1グループが取り組むように、くじを引いて質問を決めさせる ●質問に対して知っていることを、模造紙の各自に割り当てられた場所へ記入する ●質問について意見を交換する ●グループ内の意見をまとめる ●質問ごとに発表し、知識や関心には個人差や性差があることを知る ●自分たちの質問とは違うグループの発表の際には、活動シート2-1「発表を記録しよう」に記録しながら発表を聞く	●質問を書いたくじ（男女別） ●くじを入れる袋 ●模造紙 ●マジック ●活動シート2-1「発表を記録しよう」
まとめ	**STEP 6** ● 本時の学習内容を確認する	●活動シート2-2「振り返りシート」に学習したことを記入する ●体の変化が表れる時期や、表れ方は一人一人違うことを知る ●発育発達には個人差や性差があることを確認する	●活動シート2-2「振り返りシート」

6　指導の展開

導　入

STEP 1　「仲間さがしゲーム」をする

● 教師は、一人あたり1枚の短冊を配付します。

> **指示**　「中学生になってうれしかったこと」を短冊に一つ記入してください。

● 教師は、グループのつくり方を説明します。

> **説明**　記入したらその短冊を持って、男子は男子同士、女子は女子同士で、自分と同じこと、あるいは似たことを書いた人を探します。同じこと、あるいは似たことを書いた者同士で集まり、男女別に3、4人のグループをつくってください。

● グループをつくり着席します。

STEP 2　本時の学習のねらいを確認する

● 教師は、本時では思春期の体の変化について学習することを説明します。

> **説明**　前時の授業では、「中学生の心と体の健康に関する調査」を行いました。その結果から、みなさんが中学生の体についてどんなことを学習したいのかを知ることができました。今日の授業では、みなさんが学習したいと思っている事柄を取り上げて、中学生の体の変化について考えていきます。

展　開

STEP 3　体に関する質問に対して知っていることを模造紙に記入する

● 教師は、模造紙を各グループに配付します。
● 教師は、前時に行った「ニーズ調査結果」を踏まえ、体に関する生徒の質問を提示します。

(質問の例)
　〇ニキビについて
　〇身長の伸びや体重の増え方について
　〇射精や月経について（男女の体の違い）
　〇声がわりについて　　　　　　　　　など

※一つの質問に対して、男女各1グループが取り組めるよう、男子用のくじ、女子用のくじを作り、別々の袋に入れておく。

● 各グループの代表者は、前に出てくじを引き、どの質問に取り組むか決めます。

指示　自分たちのグループはどの質問について取り組むか、男女別にくじを引いて決めます。一つの質問に対して男女各1グループが取り組みます。
　小学校高学年から中学生にかけて起こる体の変化に関する質問に対して知っていること、例えば変化する時期、変化の様子、なぜ変化が起こるのかなどについて、各自に割り当てられた場所に記入してください。

● 教師は、各自の意見の記入方法を説明します。

指示（模造紙への記入の仕方）　用紙の上部（10cmくらいの幅）に取り組む質問を書いてください。さらに、模造紙の中央に楕円を書いてください。楕円を中心にグループの人数分、枠で仕切り、一人一人が書くスペースを割り当ててください。質問に対して知っていることを、各自の枠に黒のマジックで記入してください。

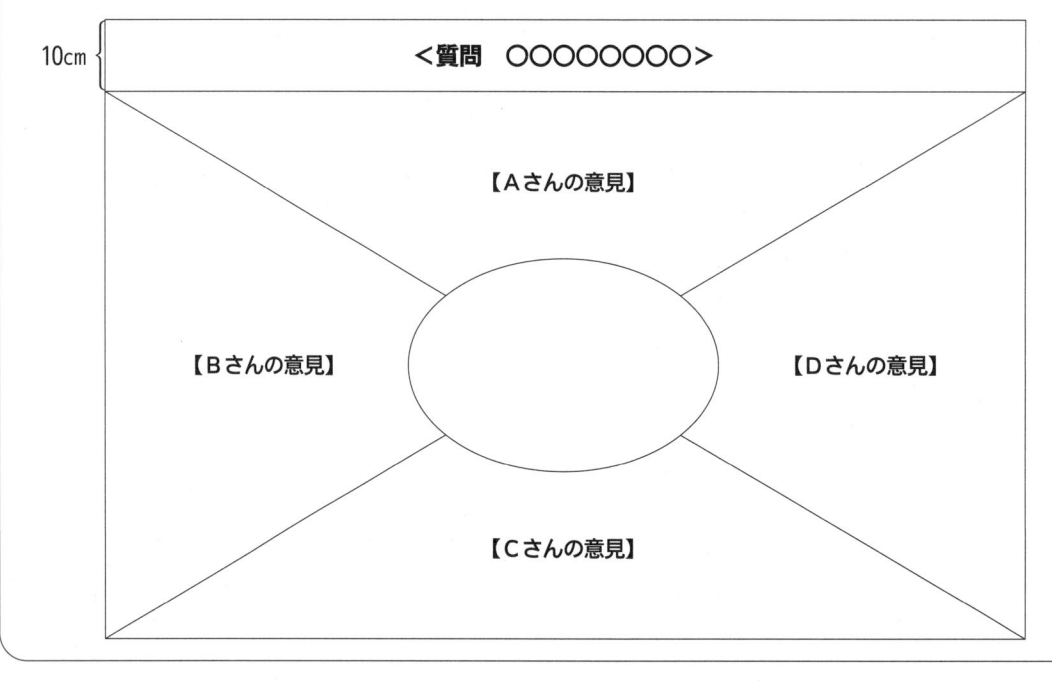

```
10cm    <質問　〇〇〇〇〇〇〇〇>

                【Aさんの意見】

  【Bさんの意見】      （楕円）      【Dさんの意見】

                【Cさんの意見】
```

STEP 4 | グループごとに各自の意見を発表し合い、まとめる

● 質問について意見交換し、グループ内の意見をまとめます。

> **指示** 意見を書き終わったら、グループ内で一人ずつ自分の意見を発表し合ってください。その際に、自分と共通の意見や、違う意見にはどんなことがあるのか、注意深く聞いてください。そして、共通の意見や、グループ内で合意された意見は、模造紙の中央の楕円の中に書き入れてください。
>
> さらに、グループで出された意見をクラス全体に発表するので、代表者は発表できるように意見をまとめてください。

※教師は、生徒たちが自分の意見を恥ずかしがらずに発表し、友だちの意見は冷やかさずに聞くよう指導する。
※教師は、知識や関心には個人差があることに気付かせる。

STEP 5 | クラス全体に発表する

> **指示** 質問ごとにグループでまとめた意見を発表してもらいます。同じ質問に対し、男女各1グループが発表します。
>
> 後に発表するグループは、前に発表するグループの意見を、自分たちの模造紙と比べながら聞きます。共通している意見には青マジックで印を、違う意見には赤マジックで印を、自分たちの模造紙につけてください。前に発表したグループも同様に、後に発表するグループの意見を聞きながら印をつけてください。
>
> 自分たちのグループとは違うテーマについては、「発表を記録しよう」に記録をとりながら発表を聞いてください。

※ここでは、同じ質問に対する男子グループ、女子グループの知識や関心の違い、共通点に気付かせる。

まとめ

STEP6　本時の学習内容を確認する

> **指示**　一人一人大変よく考えましたね。グループごとの発表もいろいろな意見が出ました。
> 　最後に、「振り返りシート」に記入して、今日の学習のまとめをしましょう。

- 教師は、各グループの発表を聞いて、知識や関心には共通な点もあれば、人によって違う点もあることを確認させます。
- 教師は、体の変化には一人一人違いがあることに気付かせます。

※今現在自分には変化がないからといって、過剰に不安に思ったり心配しすぎたりしないように指導する。

- 教師は、「思春期の体の変化」については保健体育の授業の中で、正確な知識をさらに学習することを伝えます。

7　家庭や地域と連携した活動

- 活動シート2-2「振り返りシート」を家庭に持ち帰り、学習したことを家族に話します。
- 教師は、学級通信などで授業内容の概要や、生徒の反応を家庭に知らせます。
- 教師は、持ち帰った活動シートをもとに、「思春期の体の変化」について家庭で話す機会をもってほしいことを生徒たちに伝えます。

| 活動シート2－1 | 「発表を記録しよう」 | 1－2－1 |

発表を記録しよう

1年＿＿＿組　名前＿＿＿＿＿＿＿＿＿＿＿＿

　自分たちの質問とは違うテーマに取り組んでいるグループが発表します。発表をよく聞いて自分が知っていたこと、知らなかったことを記録しましょう。同じ質問に、男女各1班ずつ発表します。発表を聞いて、男女の違いはあったかどうかについても記録してください。

① ●質問『　　　　　　　　　　　　　　　　　　　　　　　』

自分が知っていたこと	自分が知らなかったこと	男女の違い ※いずれかに○をつける
		◆あった ◆なかった ◆分からなかった

② ●質問『　　　　　　　　　　　　　　　　　　　　　　　』

自分が知っていたこと	自分が知らなかったこと	男女の違い ※いずれかに○をつける
		◆あった ◆なかった ◆分からなかった

③ ●質問『　　　　　　　　　　　　　　　　　　　　　　　』

自分が知っていたこと	自分が知らなかったこと	男女の違い ※いずれかに○をつける
		◆あった ◆なかった ◆分からなかった

| 活動シート2－2 | 「振り返りシート」 | 1－2－2 |

振り返りシート

1年＿＿組　名前＿＿＿＿＿＿＿＿＿＿＿＿＿

1　あなたのグループが担当した体に関する質問は何でしたか。

```
┌─────────────────────────────────────────────┐
│                                             │
│                                             │
│                                             │
│                                             │
└─────────────────────────────────────────────┘
```

2　グループ内の話し合いの中で、知識や関心には個人差があることに気付きましたか。あてはまるものに〇をつけてください。

・気付いた　　・気付かなかった　　・その他（　　　　　　　　　　　　　）

3　発表を聞いて、男子と女子の知識や関心には違いがあることに気付きましたか。あてはまるものに〇をつけてください。

・気付いた　　・気付かなかった　　・その他（　　　　　　　　　　　　　）

4　学習したことを振り返り、考えたことや感じたことを書いてください。

参考資料

● 中学生の心と体の健康に関する調査結果（体に関すること ― 生徒と保護者の比較）

下の図2－1は、2011年5月に埼玉県川口市A中学校において、中学1年生男子53人、女子45人、中学1年生保護者71人を対象に、無記名自記入式質問紙調査を行ったうちの、「体に関すること」の結果である。

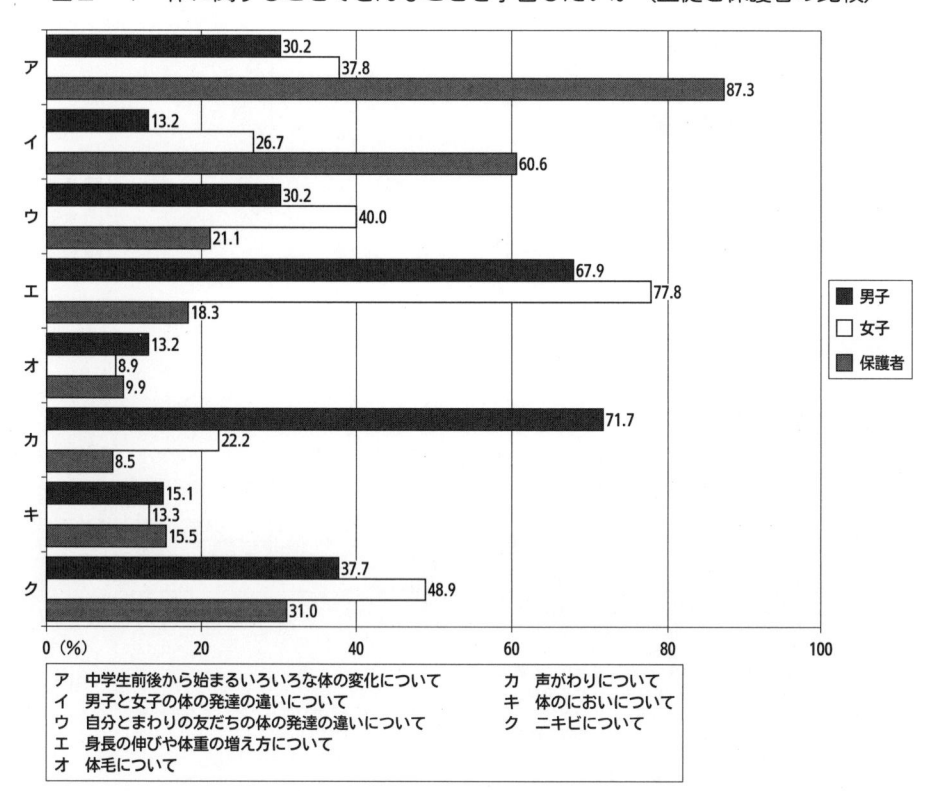

図2－1 体に関することでどんなことを学習したいか（生徒と保護者の比較）

項目	男子	女子	保護者
ア	30.2	37.8	87.3
イ	13.2	26.7	60.6
ウ	30.2	40.0	21.1
エ	67.9	77.8	18.3
オ	13.2	8.9	9.9
カ	71.7	22.2	8.5
キ	15.1	13.3	15.5
ク	37.7	48.9	31.0

ア　中学生前後から始まるいろいろな体の変化について
イ　男子と女子の体の発達の違いについて
ウ　自分とまわりの友だちの体の発達の違いについて
エ　身長の伸びや体重の増え方について
オ　体毛について
カ　声がわりについて
キ　体のにおいについて
ク　ニキビについて

生徒が学習したいと答えた割合が男女ともに最も高かったのは、「エ　身長の伸びや体重の増え方について」であった。続いて多かったのは、「ク　ニキビについて」と「ウ　自分とまわりの友だちの体の発達の違いについて」であった。また、男子においては「カ　声がわりについて」が二番目に多かった。

一方、保護者が我が子に学ばせたい内容の1位は、「ア　中学生前後から始まるいろいろな体の変化について」で、約9割の保護者が学ばせたいと答えている。次に多かったのが、「イ　男子と女子の体の発達の違いについて」であった。保護者にとっては二次性徴を迎える我が子に対して、どのように教えたり伝えたりしていいものなのか迷っていることがうかがえ、学校で是非教えてほしいと考える保護者が多いことが推測される。

● 中学生の心と体の健康に関する調査結果（心に関すること ― 生徒と保護者の比較）
下の図2-2は、前述の調査のうち、「心に関すること」の結果である。

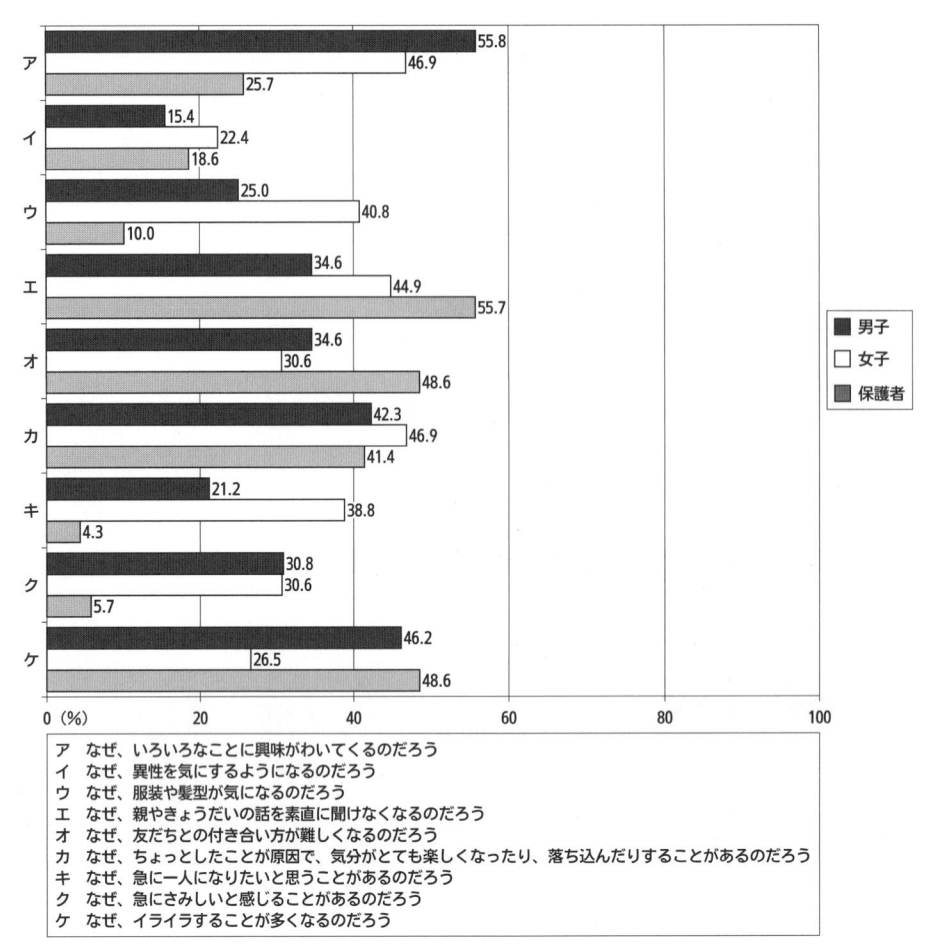

図2-2　心に関することでどんなことを学習したいか（生徒と保護者の比較）

	男子	女子	保護者
ア	55.8	46.9	25.7
イ	15.4	22.4	18.6
ウ	25.0	40.8	10.0
エ	34.6	44.9	55.7
オ	34.6	30.6	48.6
カ	42.3	46.9	41.4
キ	21.2	38.8	4.3
ク	30.8	30.6	5.7
ケ	46.2	26.5	48.6

ア　なぜ、いろいろなことに興味がわいてくるのだろう
イ　なぜ、異性を気にするようになるのだろう
ウ　なぜ、服装や髪型が気になるのだろう
エ　なぜ、親やきょうだいの話を素直に聞けなくなるのだろう
オ　なぜ、友だちとの付き合い方が難しくなるのだろう
カ　なぜ、ちょっとしたことが原因で、気分がとても楽しくなったり、落ち込んだりすることがあるのだろう
キ　なぜ、急に一人になりたいと思うことがあるのだろう
ク　なぜ、急にさみしいと感じることがあるのだろう
ケ　なぜ、イライラすることが多くなるのだろう

　生徒が学習したいと答えた割合が男女ともに最も高かったのは、「ア　なぜ、いろいろなことに興味がわいてくるのだろう」であった。続いて多かったのは、「カ　なぜ、ちょっとしたことが原因で、気分がとても楽しくなったり、落ち込んだりすることがあるのだろう」であった。一方、保護者が我が子に学ばせたい内容の1位は、「エ　なぜ、親やきょうだいの話を素直に聞けなくなるのだろう」であった。次に多かったのが「オ　なぜ、友だちとの付き合い方が難しくなるのだろう」、「ケ　なぜ、イライラすることが多くなるのだろう」だった。
　このように、生徒、保護者とも学びたい、学ばせたい項目としては、友だち同士や、親子間のコミュニケーションにかかわることや、ストレスにかかわることが高い割合を占めていた。
　これらの結果から、対人関係スキル形成やストレス対処スキル形成の授業が思春期の心と体の教育においては、大変重要になると考えられる。

③ 思春期の心の変化

1 指導のねらい

思春期の心の変化を前向きに受け止める。

思春期は、人格の形成に向けて大きく成長することのできる時期であると同時に、自我の芽生えによって心が揺れ動く時期でもあります。それは、周囲の大人への反抗、承認欲求、自信と不安の入り混じった感情、理想と現実の中での葛藤、仲間との強い連帯感、自己の容姿へのこだわりや異性への関心など、様々な形をとって表れます。

このような思春期の入口に立ち、不安定な気持ちやイライラした気分に悩む中学生にとって、その理由を知ることや、悩んだり、苦しんだりしているのは自分だけではないことに気付くことは、心の安定につながります。さらに、この時期に自分を本気で見つめ、一生懸命な生き方をすることが素敵な大人への成長につながるものであることを学ぶことは、思春期を前向きに受け止めて、上手に乗り越えていく力となるはずです。

本時は、思春期の心の特徴に気付き、それを肯定的に受け止めて、前向きに生きていこうとする姿勢の育成をねらいとして、この題材を設定しました。

2 授業目標

①思春期を迎えて、心が変化してきていることに気付く。
②思春期の心の特徴を受け止め、前向きに生きるための方法について考えを述べる。

3 教育課程への位置付け

1学年：特別活動　学級活動

4 準備物リスト

- 活動シート3－1「見つめてみよう！思春期の心」
- 活動シート3－2「振り返りシート」
- 教師用資料3－1「ブレインストーミングの分類の仕方の例」
- 掲示用資料3－1「ブレインストーミングの約束」
- 家庭用資料3－1「思春期の心」
- 「ジグソーパズル」用のポスターや広告
- 短冊
- マジック
- 模造紙（1／2の大きさ）
- のり

5 指導過程の概略

	活動のステップ	活動のポイント	準備物
導入	**STEP 1** ●ゲーム「ジグソーパズル」を行い、グループをつくる **STEP 2** ●本時の学習のねらいを確認する	●教師は、「中学生」や「若者」に関連するポスターや広告などをグループの数だけ準備し、それぞれグループの人数分に切って袋に入れておく ●袋から紙片を取り、同じ絵の断片を持つ者同士でグループをつくる ●教師は、本時では「思春期の心」について考えていくことを説明する	●「ジグソーパズル」用のポスターや広告
展開	**STEP 3** ●「思春期の心」に関する問題についてブレインストーミングを行う **STEP 4** ●意見を分類し、「思春期の心の特徴」をとらえる **STEP 5** ●「思春期を上手に乗り越えるために必要な力」について話し合う	●教師は、ブレインストーミングのやり方を確認する ●教師は、活動シート3－1「見つめてみよう！思春期の心」の中の問題を各グループに割り当てる ●ブレインストーミングを行う ●意見を書いた短冊を、似ている内容のもの同士で分類する ●分類した短冊を模造紙に貼り「見出し」を付ける ●模造紙を黒板に貼り、発表する ●思春期を上手に乗り越えるために、どのような力を身に付けていったらよいか、意見を出し合う	●掲示用資料3－1「ブレインストーミングの約束」 ●活動シート3－1「見つめてみよう！思春期の心」 ●短冊 ●マジック ●教師用資料3－1「ブレインストーミングの分類の仕方の例」 ●模造紙 ●のり
まとめ	**STEP 6** ●本時の学習内容を確認する	●授業を振り返って、活動シート3－2「振り返りシート」に記入する ●教師は、家庭用資料3－1「思春期の心」を配付し、保護者と話し合う機会をもつように促す	●活動シート3－2「振り返りシート」 ●家庭用資料3－1「思春期の心」

③ 思春期の心の変化

6 指導の展開

導 入

STEP 1　ゲーム「ジグソーパズル」を行い、グループをつくる

● 教師は、ゲーム「ジグソーパズル」のやり方を説明します。

> **指示**　この袋の中には数枚の絵をいくつかに切った紙片が入っています。これから順番に、紙片を1枚ずつ抜き取ってください。全員が取り終わったら、ジグソーパズルを組み合わせる要領で、同じ絵の断片を持っている仲間を探してください。仲間が見つかって絵が完成したら、その人たちでグループをつくって机を合わせて座ってください。そのあと、グループの中で司会者と発表者を決めてください。

※ ジグソーパズルには「中学生」や「若者」に関連するポスターや広告を使う。雑誌でも、絵はがきでも、ポスターでもよいので、つくろうとするグループの数（本時では6グループ）だけ用意し、紙片に切り分けておく。
※ 紙片をいくつかの袋に分けて入れておいたり、袋を持つ生徒を決めておいたりするなどして、5分間くらいでグループがつくれるよう配慮する。

STEP 2　本時の学習のねらいを確認する

● 教師は、本時が「思春期の心」について考えていく学習であることを説明します。

> **説明**　前時の授業では、「思春期の体の変化」について学びました。体の変化にともなってみなさんの心にも変化が起きていませんか。以前行った「中学生の心と体の健康に関する調査」には、「なぜ、イライラすることが多くなるのだろう」「なぜ、異性を気にするようになるのだろう」など、思春期の心の変化に関することが書かれていました。今日は「思春期の心」を見つめ、その特徴について考えていきます。

展　開

STEP 3　「思春期の心」に関する問題についてブレインストーミングを行う

● 教師は、掲示用資料3-1「ブレインストーミングの約束」を黒板に掲示し、そのやり方を説明します。

> **説明**　ブレインストーミングは一つの短冊に一つの考えを書きます。できるだけたくさんの意見（アイデア）を出し合うことが目的ですから、思いついた意見はどんどん声を出して言ってください。出された意見はみんな認めます。反対してはいけません。また他の人の意見を聞き、それに付け足す形で新しい意見を出してもいいです。まったく同じもの以外は全て認めていきます。意見を言い、司会者に「はい」と言われたら短冊に書いてください。

● 教師は、活動シート3-1「見つめてみよう！思春期の心」のやり方を説明します。

> **指示**　思春期を迎えて、みなさんの心がどのように変化してきているかを見つめていきましょう。「見つめてみよう！思春期の心」には「親子の関係について」「仲間との関係について」「興味・関心について」の三つの問題が出ています。どの問題についてブレインストーミングを行うか、これから指示します。その後、合図をしますので、一斉にブレインストーミングを始めてください。

※教師は、三つの問題をそれぞれ2グループずつに割り当てる。
※全グループが問題を確認することができたら、制限時間は3分であることを告げ、「よーい、始め！」の合図をする。3分たったら「やめ！」の合図をする。ただし、生徒の意見がまだ十分に出ていないようであったら、1分間延長する。
※成長には個人差があり、まだ思春期に入っていない生徒もいる。心の変化が表れていない場合もあるが、心配することのないように伝える。

3 思春期の心の変化　41

STEP 4 意見を分類し、「思春期の心の特徴」をとらえる

- 教師は、教師用資料3-1「ブレインストーミングの分類の仕方の例」を参考に、活動シート3-1「見つめてみよう！思春期の心」のブレインストーミングで出された意見の分類の仕方を説明します。

> **指示**　「見つめてみよう！思春期の心」についてたくさんの意見が出たようですね。今度は、短冊に書かれた意見を、内容の似ているもの同士でグループ分けをしてみましょう。グループ分けができたら、短冊を模造紙に貼り、それぞれのグループの内容を表す「見出し」を付けてみてください。「思春期の心の特徴」が表われてくると思います。どのような意見が出たか、あとで各グループの代表者に発表してもらいます。

※「見つめてみよう！思春期の心」について出た意見の分類や「見出し」を付けることができたグループから、模造紙を黒板に貼っていく。この時、同じ課題に取り組んだグループのものが並ぶようにして貼るとよい。
※発表者は前に出て、順番に発表を行う。
※生徒たちからの意見を互いに聞き合うことが大切である。ここでは、教師は意見をまとめたり、多くのコメントを述べたりしないようにする。
※発表終了後、模造紙は黒板に貼ったままにしてSTEP5に進む。

STEP 5 「思春期を上手に乗り越えるために必要な力」について話し合う

- 教師は、「思春期を上手に乗り越えるために必要な力」について話し合うことを説明します。

> **指示**　思春期には体だけでなく心も変化していくようですね。「親の気持ちが分かるようになった」などの、以前より過ごしやすくなってきている面もあるようですが、不安定な気分になったり、大人を避けてみたくなったり、悩みが増えて以前より過ごしにくくなった面もたくさんあるようです。そのような思春期の良い面も困った面も受け止めて、上手に思春期を乗り越えていくために、どのような力を身に付けていくとよいと思いますか。グループで話し合って、意見を発表してください。

※話し合いの課題が捉えられるよう、まず、一つの問題について全員で考えてみる。例えば、「以前よりイライラすることが多くなった、という意見がありましたが、そういうことに対処するために、どのような力を身に付けたいと思いますか。」という質問をして意見を出させる。「イライラしても人や物に当たらない力」「他のことで気持ちをすっきりさせる力」「前向きに考える力」などの意見が予想される。
※2分間くらい時間をとり、グループで話し合い、意見を発表させて板書する。これから学習していくライフスキルに関心がもてるような、例えば、ストレス対処スキル、自己主張的コミュニケーションスキル、目標設定スキル、意志決定スキルにかかわる意見交換になるとよい。

まとめ

STEP6　本時の学習内容を確認する

- この学習を振り返って、感想などを活動シート3−2「振り返りシート」に記入します。
- 教師は、家庭用資料3−1「思春期の心」を配付し、保護者と話し合う機会をもつように促します。

7　家庭や地域と連携した活動

　家庭用資料3−1「思春期の心」を配付するとともに、学級通信などを使って、本時の学習内容や、授業の中で生徒たちから出た意見や、「振り返りシート」に書かれた感想などを家庭に知らせ、思春期について親子で話し合う機会をもってほしいことを伝える。

| 活動シート3－1 | 「見つめてみよう！思春期の心」 | 1－3－1 |

見つめてみよう！思春期の心

1年＿＿＿組　名前＿＿＿＿＿＿＿＿＿＿＿＿

♣「以前」（10歳くらいの頃、小学校中学年の頃）と「現在」とを比べて、みなさんの心に変化が起きていませんか？　次の質問に答えながら、自分の心を見つめてみましょう。

1　親子の関係について の質問です。
　　あなたは以前と比べて、お父さんやお母さんに対する気持ちやかかわり方が変わってきていませんか？　変わってきたとすれば、どう変わったか答えてください。

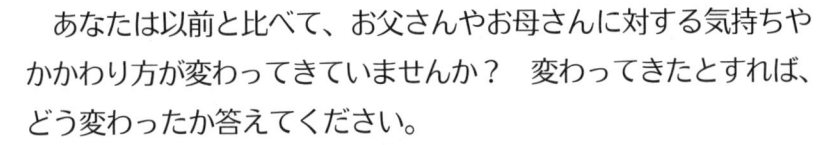

> （例）前は何でも親に話したが、今は、内容によっては親に話さないこともある。

2　仲間との関係について の質問です。
　　あなたは以前と比べて、友だちに対する気持ちやかかわり方が変わってきていませんか？　変わってきたとすれば、どう変わったか答えてください。

> （例）気の合う友だちとだけ仲良くするようになった。

3　興味・関心について の質問です。
　　あなたは以前と比べて、興味や関心があるものが変わってきていませんか？　現在、どのようなことに興味や関心があるのか答えてください。

> （例）今は、自分の服装のことに関心がある。

活動シート3-2　「振り返りシート」　　　　　　　　　　1-③-2

振り返りシート

1年___組　名前_____

1　この授業を通して「自分」の心がどのように変わってきているか、見つめることができましたか？　　　　　　　　　　　　　　　　　はい　　　いいえ

2　思春期を上手に過ごしたり、乗り越えていくために、どのような力を身に付けていくとよいか考えることができましたか？　　　　　　　はい　　　いいえ

3　「思春期の心」について、分かったことや気がついたこと、この授業に対する感想などを書いてください。

教師用資料3―1 「ブレインストーミングの分類の仕方の例」　1－3－3

ブレインストーミングの分類の仕方の例

テーマ　親子の関係について　　グループ名（　　　　　　　　　　）

親に反抗的
- 話したくない時がある。
- 離れていたい時がある。
- ちょっとうっとうしい。
- 反抗してしまう時がある。
- 私のことを何も分かっていないと思う時がある。
- 前ほどしゃべらない。
- 父の後にお風呂に入るのが嫌。
- 親の言うことが納得できない時がある。
- 「勉強しなさい」と言われるのが嫌。

親の気持ちが分かる
- 親の気持ちが分かるようになった。
- 心配してくれているんだなと思うようになった。
- 本当に相談したいことは親に相談するようになった。

相談するなら友だち
- 友だちに相談することが多い。
- 友だちの方が話しやすい。

親を手伝いたい
- 心配をかけたくないと思うようになった。
- 親も大変なんだと分かるようになった。
- 親を手伝ってあげたいと思う。

自分でやる
- 親をたよらなくなった。
- なんでも自分でやるようになった。
- 自分の部屋の掃除は自分でやる。
- 朝、親に起こされないで起きる。

親といるのは、はずかしい
- 外では親と一緒にいたくない。
- 好きだけど、何となく嫌。
- 一緒に買い物をしているところを見られたくない。
- 「おかあさん」と呼ぶのが恥ずかしい。

掲示用資料3-1　「ブレインストーミングの約束」

ブレインストーミングの約束

1　一つの短冊に一つの考えを書きます
2　できるだけたくさんの意見（アイデア）を出します
3　出された意見は全て認めます
　　反対意見を言いません
4　人の意見に付け足しをしてもいいです
5　まったく同じもの以外は全て認めます
6　声を出しながらやりましょう

家庭用資料3－1　「思春期の心」　1-3-5

思春期の心

- 自我（自分自身を見つめるもう一人の自分）が心の中に育ってきます。
- 大人に保護され依存していた状態から、自立へと歩き始めます。
- 自立に向かっていろいろな心理的変化が表れます。

体の急激な成長・発達に悩むことがあります

- 思春期前半の1年余りにわたって身長や体重の伸びの速度が2倍くらいになります。
- 体の成長には順序があるため、体型がアンバランスに感じられることがあります。
- 男子は筋肉質になり、女子は脂肪がつきやすくなります。
- 二次性徴が表れます。
- 体の変化について、悩みにつながることがあります。
- 性に対する関心が高まり、性に対することがらにどう対処したらよいか分からずに、悩むことがあれこれ出てきます。

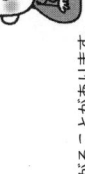

親の援助を拒否することがあります

- 親に頼りたい、甘えたいという気持ちと、自立したいという気持ちとの間でイライラや不安が募ることがあります。
- 自立したいと思う気持ちから、大人に口答えをしたり大人を無視するような態度をとることがあります。
- 親を通して築いてきた価値観に疑問をもつことがあります。
- 親に秘密をもったり、反抗的になったりしながら、親の感じ方や見方から離れて、自分のものにしようとすることがあります。

※親の援助を拒否しているように見えることがあっても、親の援助は、子どもが苦しい混乱に落ち込むのを防ぐことにつながっているようです。

自我の芽生えてきます

みんなは私のことをどう思っているんだろう？
誰も信じられないのだろう……
私ってダメだな～
こんなに悩んでいるのは、私だけ？

- 自分自身を見つめるもう一人の自分が心の中に育ってきます。
- 自分を見つめるようになると、かえって自分が分からなくなったり、自分の力のなさに落ち込んだりすることがあります。
- 理想の自分と現実の自分のギャップに悩むことがあります。
- 他人からどう見られているかが気になって、うわべを飾るようになったり、笑いものにならないように気にすることがあります。
- 自分らしさを求めるようになります。
- 自分らしさを見つけるためには、いろいろな生き方、考え方にふれることが大切です。学級内部活動、いろいろな人との付き合い、読書などが役立ちます。
- 自分らしさを築くためには、ありのままの自分を受けとめることが必要です。自分の長所も短所も受け入れられるようになることが大切です。

※しなやかに、しっかりした自我が備わってくると、他人の気持ちも理解できるようになり、子どもの頃より親密な関係を、いろいろな人と築くことができるようになっていきます。

社会に対して不安な気持ちを抱くことがあります

- これまで、当たり前と思って受け止めていた社会の倫理や道徳的な考え方に、疑問をもつことがあります。
- 「もう子どもではない」でも、（法的にも）大人としての扱いを受けない自分の立場を、不安定なものに感じます。
- 自分たちの将来を受け止めてくれるはずの社会が、何となく疑わしく、未知で、不安なものに感じられることがあります。

※思春期を乗り越えると、社会の倫理や道徳的な考え方を、それなりにまとまりのあるものとして受けとめて、社会に対応していけるようになります。

仲間の存在が大きくなります

- この時期の子どもにとって、仲間は、思春期特有の孤独感から救ってくれる大事な存在になります。
- 仲間に、悩みや不安、希望などを話すようになります。
- 両親よりも仲間の意見に影響を受けることがあります。
- 仲間に認められたいという気持ちから、仲間と共通の衣服・言葉遣い・音楽等を好むようになることがあります。
- 仲間との間で楽しんだり、傷つけ合ったりする体験から、人との付き合い方を学んでいきます。

※仲間集団とのコミュニケーションや、その中での試行錯誤をすることは「自分はどういう人なのか」「自分はどうあるべきか」の回答を見つけることにつながっていきます。

※仲間との付き合い方の中で、自分とは違う考え方や価値観に気づくことは、自分自身を深く見つめ直すきっかけになります。

（田中信市著『ライブラリ思春期の「こころのSOS」』1 サイエンス社、B.R.マッキャンドレス、R.H.クーブ著、林謙治監訳『思春期―その行動と発達のすべて―』メディカルサイエンス、『新・中学保健体育（教科書）』学研による）

参考資料

● 中学生の悩みの内容

「低年齢少年の生活と意識に関する調査2006」は、内閣府が、将来の社会的自立に向けた基礎を形成する時期にある9歳から15歳の青少年について、生活習慣や家族・友人との関係、規範意識などを把握するとともに、保護者の養育態度、子どもに対する意識などを明らかにすることにより、今後の青少年育成施策の検討のための基礎資料を得ることを目的として行われた調査である。2006年3月、9歳から15歳の青少年3,600人と、その保護者2,734人を対象に行われた。下の図3－1は、中学生1,038人の回答結果を示したものである。

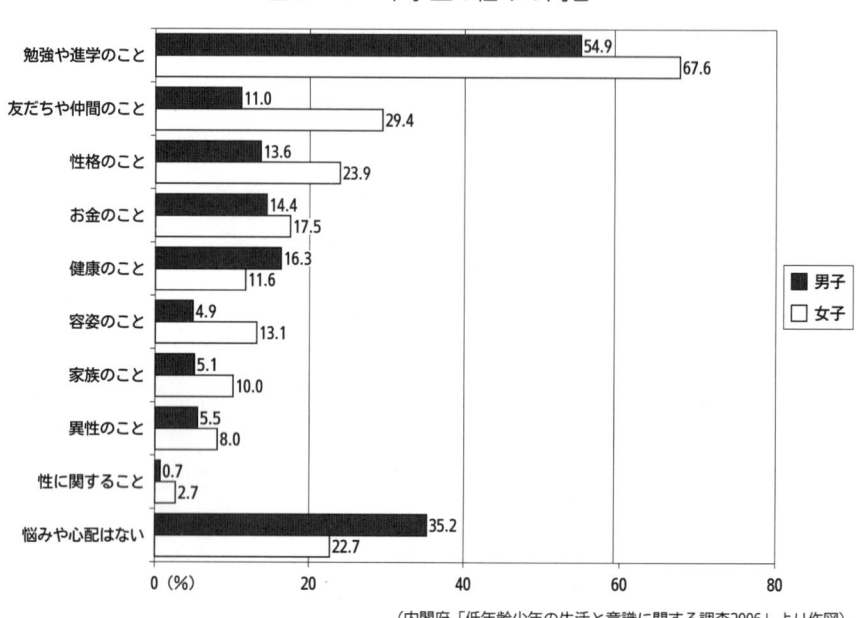

図3－1　中学生の悩みの内容

項目	男子	女子
勉強や進学のこと	54.9	67.6
友だちや仲間のこと	11.0	29.4
性格のこと	13.6	23.9
お金のこと	14.4	17.5
健康のこと	16.3	11.6
容姿のこと	4.9	13.1
家族のこと	5.1	10.0
異性のこと	5.5	8.0
性に関すること	0.7	2.7
悩みや心配はない	35.2	22.7

（内閣府「低年齢少年の生活と意識に関する調査2006」より作図）

中学男子54.9％、女子67.6％が、「勉強や進学のこと」を悩みの原因として挙げている。卒業時に高校受験を控えていること、そのために自分の成績が気になることが理由と考えられる。また、思春期になると「友だちや仲間」の存在が大きくなるためか、5人に1人は「友だちや仲間のこと」で悩んでいる。全体的に女子は男子に比べて悩みを訴える割合が高いことが分かる。

● 中学生の悩みの相談相手

　下の図3－2は、先に述べた内閣府の調査結果のうち「中学生の悩みの相談相手」に関する回答結果を示したものである。

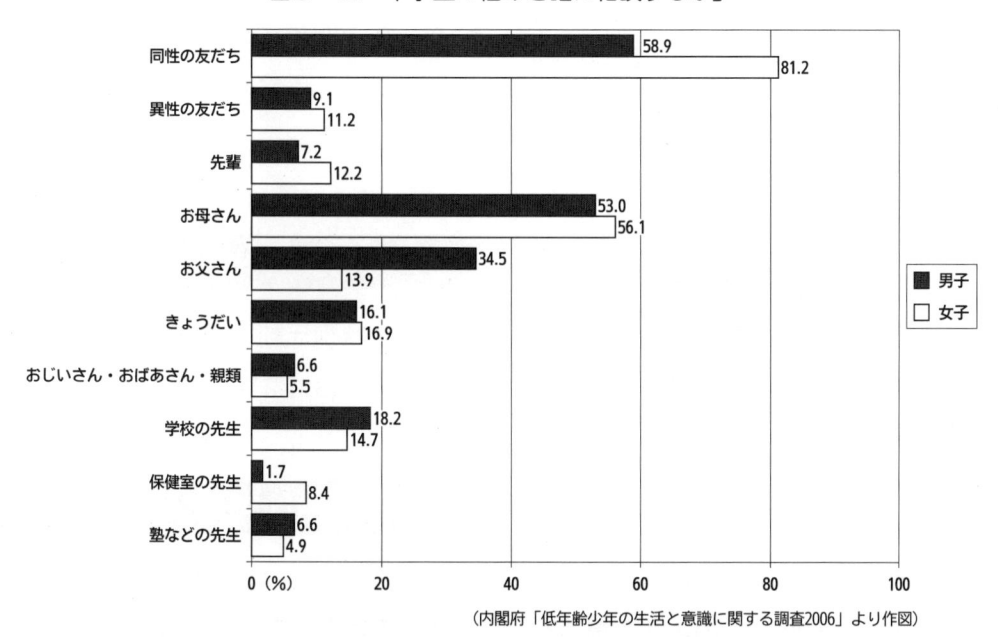

図3－2　中学生「悩みを誰に相談するか」

相談相手	男子	女子
同性の友だち	58.9	81.2
異性の友だち	9.1	11.2
先輩	7.2	12.2
お母さん	53.0	56.1
お父さん	34.5	13.9
きょうだい	16.1	16.9
おじいさん・おばあさん・親類	6.6	5.5
学校の先生	18.2	14.7
保健室の先生	1.7	8.4
塾などの先生	6.6	4.9

（内閣府「低年齢少年の生活と意識に関する調査2006」より作図）

　悩みの相談相手としては、男女ともに最も高かったのが「同性の友だち」であった。特に女子は81％が同性の友だちに悩みを相談している。2位は男女ともに「お母さん」である。3位以下は男女に違いがみられ、男子は3位が「お父さん」、4位が「学校の先生」、5位が「きょうだい」と続く。女子の場合は、3位が「きょうだい」、4位が「学校の先生」であり、「お父さん」は5位である。

4 思春期の心と体に関する情報源

1 指導のねらい

思春期の心と体に関する様々な情報源を比較する。

　思春期を迎えると、周囲の大人への反発心が芽生えたり、自分の体が気になり始めたりします。性成熟に伴い、性に関する事柄や異性への関心が高まることも、思春期の特徴です。この時期には、上手に解決方法を見つけられないような不安や悩み、疑問などをもつことも多くなります。それらの解決には、正確で有益な情報を得られる、あるいは適切に助言をしてくれる場所や人の存在が大切な手だてとなります。しかし、そのような場所や人が分からない、あるいは、誰かに相談したくても恥ずかしくて聞けない、などの障害があるのが中学生の実態です。このような事実に気付き、様々な情報源の中から、正確な情報や適切な援助を得る方法を知ることは、不安定な思春期を前向きに乗り越えるために重要です。

　本時では、思春期の心と体に関する様々な情報源のメリット（正しい情報である、身近な情報であるなど）やデメリット（正確ではない、入手しにくいなど）について考え、不安や悩み、疑問などの解消につながる、より良い情報源の選択、活用ができるようにするために、この題材を設定しました。

2 授業目標

①心と体に関する様々な情報源のメリットとデメリットに気付き、有効な活用法について話し合う。

3 教育課程への位置付け

1学年：特別活動　学級活動
　　　：総合的な学習の時間

4 準備物リスト

- 活動シート4－1「振り返りシート」
- 生徒用資料4－1「こんな時どうする？カード」（男女別にA、B、Cの3種類のカードをグループ数に応じて印刷しておく）
- 生徒用資料4－1「こんな時どうする？カード」を入れる袋（封筒など）2枚
- 掲示用資料4－1「情報源のメリットとデメリット（記入の仕方）」
- 短冊（連想ゲーム用）
- 模造紙
- A4用紙（9枚×グループ数）
- マジック
- 地域の公的機関（保健センターなど）が分かる地図（オプション）

5　指導過程の概略

	活動のステップ	活動のポイント	準備物
導入	**STEP 1** ●連想ゲームを行う	●「情報源」という言葉から連想するものを短冊に書き、内容が同じか似ている者同士で、男女別に4～6人のグループをつくる	●短冊（連想ゲーム用）
	STEP 2 ●本時の学習のねらいを確認する	●教師は、本時では「心と体に関する情報源」について学習することを説明する	
展開	**STEP 3** ●心と体に関する様々な情報源をリストアップする	●心と体に関する不安や悩み、疑問に対して、どのようなところから情報を得ることができるか、連想ゲームで出た言葉をもとにしながらリストアップする ●教師は、出た意見を板書する	
	STEP 4 ●選択した情報源のメリットとデメリットについて検討する	●グループの代表者は、生徒用資料4-1「こんな時どうする？カード」を袋から1枚引く ●生徒用資料4-1「こんな時どうする？カード」の状況に対応する情報源を三つ挙げて、そのメリットとデメリットについて考える ●掲示用資料4-1「情報源のメリットとデメリット」を参考にし、各情報源のメリットとデメリットをA4用紙に書き、模造紙に貼る	●生徒用資料4-1「こんな時どうする？カード」 ●生徒用資料4-1「こんな時どうする？カード」を入れる袋（封筒など） ●掲示用資料4-1「情報源のメリットとデメリット（記入の仕方）」 ●模造紙 ●A4用紙 ●マジック
	STEP 5 ●グループごとに発表を行う	●各グループの分析結果を発表する	●模造紙（完成したもの）
まとめ	**STEP 6** ●本時の学習内容を確認する	●活動シート4-1「振り返りシート」に記入し、まとめをする ●教師は、何人かの生徒に感想を発表させる ●教師は、可能であれば地域にある保健センターなどの公的機関を紹介する	●活動シート4-1「振り返りシート」 ●地域の公的機関（保健センターなど）が分かる地図（オプション）

6　指導の展開

導　入

STEP 1　連想ゲームを行う

- アイスブレイク「連想ゲーム」を行って、男女別にグループをつくります。

> **指示**　「情報源」という言葉から連想するものを一つだけ短冊に書きましょう。

- 教師は、全員が書き終わるのを確認してから、次の指示を出します。

> **指示**　書いた内容が同じ人、あるいは似たことを書いた同性の仲間を探してグループをつくってください。

- 教師は、男女別に4～6人程度のグループになるように調整します。

STEP 2　本時の学習のねらいを確認する

- 教師は、グループごとに活動できるように机の配置を指示します。
- 教師は、本時では心と体に関する情報源について学習することを説明します。

> **説明**　これまでの学習の中で、思春期を迎えると、心や体にいろいろな変化が表れることを学びました。思春期といわれるこの時期には、そのような心や体の変化に伴って、自分ではどうしたらよいのか分からないような不安や悩み、疑問などをもつことが多くなります。そのようなときに、その解決のために必要な情報を得ることができるものや、相談できる人や場所、専門機関などについて知っていることが大切です。今日は、心や体に関する情報がどこから得られるのか。また、それらの情報源のメリットやデメリットについて学習します。

展 開

STEP 3 | 心と体に関する様々な情報源をリストアップする

> **指示** 授業の始めに、アイスブレイクで「情報源」から連想する言葉を考えました。それぞれのグループは、どのようなことを連想したのでしょうか。グループごとに聞きますので、発表してください。

- 教師は、各グループが「情報源」という言葉からどのようなことを連想してグループになっているのかを聞き、板書する。

> **指示** 心と体の問題で困った時に、情報を得られるものや、相談したいと思う人や場所のことを「情報源」と呼びます。例えば、自分の体のことで知りたいことや心配なことがあったら、どこから情報を得ますか。あるいは、不安やイライラする気持ちが抑えられない時に、どんなところに相談に行きますか。黒板に書かれた情報源以外にも、思いつくものがあったら発表してください。

- 教師は、生徒から発表された心と体に関する情報源を、黒板に追加して書きます。

※予想される情報源は、「もの」としてインターネット、テレビ、教科書、雑誌など、「人」として親、友だち、先輩、学校の先生など、「場所」として地域の保健センター、病院などが考えられる。

- 教師は、たくさんの情報源があることに気付かせます。

STEP 4 　選択した情報源のメリットとデメリットについて検討する

> **説明**　たくさんの情報源がリストアップされましたが、その情報源は本当に信頼でき、役に立つものでしょうか。あるいは、役に立ちそうだけれども、その情報源を利用する場合に「恥ずかしい」とか「一人では聞きにくい」などの障害はないでしょうか。これから各情報源のメリットとデメリットについて考えていきます。

● 教師は、掲示用資料4－1「情報源のメリットとデメリット（記入の仕方）」を黒板に掲示し、以下のような説明をします。

> **説明**　表の一番上段の記入例を見てください。メリットとは長所のこと、デメリットとは短所のことです。「保健室の先生」という情報源には、記入例のようなメリットもありますが、デメリットもあります。このように、情報源のメリットとデメリットについて考え、その情報源をより良く活用するヒントについて考えていきます。

● 教師は、模造紙、A4用紙、マジックを配り、表の作成の仕方について説明します。

> **指示**　それでは、最初に準備をしましょう。掲示資料を参考にして、模造紙に表を作成してください。「メリット」「デメリット」「その情報源を上手に活用するには？」の九つのマスは、A4の用紙1枚を貼れる大きさを目安にして作成します。

※拡大コピー機などを活用し、掲示用資料「情報源のメリットとデメリット（記入の仕方）」を模造紙大にしたり、模造紙に表を作成しておいたりするなど、事前に準備をしておくことが望ましい。生徒に書かせる場合は、十分に説明して書かせるようにする。

● 教師は、表の作成が終わったことを確認してから、くじの準備をします。
● 教師は、グループ数分の生徒用資料4－1「こんな時どうする？カード」（男子グループには男子用カードA、B、Cを1、2枚ずつグループ数分。女子グループには女子用カードA、B、Cを1、2枚ずつグループ数分）をそれぞれの封筒に入れます。

> **指示**　この封筒を見てください。この中には、みなさんと同じ中学1年生の悩みや疑問が書いてある「こんな時どうする？カード」が入っています。今からグループの代表の人に「こんな時どうする？カード」を1枚ずつ引いてもらいます。

- 各グループの代表者は、袋の中から１枚「こんな時どうする？カード」を引きます。

> **指示** カードに書かれた内容を確認してください。そして、カードの内容に対して、考えられる情報源を三つ、グループで相談して決めてください。全員が納得できるような情報源が三つ決まったら、模造紙の「情報源」の欄にマジックで書き込んでください。

- 教師は、三つの情報源について記入ができたことを確認して次の指示をします。

> **指示** これからの作業について三段階で指示をします。
> まず、第一段階です。三つの情報源に対して、それぞれメリットとデメリットがあるので、全部で六つのメリットとデメリットがありますね。六つをグループで分担し、各々がＡ４用紙にマジックを使って箇条書きで書いてください。あとで他の人の意見も書き込めるように、用紙の上半分に書きましょう。書けたら、模造紙に貼ってください。

※教師は、時間配分を考えながら作業を終了させ、第二段階の指示をする。

> **指示** 第二段階です。模造紙に貼った意見を互いに見比べながら、他にも意見があれば追加して書き込んでください。

※教師は、各グループを回りながら適宜アドバイスをし、進み具合を見て第三段階の指示をする。

> **指示** 三つの情報源のメリットとデメリットができあがりましたね。では、最後の第三段階です。一番右の欄の「その情報源を上手に活用するには？」について、グループで話し合います。意見がまとまったら用紙に書き、模造紙に貼って完成です。その後、グループごとに発表をします。

STEP5　グループごとに発表を行う

- 教師は、模造紙を持つ者、発表する者など、役割分担をするように指示をします。
- 教師は、同じカードを使って複数グループが活動している場合、その共通点や相違点などの興味深い点を指摘するようにします。

まとめ

STEP 6　本時の学習内容を確認する

- 教師は、活動シート4−1「振り返りシート」を配り、記入させます。

※何人かの生徒に感想を発表させるとよい。

＜オプション＞

※地域の保健センターなどの有益な公共機関を紹介する。可能ならば地図などで示すとよい。

> **説明**　みなさんの成長は、家族、学校の先生、そして地域のたくさんの人たちが見守っています。困った時には一人で悩まずに、今日学習したように、様々な情報源の中から役に立つものを選択し、上手に活用しましょう。

7　家庭や地域と連携した活動

- 学級通信や学校便りなどを通して、作成された模造紙の内容を家庭や地域の保健センターなどに紹介します。

※家庭や地域が良い情報源となり、子どもたちを温かく見守る協力体制づくりの一助になると考えられる。

活動シート4－1　「振り返りシート」　1－4－1

振り返りシート

1年___組　名前_____

1　心と体に関する情報を、どのようなところから得ることができるか、分かりましたか。
　　①よく分かった　②少し分かった　③あまり分からなかった　④全く分からなかった

2　それぞれの情報源には、メリットとデメリットがあることが分かりましたか。
　　①よく分かった　②少し分かった　③あまり分からなかった　④全く分からなかった

3　友だちが心と体のことで悩んでいたら、どのようにアドバイスしてあげますか。
　　今日の学習をふまえて、書いてみましょう。

4　今後、自分が心と体のことで心配になったら、どのようにしますか。
　　（今日の学習の中から、自分が使えそうな方法を書いてみましょう。）

生徒用資料4−1　　「こんな時どうする？カード」　　1−④−2−①

男子用　『こんな時どうする？カード』A

キーワード：男子の体の変化

ぼくは中学校1年生の男子です。
まわりの友だちは、だんだん低い声になってきて、体に筋肉がついてたくましくなってきたのに、ぼくは小学生時代とあまり変わりません。
ぼくの体は、これからどんなふうに成長するのか、知りたいです。

声変わりのことなど、男子の体の成長について知りたい。
どうしたら、このことについての情報が得られるだろう。

女子用　『こんな時どうする？カード』A

キーワード：女子の体の変化

私は中学校1年生の女子です。
まわりの友だちは、次々に初潮を迎えているようですが、私はまだです。
体つきは普通なのに、どうして友だちより遅いのでしょう。私の体は、これからどんなふうに成長するのか、知りたいです。

初潮のことや、女子の体の変化について知りたい。
どうしたら、このことについての情報が得られるだろう。

1-④-2-②

男子用　『こんな時どうする？カード』B

キーワード：心の変化

ぼくは中学校1年生の男子です。
この前、親に勉強のことでしかられました。ぼくが悪いと分かっていましたが、つい反抗的な気持ちになって、きつい言葉で文句を言ってしまいました。小学生の時は素直に聞けたのに。中学生になると心に何か変化が起こるのでしょうか。

> 反抗的になるなど、中学生の心の変化について知りたい。
> どうしたら、このことについての情報が得られるだろう。

女子用　『こんな時どうする？カード』B

キーワード：心の変化

私は中学校1年生の女子です。
最近、いろいろなことに反抗的になってきました。先生に対しても、反抗的な態度をとってしまう時があります。小学生の時は、もっと素直な気持ちだったのに。中学生になると、心に何か変化が起こるのでしょうか。

> 反抗的になるなど、中学生の心の変化について知りたい。
> どうしたら、このことについての情報が得られるだろう。

1-④-2-③

男子用　『こんな時どうする？カード』C

キーワード：異性について

ぼくは中学校1年生の男子です。
好きな女の子がいます。クラスが違うので、僕のことはきっと知らないと思います。話しかけたいけれど、勇気も自信もありません。テストも近いのに、毎日そのことばかり考えて勉強もしていません。この変な気持ちをどうにかしたいのですが…

異性を好きになった時の、モヤモヤした変な気持ちを何とかしたい。どうしたら、このことについての情報が得られるだろう。

女子用　『こんな時どうする？カード』C

キーワード：異性について

私は中学校1年生の女子です。
好きな男の子がいます。ずっと仲が良かったのに、最近他のクラスの女の子と二人で楽しそうに話をしていて、私の姿を見ると避けるように遠くに行ってしまいます。悲しいような、頭にくるような変な気持ちです。この変な気持ちをどうにかしたいのですが…

異性を好きになった時の、モヤモヤした変な気持ちを何とかしたい。どうしたら、このことについての情報が得られるだろう。

J KYB

掲示用資料4－1　　「情報源のメリットとデメリット（記入の仕方）」　　1－4－3

情報源のメリットとデメリット

「こんな時どうする？カード」のキーワードを書きましょう。

	情報源	メリット （よいところ）	デメリット （よくないところ）	その情報源を上手に活用するには？
例	保健室の先生	●秘密を守ってくれそう ●優しく教えてくれる ●話を聞いてくれそう ●聞きやすい ●正しいことを教えてもらえる	●恥ずかしい ●保健室に行ったことが他の人に分かるのがいやだ ●担任の先生に伝わりそうでいやだ	●友だちと一緒に行ってもらう ●相談日を予約する ●手紙に書いてみる
1				
2				
3			Ａ４用紙	

○模造紙を横長に置き、<u>一マスにＡ４用紙が１枚貼れる大きさを目安にして</u>、表を作成します。

参考資料

●中学生が思春期の心と体に関する情報を得るために利用できる機関

　生徒にとって身近な情報源は、友人やメディアであることが多い。しかし、これらの情報は必ずしも信頼度が高いとは言えない。そこで、中学生が思春期の心と体に関する信頼度の高い情報を得るために利用できる機関を紹介する。

利用可能な機関の例（埼玉県川口市の場合）
- 川口保健所
- 保健センター
- 精神保健福祉センター
- 18歳までの子ども専用電話『さいたまチャイルドライン』（県民生活部青少年課）
- まちの保健室『ティーンズ電話相談』（埼玉県看護協会）　　など

5 私の成長と家族

1 指導のねらい

> 自分や家族を大切にする気持ちを育てる。

　子どもの人格の基本的な部分は家族の中でつくられていきます。特に親のもつ価値観や家族の雰囲気は、子どもの成長に大きな影響を与えます。しかし、子どもが普段の生活の中で家族のもつ意味について意識することはあまりありません。

　この授業は、家族の大きな支えを受けて自分が成長してきたことに気付き、家族との絆を強めることを目的とします。それは心の安定や、自分を大切にする気持ち、思春期を懸命に生きていこうとする力にもつながるはずです。

　さらに、各家族にはそれぞれの良さがあり、いろいろな愛情の示し方があることを知ることは、家族に対する見方を広げることにもなるでしょう。

　本時では、家族の愛情に気付き、自分を高めていこうとする気持ちを育成するために、この題材を設定しました。

2 授業目標

①自分の成長を支える家族の愛情に気付く。
②自分や家族を尊重していこうとする気持ちをもつ。

3 教育課程への位置付け

1学年：特別活動　学級活動
　　　：総合的な学習の時間
　　　：技術・家庭　家庭分野
　　　（A家族・家庭と子どもの成長）

4 準備物リスト

- 活動シート5-1「私の家族」
- 活動シート5-2「振り返りシート」
- 生徒用資料5-1「『私の家族』の書き方の例」
- 教師用資料5-1「『家族のもつ力』の書き方の例」
- 模造紙
- マジック
- のり

5　指導過程の概略

	活動のステップ	活動のポイント	準備物
事前準備	**STEP 1** ● 「私の家族」の書き方を知る	● 教師は、授業を行う1週間程前に、生徒用資料5-1を用いて、活動シート5-1「私の家族」の記入の仕方を説明する	● 活動シート5-1「私の家族」 ● 生徒用資料5-1「『私の家族』の書き方の例」
導入	**STEP 2** ● 本時の学習のねらいを確認する	● 教師は、本時では「自分の成長を支える家族の愛情」について考えていくことを説明する ● 教師は、生徒を4人程度のグループに分ける	
展開	**STEP 3** ● グループ内で「私の家族」を発表し合う	● グループ内で順番を決めて、一人2分間で活動シート5-1「私の家族」を発表する ● 教師は、発表の始めと終わりの合図をし、発表の時間が残っている場合は、その発表に対する質問を行うように指示する	● 活動シート5-1「私の家族」
展開	**STEP 4** ● 「家族のもつ力」について話し合う	● 模造紙の左側に活動シート5-1「私の家族」を貼り、右側に「家族のもつ力」を書く ● 教師は、教師用資料5-1「『家族のもつ力』の書き方の例」を黒板に書き、話し合う内容や書き方を説明する	● 活動シート5-1「私の家族」 ● 教師用資料5-1「『家族のもつ力』の書き方の例」 ● 模造紙 ● マジック ● のり
展開	**STEP 5** ● グループで話し合ったことを発表する	● 「家族のもつ力」について発表し合う	● 模造紙（完成したもの）
まとめ	**STEP 6** ● 本時の学習内容を確認する	● 授業を振り返って、活動シート5-2「振り返りシート」に記入する	● 活動シート5-2「振り返りシート」

5 私の成長と家族

6　指導の展開

事前準備

STEP 1　「私の家族」の書き方を知る

● 教師は、活動シート5－1「私の家族」の書き方を説明します。

> **指示**　子どもが成長していくために、家族の果たす役割は大きいものです。みなさんも家族に支えられてここまで成長してきたのだと思います。次の授業では自分と家族のかかわりについて考えていきます。みなさんは来週までに、「『私の家族』の書き方の例」を参考に、「私の家族」を書いてきてください。
> 　「私の家族」は、毎日の生活にかかわることでみなさんが家族に感謝していることや、家族との思い出、例えば、うれしかったことや、楽しかったこと、つらい時に支えてもらったり、励ましてもらった思い出などを書きましょう。一緒に住んでいる家族だけでなく、親せきの人との思い出などでもいいです。絵を描いたり、写真を貼ったりしてもいいです。

※「私の家族」は、授業の中で発表し合い、掲示するので、他の人に知られたくないことは書かないように伝える。
※可能ならば、教師は STEP 2 を行う前に「私の家族」を点検し、あまり書けていない生徒がいる場合には相談に乗ったり指示を与えるなどの支援をし、全員の生徒がこの授業に参加しやすくなるように配慮する。

導　入

STEP 2　本時の学習のねらいを確認する

● 教師は、本時が「自分の成長を支える家族の愛情」について考えていく学習であることを説明します。

> **説明**　子どもが成長していくために、家族の果たす役割は大きいものです。みなさんも家族に支えられてここまで成長してきたのだと思います。でも普段はそのことに気付かずに過ごしていることが多いのではないでしょうか。そこで、この授業では、「私の家族」を発表し合い、自分の成長と家族のかかわりや家族の愛情について考えていきましょう。

※教師は、説明の後、生徒を4人程度のグループに分ける。

展開

STEP 3　グループ内で「私の家族」を発表し合う

● 教師は、活動シート5−1「私の家族」の発表の仕方を説明します。

> **指示**　みなさんが書いてきている「私の家族」をグループの中で発表していきます。まず順番を決め、一人2分ずつ発表を行います。先生が「始め」「終わり」の合図をしますので、「終わり」の合図の前に発表が終わった場合は、グループ内でその発表にかかわる質問をしてください。絵を描いたり、写真を貼ってきたりしている人は、それを見せながら発表しましょう。

STEP 4　「家族のもつ力」について話し合う

● 教師は、教師用資料5−1「『家族のもつ力』の書き方の例」を参考にして、模造紙に「家族のもつ力」を書く方法について説明します。

> **指示**　発表が終わったようですね。いろいろな家族の様子を知ることができたと思います。今度は、「家族のもつ力」について考えていきます。まず、模造紙の左側にグループ全員の「私の家族」を貼ってください。そして、発表の一つ一つを振り返りながら「家族にはどんな力があるのか」を話し合って、模造紙の右側に書いてください。「家族のもつ力」は後で各グループに発表してもらいます。

STEP 5　グループで話し合ったことを発表する

● 教師は、模造紙に書いた「家族のもつ力」を発表するよう指示します。

> **指示**　「家族のもつ力」を発表してもらいます。模造紙に書いたことだけをそのまま言うのではなく、みなさんのグループの話し合いの内容が他のグループに伝わるように、「私の家族」のいくつかの例を紹介し、説明を加えながら発表してください。

※発表は、できるだけグループのメンバー全員がかかわれるように、発表前に打ち合わせの時間をとって役割分担をさせる。自分のエピソードは自分で言うようにさせてもよい。
※残りの時間が少ない場合は、半分くらいのグループに絞って発表させてもよい。その場合は、後日（全グループの）「家族のもつ力」を掲示する。

まとめ

STEP 6 | 本時の学習内容を確認する

● 教師は、活動シート5-2「振り返りシート」に記入するよう指示します。

> **指示** 宿題で「私の家族」を書いたり、今日、グループで「家族のもつ力」について話し合ったりして、普段はあまり考えることのなかった家族について、いろいろと考えることができたと思います。この授業を通して家族に関して気付いたことや考えたことを「振り返りシート」に書いてください。

7　家庭や地域と連携した活動

● 教師は、模造紙に書いた「家族のもつ力」を1枚ずつ写真にとり、プリントしたものを家庭に持ち帰らせ、「家族のもつ力」について家族で考える機会とします。なお、生徒には、各自の活動シート5-1「私の家族」が写っている写真を持ち帰らせるように配慮します。

| 活動シート5－1 | 「私の家族」 | 1－5－1 |

私 の 家 族

1年___組 名前_____

★こんなことを書きましょう。
○ 毎日の生活に関することで、家族に感謝していること。または、家族とのことで、思い出に残っているうれしかったことや、楽しかったこと、つらい時に支えてもらったり、励ましてもらったりしたこと。

※一緒に住んでいる家族だけでなく、一緒に住んでいない祖父母や親せきの人とのことでもいいです。
※絵を描いたり、写真を貼ったりしてもいいです。

活動シート５－２ 「振り返りシート」

1－5－2

振り返りシート

1年＿＿＿組　名前＿＿＿＿＿＿＿＿＿＿＿＿＿＿

● この学習を通して、家族のことで気付いたり考えたりしたことを書いてください。

| 生徒用資料5－1 | 「『私の家族』の書き方の例」 | 1－⑤－3 |

私 の 家 族

1年＿＿＿組　名前＿＿＿＿＿＿＿＿＿＿＿＿＿＿＿

★こんなことを書きましょう。

○　毎日の生活に関することで、家族に感謝していること。または、家族とのことで、思い出に残っているうれしかったことや、楽しかったこと、つらい時に支えてもらったり、励ましてもらったりしたこと。

※一緒に住んでいる家族だけでなく、一緒に住んでいない祖父母や親せきの人とのことでもいいです。
※絵を描いたり、写真を貼ったりしてもいいです。

　　これは私の小学生のころの思い出です。私は毎週土曜日に美術教室に通っていました。時間は午後4時から6時までと、一応決まっていましたが、絵を描いていると時間どおりに終わらなかったり、もっと描きたくなって時間が延びてしまったりすることがよくありました。帰りはいつも父が迎えに来てくれました。私は歩きながら父と話をするのが大好きでした。学校のことや友だちのこと、今描いている絵のこと、美術教室の先生のことなど、いろんな話をしました。父はいつも「そうか、そうか」と言いながら、私の話を聞いてくれました。

教師用資料5－1　「『家族のもつ力』の書き方の例」　　1－5－4

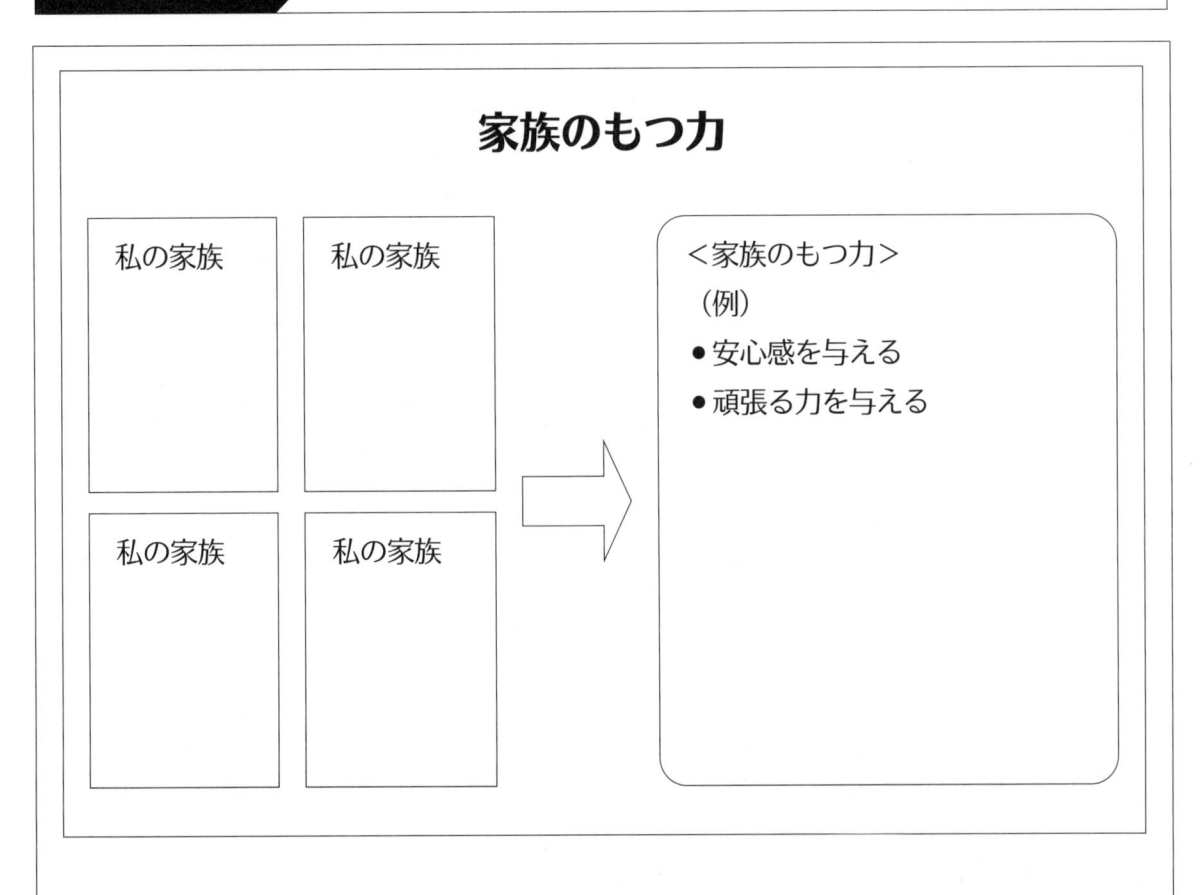

家族のもつ力

私の家族	私の家族
私の家族	私の家族

⇒ ＜家族のもつ力＞
（例）
- 安心感を与える
- 頑張る力を与える

> **参考資料**

● 自尊心（セルフエスティーム）

　自尊心とは、自分の能力や価値に対する自信の程度を意味している。国内外における研究によると、喫煙、飲酒、薬物乱用、暴力や非行などの反社会的行動、抑うつや不登校などの非社会的行動を含む青少年の様々な危険行動と自尊心との間には強い関係が認められている。

　性行動と自尊心との関係については、川畑らが2000年11月から2001年２月にかけて、中学校１年生から高校３年生4,367人を対象として実施した全国調査の結果によれば、性交経験者は非経験者に比べて、家族から愛され尊重されていると感じたり、家族の一員で良かったと感じたりする傾向を表す、家族に関する自尊心が低いことが示されており、特に中学生においてはその傾向が顕著であった。（基礎編p.9参照）

　ポープらの家族に関する自尊心尺度は10項目から構成され、家族の一員としての自分に関する感情を測定している。

ポープらの家族に関する自尊心尺度の構成項目

1. 私は、家族の中の大切なひとりです。
2. 私は、家族といっしょにいるとき、とても楽しいです。
3. 私は、家にいたくないと思うことがあります。
4. 私のことで、親が悲しんでいるときがあります。
5. 私は、よい娘（または息子）です。
6. 私は、親が私のことをほこりにするような、よい点をもっています。
7. 私の家族は、とてもすばらしい家族です。
8. 私の家族は、私に対してとてもがっかりしています。
9. 私が今の自分とはもっとちがっていたら、私の親は幸せだろうと思います。
10. 私は、家族といっしょのときに自分がとる行動が好きではありません。

　上の10項目について、「1．よくそう思う」、「2．ときにはそう思う」、「3．ほとんどそうは思わない」の３段階評価を行い、得点が高いほど家族に関する自尊心のレベルが高いことを示すように項目の得点を変換して、合計得点（10～30点）を求める。

6 ストレスへの対処

1 指導のねらい

ストレスに適切に対処する。

　ストレスとは、外界からの様々な刺激により心身に負担がかかった状態を言います。適度なストレスは、精神の発達上必要なものとも言われますが、ストレスが非常に強かったり、ストレスに上手に対処できないと、心身や行動に好ましくない影響をもたらすこともあります。

　中学校1年生は、授業の形態や学校のきまり、新たに始まる部活動など、その環境が小学校時代と大きく異なり、精神的ストレスや身体的ストレスを強く感じる時期です。また、新しい友人関係や上級生との関係など、人間関係に伴うストレスも増えてきます。

　さらに特徴的なことは、思春期になると、自分の体の成長の仕方や容姿、心の変化などの個人差や性差に関して過敏になり、様々な不安や悩みをもつことが多くなることです。

　本時では、ストレスの原因（ストレッサー）や感じ方には、人それぞれ違いがあることを知り、特に思春期の心や体の変化に伴うストレスを感じた時の対処法（どのようなところに相談に行けば良いかなど）を、仲間との意見交換の中から気付いたり考えたりできるようにするために、この題材を設定しました。

2 授業目標

①人によってストレスの原因や感じ方には違いがあることに気付く。
②ストレスへの様々な対処法を挙げる。
③ストレスを上手に乗り越えるための、自分なりの対処法を見つける。

3 教育課程への位置付け

1学年：保健体育（保健分野）
　　　：特別活動　学級活動
　　　：総合的な学習の時間

4 準備物リスト

- 活動シート6－1「ストレスの感じ方」
- 活動シート6－2「振り返りシート」
- 生徒用資料6－1「ストレスとは」
- 絵はがきやカラー広告（アイスブレイク「ジグソーパズル」用）
- 大きめの封筒など（切った「ジグソーパズル」を入れる）
- 短冊（黒板に貼って見える程度の大きさ）
- マジック（ブレインストーミング用）
- 磁石かセロテープ（黒板に貼るためのもの）

5　指導過程の概略

	活動のステップ	活動のポイント	準備物
導入	**STEP 1** ●「ジグソーパズル」を行い、グループをつくる **STEP 2** ●本時の学習のねらいを確認する	●絵はがきやカラー広告などを用いた「ジグソーパズル」で、4～6人を目安にして、4ないし8のグループをつくる ●教師は、本時ではストレスについて学習することを説明する	●絵はがきやカラー広告（アイスブレイク「ジグソーパズル」用） ●大きめの封筒など
展開	**STEP 3** ●ストレスの感じ方の違いについて話し合う **STEP 4** ●ストレスへの対処法を挙げる **STEP 5** ●ストレスへの対処法を分類する **STEP 6** ●自分なりのストレス対処法を考える **STEP 7** ●ストレスについて確認する	●活動シート6-1「ストレスの感じ方」の項目に対して、どう感じるのかを4段階でチェックする ●チェックした活動シート6-1「ストレスの感じ方」をもとにして、グループ内でストレスの感じ方の違いについて話し合う ●活動シート6-1「ストレスの感じ方」の②④⑥⑧中の1項目について、ブレインストーミングでその対処法を挙げる ●短冊を黒板に貼りながら分類する ●活動シート6-2「振り返りシート」の1に、自分でも活用できそうな対処法を考えて記入する ●何人かの生徒が発表する ●教師は、生徒用資料6-1「ストレスとは」を使用して、ストレスについてまとめの説明をする ●教師は、時間がない場合はプリントを持ち帰らせ、家族と一緒に読むように指示する	●活動シート6-1「ストレスの感じ方」 ●短冊 ●マジック ●磁石かセロテープ ●活動シート6-2「振り返りシート」 ●生徒用資料6-1「ストレスとは」
まとめ	**STEP 8** ●本時の学習内容を確認する	●活動シート6-2「振り返りシート」の2～4に記入し、今日の学習のまとめを行う	●活動シート6-2「振り返りシート」

6 指導の展開

導 入

STEP 1 　「ジグソーパズル」を行い、グループをつくる

※「ジグソーパズル」は、学級を4グループか8グループにするために行う。
※一つのグループの人数は、活動しやすい4〜6名を目安にする。
※授業の展開部分において、各グループが四つの事柄（ストレッサー）を分担してブレインストーミングを行うため、グループ数は4グループか8グループが望ましい。ただし、うまく調整できない場合は4グループ以上になるようにすれば、授業実施に支障はない。
※教師は、学級の人数から、グループ数とそのグループが何人ずつになるのかをあらかじめ計算しておく。

- 教師は、絵はがきやカラー広告などの1枚を、組ませたいグループの人数より「1」多い数（4人グループであれば5枚）に切り分けます。「1」多く切り分けたうちの1枚は、残りの紙片とは混ざらないようにして、あらかじめ差し引いておきます。このように、どの班も組ませたいグループの人数より「1」多くなるように切り分け、その中の1枚をあらかじめ差し引いて「ジグソーパズル」をグループ数分用意します。

※上記のようにしてジグソーパズルを行うと、元の四角い形にはならない。このことにより、生徒たちが若干のストレスを感じるようにすることを意図している。

解 説：学級人数とグループ数、ブレインストーミングの四つの事柄との関連

例1：20人の学級→5人×4グループ（四つの事柄について1グループずつ）
例2：32人の学級→4人×8グループ（四つの事柄について2グループずつ）
　　※可能な限り、グループ数を4か8に調整するほうが実施しやすい。
例外：30人の学級→5人×6グループ（二つの事柄については1グループずつ、残りの二つの事柄については2グループずつ）

76　実践編

解説：「ジグソーパズル」の作り方

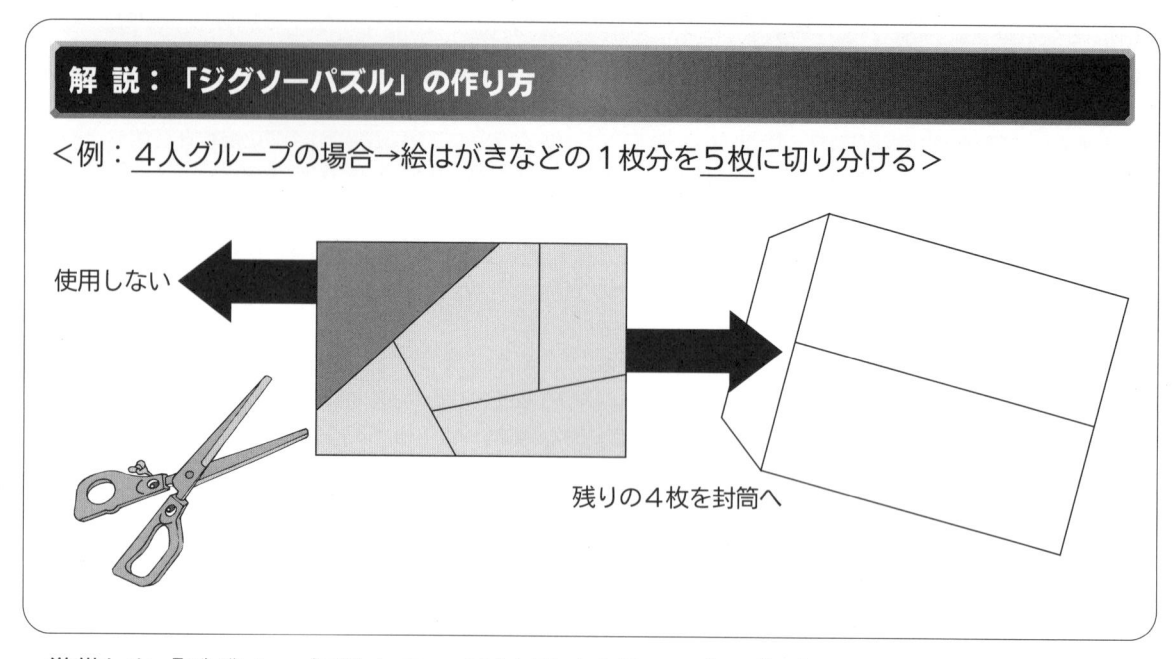

＜例：4人グループの場合→絵はがきなどの1枚分を5枚に切り分ける＞

使用しない　　　　　　　　　　　　　　　　　　　　　残りの4枚を封筒へ

- 準備した「ジグソーパズル」を、くじを引くように一人1枚ずつ引きます。
- 教師は、全員が引き終わったら、同じ紙面を持っている仲間探しをさせ、グループをつくらせます。

指示　「ジグソーパズル」をします。一人1枚ずつ、封筒の中から紙片をとってもらいます。それは、絵はがき（カラー広告）の1枚分が何枚かに切り分けられた中の1枚ですから、残りの仲間が何人かいるはずです。その仲間を探しましょう。紙片をジグソーパズルのように合わせて1枚分に仕上がったら、その仲間が今日のグループです。

※全員がそろい、グループが完成しているにもかかわらず、切り分けた紙片の1枚がないために、仲間探しを続けるグループや疑問を感じて騒ぎ始めるグループが出るので、様子を見て次の説明をする。

> **説明** 　今日の「ジグソーパズル」は、実はどこかが１枚欠けていて、元の形にならないように作ってあります。ですから、１枚欠けた状態で完成です。今そこに集まっている仲間が今日のグループです。
> 　なかなか四角い形に完成しないので、少しイライラしたかもしれませんね。

- 教師は、グループができあがったことを確認した後に、机を合わせて座るように指示します。

STEP 2　本時の学習のねらいを確認する

- 教師は、中学校に入ってから、ストレスを感じていることがあるかどうか、聞きます。

> **指示** 　みなさんの中で、中学生になってから憂うつな気持ちになったり、イライラしたり、不安になったりしたことはありますか。ある人は、発表してください。

- 指名された生徒は、各人の経験談を発表します。
- 教師は、本時ではストレスについて学ぶことを説明します。

> **説明** 　今、何人かに発表してもらったように、私たちはいろいろな事柄によって心や体に負担がかかることがあり、これをストレスと言います。人によって、ストレスの感じ方には違いがあるのか、またストレスへの対処にはどのような方法があるのかなどについて、今日は一緒に話し合いながら、考えていきましょう。

―――――――――――― 展　開 ――――――――――――

STEP 3　ストレスの感じ方の違いについて話し合う

- 教師は、活動シート６－１「ストレスの感じ方」を配付し、記入の仕方を指示します。

> **指示** 　活動シート「ストレスの感じ方」の八つの事柄について、あなたはどのように感じますか。ＡからＤの４段階でチェックしてみましょう。

- 活動シートに記載された八つの事柄のそれぞれについて、各自の考え方をチェックします。
- 教師は、チェックが終わったことを確認してから、次の指示を出します。

> **指示** チェックした内容を、グループ内で、一人ずつ順番に発表してみましょう。みんなで感想などを話し合いながら進めましょう。全員の発表が終わったら、友だちと比べたりしながら、気付いたことを活動シートに記入してください。

- グループ内で、それぞれの事柄についてどこにチェックしたのかを交流した後、感じたことを活動シート6-1に記入します。

※教師は、話し合いの様子を見ながら、人によって感じ方に違いがあることに気付いているかどうか確認する。

- 教師は、どんなことに気付いたか、何人かに発表させます。

STEP 4 ストレスへの対処法を挙げる

- 教師は、ブレインストーミングについて指示します。

> **指示** イライラした気持ちや不安な気持ち、憂うつな気持ちなど、ストレスを感じた時は、どうにかしてそれを解消して気持ちを楽にしたいものです。では、ストレスを解消するにはどんな方法があるでしょうか。今から、ストレスを解消するための対処法を、ブレインストーミングで考えます。各グループには、活動シート「ストレスの感じ方」の八つの事柄の中から、先生が決めた一つについて考えてもらいます。では、これからグループごとに、どれについて考えるのか、先生から指示します。

- 教師は、八つの事柄の中から、特に思春期における心や体に関係する②④⑥⑧の四つの事柄に絞り、1グループに一つずつの事柄を考えるように指示します。

※4グループならば②④⑥⑧を1グループずつ、8グループならば2グループずつとなる。6グループなどの場合は、どれか二つの項目について2グループになるようにする。

- 教師は、短冊やマジックなどを配り、以下の注意点を説明してから、ブレインストーミングを行うように指示します。

> **指示** 例えば「人に八つ当たりする」、「物を壊す」などといった方法は、そのことにより、さらに大きなトラブルが生じる可能性があるなど、適切な対処法とは言えないので、そのような意見は言わないようにしましょう。
> では、ブレインストーミングを始めます。時間は2分です。

STEP 5 　ストレスへの対処法を分類する

- 教師は、ブレインストーミングで出された意見のうち、適切でない対処の仕方が出されている場合は、それらを除くよう、再度指示します。
- 教師は、出された意見の分類の仕方を説明、指示します。

> **指示**　今から、似ている意見がまとまるように分類します。②④⑥⑧のそれぞれの事柄について分類作業ができるように、黒板を四つに区切ってあります。その区切られた場所に、似ている意見がまとまるように短冊を貼ります。その際に、全く同じ意見があったら貼らないようにしてください。短冊を貼ったら、それぞれのまとまりに、分かりやすい名前をつけてください。

- 一つの事柄について、2グループが担当している場合は、合同で作業を行います。

※黒板を四つに区切る

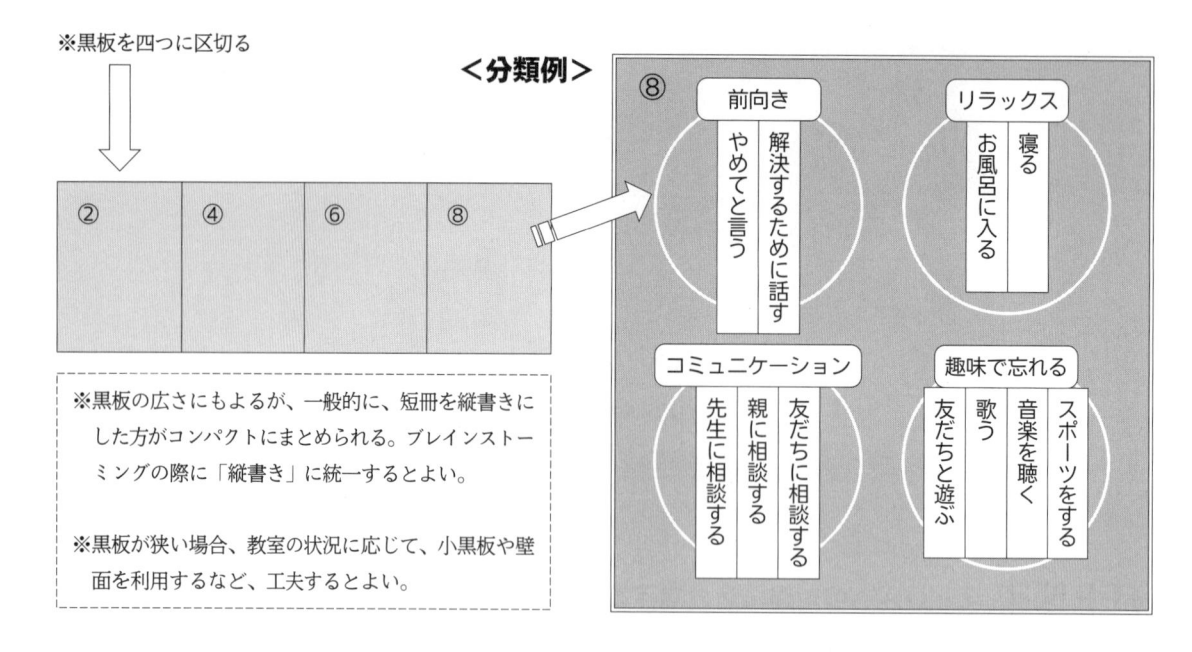

| ② | ④ | ⑥ | ⑧ |

<分類例>

⑧

前向き
- 解決するために話す
- やめてと言う

リラックス
- 寝る
- お風呂に入る

コミュニケーション
- 友だちに相談する
- 親に相談する
- 先生に相談する

趣味で忘れる
- スポーツをする
- 音楽を聴く
- 歌う
- 友だちと遊ぶ

※黒板の広さにもよるが、一般的に、短冊を縦書きにした方がコンパクトにまとめられる。ブレインストーミングの際に「縦書き」に統一するとよい。

※黒板が狭い場合、教室の状況に応じて、小黒板や壁面を利用するなど、工夫するとよい。

- 教師は、分類が妥当であるか、必要に応じてアドバイスをしながら活動を進めます。
- 教師は、作業が終わったら、分類された結果に解説を加えながら紹介し、様々な対処法があることに気付かせます。

STEP 6 　自分なりのストレス対処法を考える

- 教師は、活動シート６－２「振り返りシート」を配付し、記入の仕方について説明します。

> **指示** 　たくさんの対処法があることが分かりましたね。では、黒板に貼られたこれらの多くの意見を参考にしながら、自分なりの対処法を考えてみましょう。この黒板の四つの事柄からどれか一つを選び、自分なりの対処法を考え、「振り返りシート」の１に記入してください。

- 指名された生徒は、「振り返りシート」の１に記入した内容を発表します。

STEP 7 　ストレスについて確認する

- 教師は、生徒用資料６－１「ストレスとは」を配付し、時間があれば以下の説明をします。時間がない場合は持ち帰らせます。

> **説明** 　ストレスについて、資料「ストレスとは」で確認しましょう。思春期は、二次性徴という、心や体が急激に成長する時期にあります。この時期は、体の成長の仕方や自分の体の特徴について、様々な不安や悩みを抱えているようです。ストレスというのは、あまり良いイメージがありませんが、適度なストレスは人の成長にとって、意味のあることなのです。それは、ストレスを感じた時に、それを乗り越えようと努力することで、心が強くたくましくなっていくからです。でも、ストレスが強すぎると、資料の右側の絵のように、心や体に悪い影響が出てしまいます。そのような時は、資料の左側の絵のように、対処法を考えて上手に乗り越えていくことが大切です。
> 　たくさんある対処法の中でも、みなさんの最も近くにいる友だちや家族、学校の先生などに相談することは、とても有効な方法です。また「思春期の心と体に関する情報源」の授業で学習したように、地域の保健センターのような公的機関や学校の相談員さんやカウンセラーさんなども、みなさんの力になってくれるでしょう。いろいろな対処法を活用しながら、ストレスを上手に乗り越え、心の健康を図っていきましょう。

まとめ

STEP 8　本時の学習内容を確認する

- 活動シート6−2「振り返りシート」の2〜4について記入します。

7　家庭や地域と連携した活動

- 生徒用資料6−1「ストレスとは」を活用して、家族で一緒にストレスについて考えたり、子どもが親の体験談などを聞いたりする機会をつくるように促します。

活動シート6-1　「ストレスの感じ方」　　　　　　　　　　　　　　　　1-6-1

ストレスの感じ方

1年＿＿＿組　名前＿＿＿＿＿＿＿＿＿＿＿＿＿＿

1　チェックしましょう。

次の①〜⑧の事柄について、あなたがもしこのような状況におかれたら、どのように感じますか？4段階（A、B、C、D）の当てはまるところに〇をつけましょう。

番号	事　柄	A とても嫌 とてもイライラ とても不安 (>_<)	B 少し嫌 少しイライラ 少し不安 (-_-)	C あまり感じない (^_^)	D 全く何とも思わない (^o^)
①	英単語の100問テストが明日あることを予告された。80点以下は成績にも影響が出るし、さらに再テストもある。				
②	体つきの変化のことで、友だちにからかわれている人がいる。もし自分が、その人のように友だちにからかわれたら…。				
③	塾の帰り。一緒に帰る友だちが急用で先に帰ってしまい、今夜は一人で帰ることになった。夜の9時半。街灯も人通りも少ない。				
④	ずっと仲良しだった友だちが、なぜか、他の人と一緒にいるようになった。自分のことを避けているようだ。				
⑤	国語の時間、教室の前に立って1分間スピーチをすることになった。話す内容がまとまっていない。次は自分の番だ。				
⑥	自分が好きな人（異性）は、他のクラスの人と仲が良く、今日も一緒に帰る姿を見かけた。どうやら2人は付き合っているらしい。				
⑦	自分は掃除をきちんとやっているが、やらない人がいる。班の責任として全員が先生に怒られて、掃除をやり直すことになった。				
⑧	テレビを観ていたら、親に「勉強しなさい！〇〇ちゃんは勉強しているのに、なぜあなたはできないの。」と言われた。				

2　友だちと意見交換して、気付いたことを書きましょう。

| 活動シート6-2 | 「振り返りシート」 | 1-6-2 |

振り返りシート

1年___組　名前_____

1　ストレスを感じた時に、いろいろな対処法があることが分かりました。それを参考にして、活動シート6-1「ストレスの感じ方」の②④⑥⑧の事柄の中からどれか一つを選んで、そのストレスを解消する<u>自分なりの対処法</u>を考えてみましょう。

> _____番について、私のストレス対処法
>
>
>
>

2　「ストレス」とはどういうものか、分かりましたか。
　　①よく分かった　②少し分かった　③あまり分からなかった　④全く分からなかった

3　ストレスの感じ方には、人それぞれ違いがあることが分かりましたか。
　　①よく分かった　②少し分かった　③あまり分からなかった　④全く分からなかった

4　ストレスを感じた時に、様々な対処方法があることが分かりましたか。
　　①よく分かった　②少し分かった　③あまり分からなかった　④全く分からなかった

5　今日の授業の感想を書きましょう。

> --
> --
> --
> --

生徒用資料6-1　「ストレスとは」　　1-6-3

ストレスとは？
ストレッサーがボールを押すと…
へこみます
このへこみがストレス反応
健康なら、離せばもとに戻ります
でも…過度のストレスがかかると戻りません

ストレッサー（ストレスの原因）
特に中学生は、人間関係に関することや、思春期に伴う心や体に関するストレスの原因が多いのが特徴です

心理的ストレッサー
- しかられる
- 転校する
- 人やペットの死

物理的ストレッサー
- 暑い、寒い
- うるさい
- 明るい、暗い

社会的ストレッサー
- 仲間はずれ
- いじめ

ストレス対処法
対処法（コーピング）をたくさんもっていると、ストレスと上手につき合うことができます

- 自ら原因を解決する
- 相談
- 見方や考え方を変える
- 趣味
- リラクゼーション
- コミュニケーション

ストレス反応
ストレスの結果表れる心や体や行動上の変化

〈心の変化〉恐怖、怒り、悲しみ
〈体の変化〉下痢や便秘、頭痛
〈行動の変化〉眠れない、やつあたりする

ストレスになる原因や、心や体、行動に表れる変化は、人によって異なります。そして、対処法もまた人によって様々です。

お家の方へ
自分が思春期の頃に、心や体のことで悩んだり心配したりしていたことを、一度お子さんと話してみませんか？

（『かけがえのない自分、かけがえのない健康』文部科学省、日本学校保健会ホームページ、『新・中学保健体育（教科用図書）』学研による）

> **参考資料**

● ストレスの生起過程

　下の図6-1に示したラザルスらのストレス生起過程モデルは、同じような状況に置かれても人によってストレスの影響の表れ方がなぜ異なるのかということについて理解するのに役立つ。

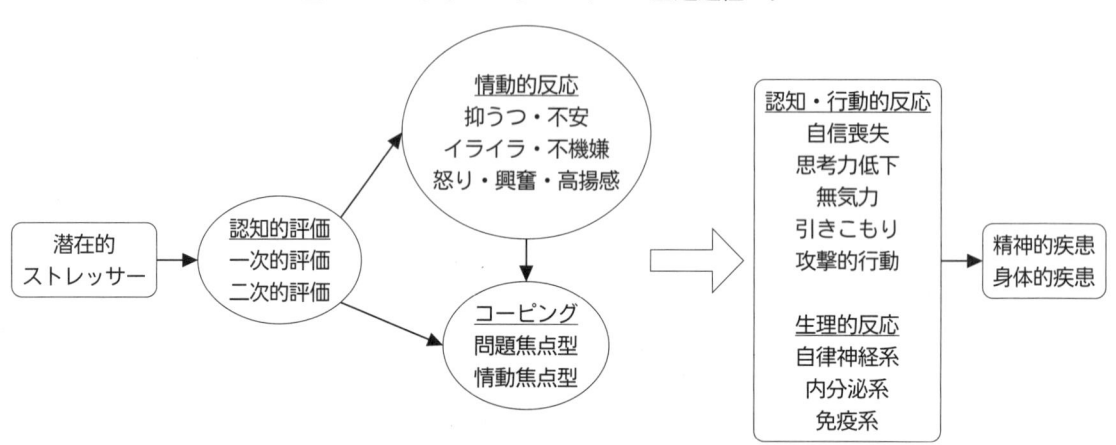

図6-1　ラザルスらのストレス生起過程モデル

```
潜在的       認知的評価        情動的反応              認知・行動的反応
ストレッサー → 一次的評価 →    抑うつ・不安            自信喪失
             二次的評価       イライラ・不機嫌        思考力低下        → 精神的疾患
                             怒り・興奮・高揚感      無気力              身体的疾患
                                  ↓                  引きこもり
                             コーピング               攻撃的行動
                             問題焦点型
                             情動焦点型               生理的反応
                                                    自律神経系
                                                    内分泌系
                                                    免疫系
```

　ストレスの影響の個人差を説明する要因の一つとして、その出来事や状況の受け止め方が異なること、すなわち認知的評価の違いが挙げられる。出来事や状況（潜在的ストレッサー）を自分にとって脅威なものとしてとらえたり（一次的評価）、コントロールすることが自分はできないと感じたりする（二次的評価）と、不安、イライラ、怒りなどの情動的反応が起こる。情動的反応が起こった時に初めて、その出来事や状況が真のストレッサーとなるのである。

　人は、図6-1に示したような情動的反応を鎮めるために、何らかの認知的・行動的努力、すなわちコーピング（ストレス対処行動）を取ろうとする。そして、それが有効な場合には情動的反応はおさまるが、うまくいかないで持続すると、不眠、喫煙や飲酒、暴力、自信喪失、無気力などの認知・行動的反応、血圧の上昇、心拍数の増加、免疫力の低下などの生理的反応が起こり、さらに進むと精神疾患や身体疾患をも引き起こすおそれがある。

　ラザルスはコーピングを、問題の所在を明らかにし、問題解決のための計画を立て、それを実行する努力である「問題焦点型」と、喚起された情動を低下するような努力である「情動焦点型」とに大別している。

　一般的に、状況がコントロール可能であると評価された場合には問題焦点型コーピングの頻度が高まり、コントロール不可能であると評価された場合には情動焦点型コーピングの頻度が高まると考えられている。しかし、経験や学習によって意志決定や目標設定スキルを身に付けて問題を解決する能力に対する自信が向上したり、コミュニケーションスキルが発達して良い

人間関係をつくることができるようになったりするにつれて、問題焦点型の行動を多く使うようになる。

(川畑徹朗「ストレス対処スキルの形成」『第21回 JKYB 健康教育ワークショップ報告書（JKYB ライフスキル教育研究会編）』、2012を一部修正)

● ストレス対処スキル

　ストレス対処スキルとは「ストレスの原因と影響を認識し、ストレスの原因を少なくしたり、避けられないストレスの影響を小さくしたりする能力」である。

大竹らのストレス対処スキル尺度（短縮版）の構成項目

1. だれにどうしたらよいかを聞く。
2. 何がその原因かを見つける。
3. ゲームをする。
4. ひとりになる。
5. 大声を上げてどなる。
6. そのことをあまり考えないようにする。
7. 問題を解決するために協力してくれるように人に頼む。
8. 自分を変えようと努力する。
9. 友だちと遊ぶ。
10. ひとりで泣く。
11. だれかに言いつける。
12. どうしようもないのであきらめる。

本尺度は以下の六つの下位尺度から構成される。
問題焦点型：「サポート希求」：1・7、「問題解決」：2・8
情動焦点型：「気分転換」：3・9、「情動的回避」：4・10、「行動的回避」：5・11
　　　　　　「認知的回避」：6・12
上の12項目について、「1．ぜんぜんあてはまらない」、「2．あまりあてはまらない」、「3．少しあてはまる」、「4．よくあてはまる」の4段階評価を行い、得点が高いほど各対処法をよく使うことを示すように合計得点（各尺度2～8点）を求める。

● 中学生の危険行動とストレス対処スキルとの関連

　下の図6-2は、川畑らが、2000年11月から2001年2月にかけて、中学校1年生から高校3年生4,367人を対象として実施した、中・高校生の性行動の実態とその関連要因に関する全国調査の結果のうち、性行動とストレス対処スキルとの関係に関する結果を示したものである。

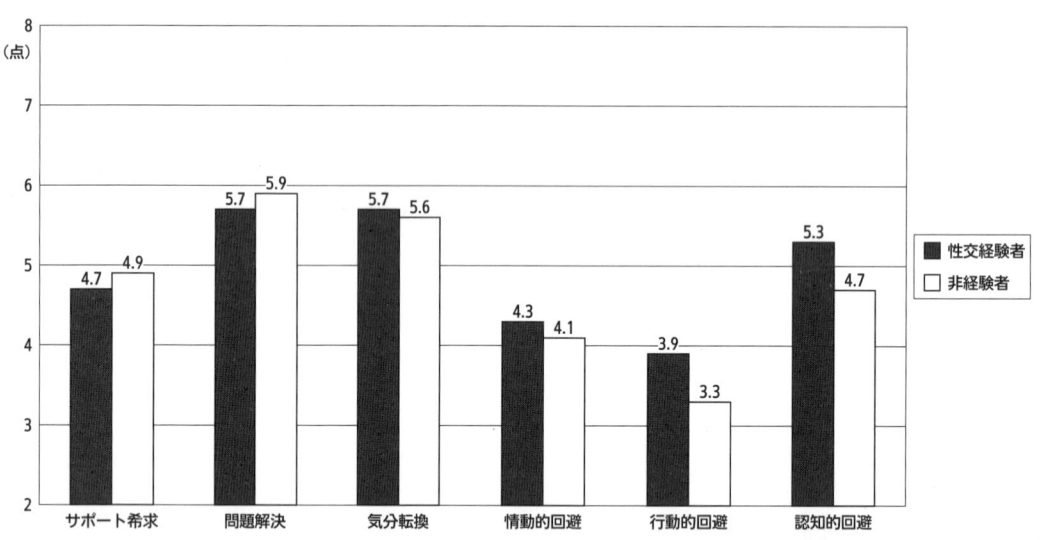

図6-2　性交経験別にみたストレス対処スキルの得点（男子）

下位尺度	性交経験者	非経験者
サポート希求	4.7	4.9
問題解決	5.7	5.9
気分転換	5.7	5.6
情動的回避	4.3	4.1
行動的回避	3.9	3.3
認知的回避	5.3	4.7

（川畑徹朗他「中・高校生の性行動の実態とその関連要因」『学校保健研究』、49、2007より作図）

　問題焦点型のストレス対処スキルである「サポート希求」と「問題解決」においては、性交経験者のストレス対処スキルの得点が低い一方、情動焦点型のストレス対処スキルである他の四つの下位尺度においては、いずれの場合も性交経験者の方が、非経験者に比べて高い得点を示した。また、他の危険行動についても、危険行動をとる子どもたちはストレス状況下において情動焦点型の対処行動をとりやすいことが示されている。

7 より良い人間関係を築く

1 指導のねらい

> 自分を取り巻く人々とのより良い人間関係を築く。

　中学生の時期は、自我の発達につれて他人と自分との違いを意識し、自分らしさを模索するようになります。その過程では、自分の考えに固執して攻撃的になったり、過剰に友人の言動に同調したりして、人間関係にかかわる問題が生じることも少なくありません。また、心と体の成長とともに、異性や性について強い関心を示すようになる時期でもあります。

　そのため、自分を取り巻く様々な人間関係について振り返り、良い人間関係を維持するために必要な態度や能力を養うことは、生徒一人一人が自分らしくより良く生きていくために大切なことです。

　本時では、家族と友人関係に焦点をあて、良い人間関係とは何かということについて考えるとともに、人間関係に関する問題状況においては、自己主張的コミュニケーションスキルを用いることが有効であることを理解するために、この題材を設定しました。

2 授業目標

①人間関係を改善するためには、自己主張的コミュニケーションスキルが有効であることに気付く。

3 教育課程への位置付け

1学年：特別活動　学級活動
　　　：道徳　主として他の人とのかかわりに関すること　2－(5)

4 準備物リスト

- 活動シート7－1「より良い人間関係を築く」
- 生徒用資料7－1「ボードゲームの進め方」
- 掲示用資料7－1「コミュニケーションのタイプ」
- 人間関係状況カード
- ゲームボード
- ゲームのコマ（ボタンなど）

5　指導過程の概略

	活動のステップ	活動のポイント	準備物
導入	**STEP 1** ●本時の学習のねらいを確認する **STEP 2** ●ボードゲームを行う	●教師は、人間関係を改善したり維持したりしていくために、どのようにしていけばよいか考えることを伝える ●人間関係状況カードに書かれた状況について各自で評定を行う ●教師は、生徒用資料7−1「ボードゲームの進め方」を使って、ゲームの進め方を説明する ●グループでボードゲームを行う	●人間関係状況カード ●生徒用資料7−1「ボードゲームの進め方」 ●ゲームボード ●ゲームのコマ（ボタンなど）
展開	**STEP 3** ●好ましくない人間関係の状況について、改善のための方法を話し合う **STEP 4** ●自己主張的コミュニケーションスキルの必要性を確認する	●各グループで評定が最も低かったカードを選び、この状況を改善する方法を話し合う ●グループごとに話し合いの結果を発表する ●教師は、掲示用資料7−1「コミュニケーションのタイプ」を用いて、より良い人間関係を築くためには自己主張的コミュニケーションスキルを用いることが有用であることを説明する	●掲示用資料7−1「コミュニケーションのタイプ」
まとめ	**STEP 5** ●本時の学習内容を確認する	●本時の学習内容を家族に伝えるために、活動シート7−1「より良い人間関係を築く」に記入する	●活動シート7−1「より良い人間関係を築く」

6　指導の展開

導　入

STEP 1　本時の学習のねらいを確認する

- 教師は、人間関係を改善したり維持したりしていくために、どのようにしていけばよいかを学習することを伝えます。

> **説明**
> みなさんは、家族や友だち、先生方や地域の方々など、いろいろな人と接する機会がたくさんあります。毎日の生活の中で、だれかと衝突して気まずくなったり、言いたいことが言えずにもやもやした気持ちになったりすることがありませんか？
> そんな時はどのように行動したらよいのでしょうか。今日は、友だちや家族と良い関係であるためにはどのように行動したらよいか、ということについて学習します。

STEP 2　ボードゲームを行う

- 教師は、人間関係状況カードを配り、評定の仕方について説明します。

> **指示**
> 人間関係状況カードは、一人10種類あります。①から⑩までそろっているか確認してください。このカードには様々な人間関係の状況が書かれています。
> ①を例に説明します。このカードに書かれている状況がひどくマイナスの関係だと思ったら、カードに書かれている数字の「－3」を囲んでください。ややマイナスの関係だと思ったら「－1」、ややプラス関係だと思ったら「＋1」、とても良い人間関係だと思ったら「＋3」の部分を囲んでください。他の状況についても同じように評定してください。
> 友だちと相談せずに、あなたの感覚を大切にして、それぞれのカードの人間関係の状況について「－3」から「＋3」の範囲で点数をつけてください。

> ①友だちに誘われて一緒にたばこを吸った。
>
> 人間関係の状況の評定
>
> ⦵－3　－1　＋1　＋3

- 教師は、人間関係状況カードへの評定が終わったら、生徒用資料7－1「ボードゲームの進め方」とゲームボード・ゲームのコマを配り、ゲームの進め方を説明します。
- 説明に従ってグループでゲームを行います。

※あらかじめ3、4人のグループをつくっておく。
※ゴールした生徒が出ないグループがあっても5分程度で終了する。

展開

STEP 3 | 好ましくない人間関係の状況について、改善のための方法を話し合う

● 教師は、各グループで最も評定が低かったカードを一つ選び、この状況を改善するための方法を話し合うように指示します。

> **指示** 　ゲームはどうでしたか。マイナスのカードばかり引くと、なかなか進めませんでしたね。そのカードがプラスの評定だったら勝敗は変わっていたかもしれません。
> 　では、マイナスのカードをプラスに変えることができないか、一緒に考えてみましょう。
> 　まず、10種類のカードを番号ごとにまとめて、誰もがマイナスの評定をしているカードを選びます。そのカードの状況をプラスの評定に改善するためにはどうしたらよいか話し合ってください。
> 　今日は、その状況が起こらないようにする方法ではなく、その状況になった時にどういう言動をすればよいのかを話し合います。
> 　例えば、「⑨家族に勉強しろと言われてうるさいと言い返した」という状況の場合、「勉強しろと言われる前に勉強する」というのではなく、「うるさい」という代わりにどんな言動をすればより良い関係を維持できるのかを考えます。

※教師は、できるだけ様々な人間関係の状況について話し合えるように、グループで選ぶカードを調整する。

STEP 4　自己主張的コミュニケーションスキルの必要性を確認する

- 各グループの代表者が、話し合いの結果を発表します。
- 教師は、掲示用資料7－1「コミュニケーションのタイプ」を掲示して、各グループから出された方法はどのタイプにあたるか考えさせます。
- 教師は、弱気タイプやけんかタイプの行動をとった場合の好ましくない結果について予想するように指示します。

> **指示**　みなさんから発表してもらった言動を、三つのコミュニケーションのタイプに当てはめてみました。
> では、この言動をしたらその後どうなるか予想してみましょう。

- 弱気タイプやけんかタイプに当てはまるものについてその結果を予想し、指名された生徒は発表します。

※教師は、生徒からはっきりタイプしか出なかった場合は、人間関係状況カードの⑦の例を挙げて考えさせてもよい。

- 教師は、自己主張的コミュニケーションスキル（はっきりタイプ）が最も望ましい行動であることを説明します。

※声の大きさなど言い方によっても、弱気タイプやけんかタイプになることを伝えてもよい。

> **説明**　今、みなさんに考えてもらったように、弱気タイプだと自分を抑えて我慢することになりがちです。これは、相手ばかり大切にして、自分のことを大切にしていないということです。自分の意思や気持ちを抑えて相手に合わせてばかりでは、心のエネルギーがどんどん減って元気が出なくなってしまいます。
> 　逆にけんかタイプでは、相手を怒らせてしまいます。お互いに嫌な気持ちが残って、やはり良い人間関係は築けません。
> 　はっきりタイプの言動なら、相手のことも考え、自分の考えや気持ちもきちんと主張するという、相手も自分も大切にした関係になります。友だちや家族にはっきりタイプで接することは、より良い人間関係を維持することに役立ちます。ぜひ、これから人間関係の問題が生じるような状況において、意識して使ってみてください。

まとめ

STEP 5　本時の学習内容を確認する

- 教師は、活動シート7－1「より良い人間関係を築く」を配付します。
- 今日の授業を振り返り、より良い人間関係を築くために学習したことを家族に伝えるために、活動シート7－1「より良い人間関係を築く」に記入します。
- 教師は、活動シート7－1「より良い人間関係を築く」の記入内容を確認し、家庭に持ち帰って家族に学習した内容を伝えるように促します。

> **指示**　家族とのコミュニケーションも、はっきりタイプを意識すれば、今以上に良い関係を築くことができます。ぜひ学校だけでなく、おうちでも自分の考えや気持ちをきちんと伝えるようにしてください。家族にもこのプリントを見せて、今日の授業で学んだことを話してください。そして、家族みんなではっきりタイプのコミュニケーションを心がけてみてください。

7　家庭や地域と連携した活動

　家族の人間関係をより良く保つために、お互いの考えや気持ちをきちんと伝え合うことは、家族の愛情を確認することになります。特に家族をわずらわしく感じることの多い思春期において、家族の愛情を再確認することは、家族間の人間関係をより良く保つだけでなく、生徒が自分自身を大切にし、危険行動を回避することにもつながります。

　持ち帰った活動シート7－1「より良い人間関係を築く」を家族で一緒に読んで、家族のコミュニケーションについて話し合うように促します。

活動シート7-1　「より良い人間関係を築く」　　1-7-1-①

より良い人間関係を築く

1年　　組　名前　　　　　　　　　

◎より良い人間関係を築くために、今日の授業で学習したことを家族に伝えましょう。

Q　遊びに来た友だちに、
　　「今日泊まらせてよ。花火を買ってきて、みんなで盛り上がってさわごう。」
　　　　　　　　　　　　　　　　　　　　　　と言われた時どうするか。

コミュニケーションの三つのタイプ	答え方の例	どうなるかな？
弱気タイプ　自分の意思を伝えるべき時に、あきらめたり、おどおどしたりする。	「え〜、どうしようか…。」「うーん…そうだね…。」	
けんかタイプ　自分の意思を伝えるべき時に、感情的になったり、おどしたりする。	「何言ってんの。」「自分で勝手に行け。」	
はっきりタイプ　自分の意思を伝えるべき時に、相手の話を理解した上で、自分の考えをはっきり言う。	「花火は楽しいよね。でも、今日は急だから、また今度にしようよ。」	

相手のことを考えて、人間関係を壊すことなく、しかも自分の考えや意見をうまく伝えられるタイプは　→　　　　タイプです　　みんなで心がけてみよう！

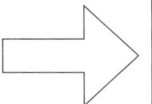

保護者の皆様へ

　生徒たちは、友だちや家族とより良い人間関係を築くためには、自分の意思を伝えるべき時に、相手の話を理解した上で、自分の考えをはっきり言うことが大切であることを学習しました。今後も学校で指導していきますので、ご家庭でも、生徒たちが感情的にならずに自分の考えを言葉にして伝える練習ができるように、機会を作っていただければ幸いに存じます。
　生徒たちは、周囲の人の行動を模倣しながら、次第に良いコミュニケーションスキルを身に付けていきます。つまり周囲の人は、生徒たちのコミュニケーション行動の形成に大きな影響力をもっているのです。私たち教師と同様に、保護者のみなさまも生徒たちにとって良いモデルとなっていただき、生徒たちがより良い人間関係を築いていけるようにご支援ください。どうぞよろしくお願い申し上げます。

家族で考えてみませんか

Q1　テレビを見ている子どもに、「もう勉強したら。」と促して、「うるさい。」と言われた時どう答えますか。

コミュニケーションの三つのタイプ	答え方の例	その後どうなるでしょう？
弱気タイプ　自分の意思を伝えるべき時に、あきらめたり、おどおどしたりする。	「まったくもう…。」「あーあ。」などと、ぶつぶつ言いつつ立ち去る	
けんかタイプ　自分の意思を伝えるべき時に、感情的になったり、おどしたりする。	「親になんて口のきき方をするんだ。」「高校行けないぞ。」	
はっきりタイプ　自分の意思を伝えるべき時に、相手の話を理解した上で、自分の考えをはっきり言う。	「そんな言い方されるといやな気持ちになるよ。」	

Q2　低い点数のテスト結果を持ち帰った子どもとの会話を考えてみましょう。

コミュニケーションの三つのタイプ	答え方の例	その後どうなるでしょう？
弱気タイプ　自分の意思を伝えるべき時に、あきらめたり、おどおどしたりする。		
けんかタイプ　自分の意思を伝えるべき時に、感情的になったり、おどしたりする。		
はっきりタイプ　自分の意思を伝えるべき時に、相手の話を理解した上で、自分の考えをはっきり言う。		

生徒用資料7-1　「ボードゲームの進め方」　　　　　　　　　1-7-2

ボードゲームの進め方

① 点数をつけた人間関係状況カードをグループごとに集め、よくシャッフルします。
② シャッフルしたカードを裏返してゲームボードの横に置いてください。このカードがサイコロがわりです。
③ じゃんけんをしてゲームのスタート順を決めます。
④ まず1番の人が積み上げた一番上のカードを1枚引きます。引いたカードには「-3」から「+3」のどこかが囲んであります。その数だけコマを進めてください。
⑤ 順番にカードを引いて進めます。5分後に一番進んでいた人が勝ちです。

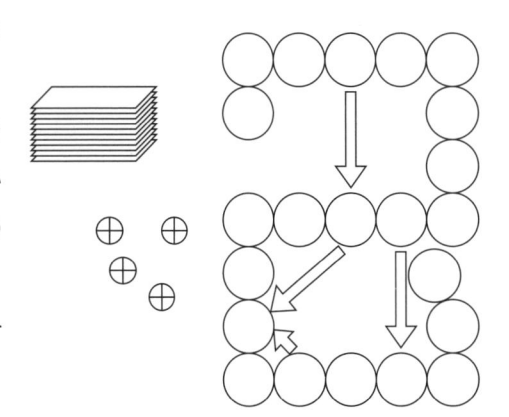

※最初にマイナスを引いた場合は動きません。
※戻る数が足りない場合は戻れるところまででかまいません。
※止まったマスの指示に従ってワープすることができます。
※ワープゾーンは矢印と反対方向には行けません。マイナスのカードを引いて後退する時には通常のルートを戻ります。
※引いたカードは元に戻しません。引くカードがなくなったら、一度使ったカードをシャッフルして再度山札にします。

掲示用資料 7 − 1 　　「コミュニケーションのタイプ」　　　　　　1 − 7 − 3 − ①

コミュニケーションのタイプ

遊びに来た友だちに、
　　「今日泊まらせてよ。花火を買ってきて、みんなで盛り上がってさわごう。」
　　　　　　　　　　　　　　　　　　　　　　　　　　と言われた時どうするか。

弱気タイプ	
自分の意思を伝えるべき時に、あきらめたり、おどおどしたりする。	「え～、どうしようか…。」 「うーん…そうだね…。」

けんかタイプ	
自分の意思を伝えるべき時に、感情的になったり、おどしたりする。	「何言ってんの。」 「自分で勝手に行け。」

はっきりタイプ	
自分の意思を伝えるべき時に、相手の話を理解した上で、自分の考えをはっきり言う。	「花火は楽しいよね。でも、今日は急だから、また今度にしようよ。」

1-⑦-3-②

人間関係状況カード
（実態に合わせて内容を適宜変えてください）

①友だちに誘われて一緒にたばこを吸った。 人間関係の状況の評定 　－3　　－1　　＋1　　＋3	②教科書を忘れて困っていたら、隣の席の子が見せてくれた。 人間関係の状況の評定 　－3　　－1　　＋1　　＋3
③友だちが泊まりにきて、夜中に花火をしたいからコンビニで買ってきてと頼まれて買いに行った。 人間関係の状況の評定 　－3　　－1　　＋1　　＋3	④転入してきた友だちを誘って、昼休みに学校案内をした。 人間関係の状況の評定 　－3　　－1　　＋1　　＋3
⑤異性の友だちに、「家族が留守だから遊びに来て」と誘われてＯＫした。 人間関係の状況の評定 　－3　　－1　　＋1　　＋3	⑥テストの点を言いふらされて泣いている友だちがかわいそうだったので、点を言いふらした子の点をみんなに教えてやった。 人間関係の状況の評定 　－3　　－1　　＋1　　＋3
⑦友だちにＣＤを貸したが、いつまでたっても返してくれない。 人間関係の状況の評定 　－3　　－1　　＋1　　＋3	⑧高熱を出して寝込んでいたら、家族が一晩中そばにいて看病してくれて具合が良くなった。 人間関係の状況の評定 　－3　　－1　　＋1　　＋3
⑨家族に「勉強しろ」と言われて「うるさい」と言い返した。 人間関係の状況の評定 　－3　　－1　　＋1　　＋3	⑩修学旅行に行って家族全員にお土産を買ってきてあげた。 人間関係の状況の評定 　－3　　－1　　＋1　　＋3

100　実践編

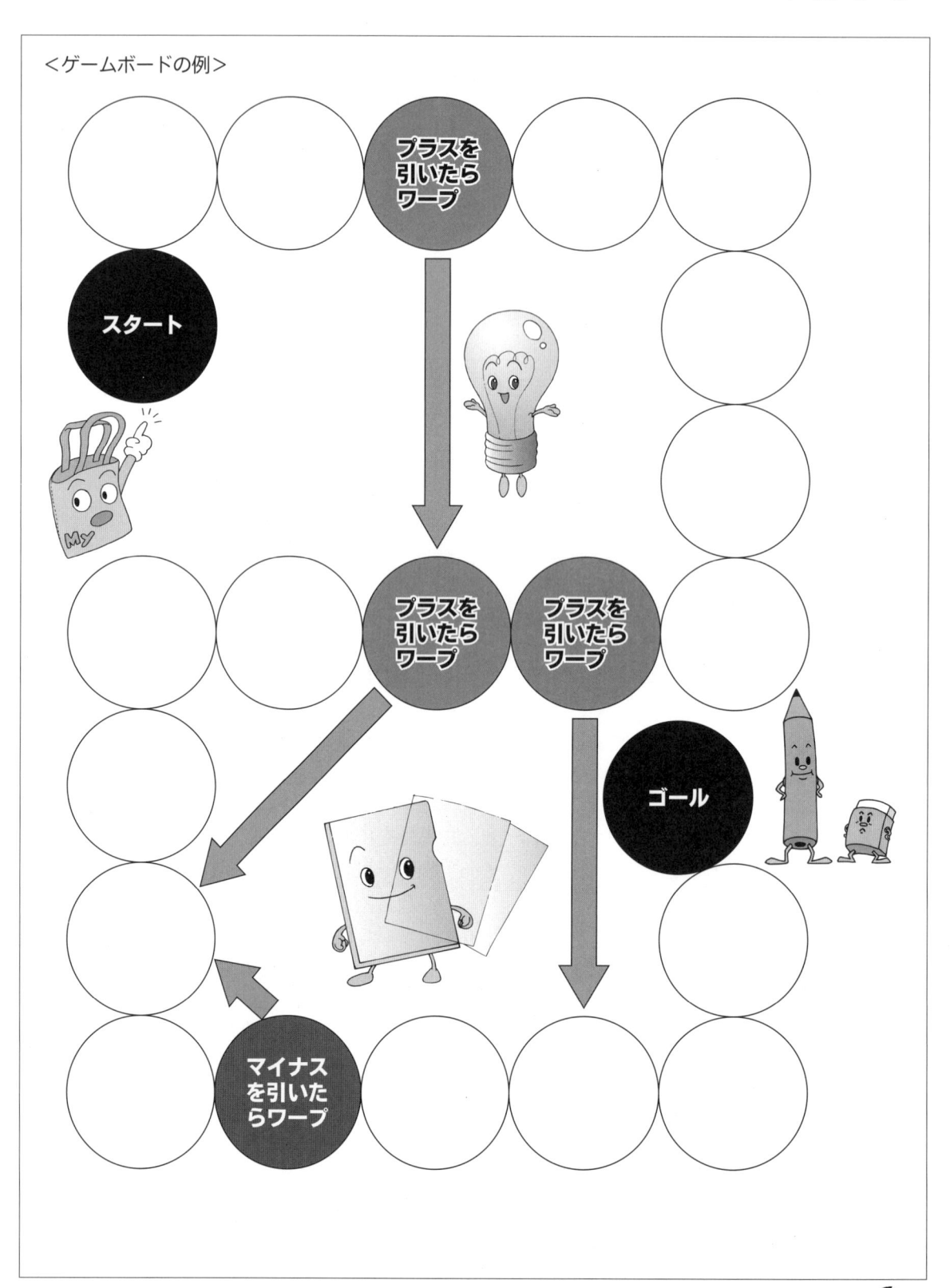

1−7−3−③

<ゲームボードの例>

- スタート
- プラスを引いたらワープ
- プラスを引いたらワープ
- プラスを引いたらワープ
- マイナスを引いたらワープ
- ゴール

参考資料

● 対人関係スキル

　好ましい対人関係スキルをもつことは、対人関係に伴うトラブルを少なくし、互いに有益な関係を形成するために必要であり、人が身に付けるべき最も重要なスキルの一つである。

　相川によれば、対人関係スキルは「対人目標の達成をめざして、自らの認知や感情を調整しながら実行される、言語的・非言語的な対人行動」と定義される。対人目標とは、例えば、知り合いになる・相手に自分の考えを伝えるなどである。その際、相手の考えや感情を理解しなければならないし、自分の感情をコントロールすることが必要である。相川によれば、対人関係スキル教育の内容は以下のようである。

```
対人関係スキル教育の内容（相川）
1. 人間関係についての基本的な知識    2. 他者の思考と感情の理解の仕方
3. 自分の思考と感情の伝え方          4. 人間関係の問題を解決する方法
```

　相川はまた、具体的に形成すべき能力として、12個の対人関係スキルを提案している。そして、区分は明確ではないとするものの、12個を初級・中級・上級に分けている。初級ではあいさつや聴き方などの基本的内容が、中級では仲間関係に関する内容が、上級では自己主張やトラブル解決などの人間関係上の問題解決に関する内容が取り上げられている。

```
対人関係スキルの種類（相川）
1. あいさつ              2. 自己紹介              3. 上手な聴き方
4. 質問する              5. 仲間の誘い方          6. 仲間の入り方
7. あたたかい言葉かけ    8. 気もちを分かって働きかける（共感）
9. やさしい頼み方        10. 上手な断り方
11. 自分を大切にする     12. トラブルの解決策を考える
```

（西岡伸紀「対人関係スキルの育成」『第21回 JKYB 健康教育ワークショップ報告書（JKYB ライフスキル教育研究会編）』、2012を一部修正）

● 自己主張的コミュニケーションスキル

　本プログラムにおいては、対人関係スキルのうち、自分の望まないことをするように人から圧力を受けた時、相手の立場も尊重しつつ、自分の考えをはっきり伝える自己主張的コミュニケーションスキルが有用であることを理解し、ロールプレイングを通してスキルの習得を目指す。

　適切な自己主張的コミュニケーションスキルの要素としては、自分の気持ちや考えを率直に述べること、相手の立場を理解していることを示すこと、理由を述べること、相手が納得しうる対案や妥協案を示すこと、適切な身振りや表情などを含むボディランゲージを使うことなどが挙げられる。

8 友人関係に伴うトラブルの解決

1 指導のねらい

　心が揺れ動くこの時期は、感情の起伏も激しくなり、家族間や友人間など様々な人間関係の中でトラブルが生じることも多くなります。

　本時では、友人関係に伴うトラブルの場面において、意志決定スキルを適用し、トラブルを自分たちの力で解決できるようになるために、この題材を設定しました。

2 授業目標

①意志決定の基本ステップを知る。
②友人関係に伴うトラブルの場面において、意志決定スキルを適用する。

3 教育課程への位置付け

1学年：特別活動　学級活動
　　　：道徳　主として他の人とのかかわりに関すること　2－(5)

4 準備物リスト

- 活動シート8－1「解決へのステップ」
- 活動シート8－2「振り返りシート」
- 生徒用資料8－1「トラブル」
- 短冊（アイスブレイク用）

5 指導過程の概略

	活動のステップ	活動のポイント	準備物
導入	**STEP 1** ●「似たもの同士」ゲームを行い、グループに分かれる	●「自分のリラックス法」から連想することを短冊に一つ記入し、お互いによく似たことを書いた者同士で4～6人程度のグループをつくる	●短冊（アイスブレイク用）
	STEP 2 ●「トラブル」の例から、本時のねらいを確認する	●教師は、生徒用資料8－1「トラブル」を配付し、どうすればトラブルを回避し、お互いが満足できる結果を導くことができるかを考えることを説明する	●生徒用資料8－1「トラブル」
展開	**STEP 3** ●「解決へのステップ」を確認する	●教師は、活動シート8－1「解決へのステップ」を配付し、解決のためのステップを説明する	●活動シート8－1「解決へのステップ」
	STEP 4 ●問題を確認する	●活動シート8－1「解決へのステップ」のステップ1について、何が問題なのか確認する	●活動シート8－1「解決へのステップ」（ステップ1）
	STEP 5 ●選択肢と結果について予想する	●活動シート8－1「解決へのステップ」のステップ2について、様々な選択肢と結果を予想する ●グループ内で交流し、全体に発表する	●活動シート8－1「解決へのステップ」（ステップ2）
	STEP 6 ●ベストの解決方法を選択する	●活動シート8－1「解決へのステップ」のステップ3について、一番良いと思う選択肢を選ぶとともに、選んだ理由を考える	●活動シート8－1「解決へのステップ」（ステップ3）
	STEP 7 ●解決方法とその理由をグループ内で発表する	●様々な解決方法に気付くとともに、人間関係が意志決定によって大きく左右されることを確認する	
まとめ	**STEP 8** ●本時の学習内容を確認する	●授業を振り返って、活動シート8－2「振り返りシート」に記入する	●活動シート8－2「振り返りシート」

6 指導の展開

導 入

STEP 1 　「似たもの同士」ゲームを行い、グループに分かれる

● 教師は、一人に1枚短冊を配付し、「似たもの同士」ゲームのやり方を説明します。

> **指示**　今から、「似たもの同士」ゲームを行います。
> 　　まず、「自分のリラックス法」から連想することを、一つだけ短冊に書きましょう。

● 教師は、書き終わるのを確認してから、次の説明をします。

> **指示**　「自分のリラックス法」と同じ答えを書いた人、あるいは似た答えを書いた人を探して、4～6人のグループをつくってください。

STEP 2 　「トラブル」の例から、本時のねらいを確認する

● 教師は、生徒用資料8-1「トラブル」を配付し、資料を読みます。
● 資料をもとに、トラブルを回避するための方法について、学習していくことを説明します。

> **説明**　資料のように、私たちは、人間関係の中で様々なトラブルが生じる場面に出会うことがあります。ちょっとした行き違いで、大きな問題になることもあります。
> 　　そこで今日は、友人関係で生じるトラブルを回避し、お互いが満足できる結果を導くにはどうしたらよいかを学習します。

※資料を読み終えた後に、対応の仕方によっては友人関係が壊れたり、トラブルが大きくなったりするかもしれないことを、必要に応じて例を示し、補足説明する。

展　開

STEP 3　「解決へのステップ」を確認する

● 教師は、活動シート8−1「解決へのステップ」を配付し、説明します。

> **説明**　「解決へのステップ」には、三つの段階があります。ここでは、信号機の色で説明していきます。
>
> 　最初に、ステップ1赤信号「止まって」です。行動をすぐ起こすのではなく、まず、立ち止まって、「何が問題なのか」を明らかにしていきます。
>
> 　次に、ステップ2黄色信号「考えて」です。明らかになった問題について、解決するためにはどんな方法があるのかを考えて、多くの選択肢を挙げてみます。
>
> 　また、選択した行動の結果についても予想します。予想する際には、「自分のねらい通りになるのか」、また、その対応で「相手との人間関係は、今後も維持できるのか」についても予想してください。
>
> 　最後に、ステップ3青信号「決めよう」です。相手にとっても自分にとっても一番良いと思う解決方法を選びます。
>
> 　この三つのステップを活用し、意志決定していくことで、トラブルを回避し、お互いが満足できる結果を導く方法が、「解決へのステップ」です。

STEP 4　問題を確認する

● 教師は、活動シート8−1「解決へのステップ」のステップ1赤信号「止まって」について、確認します。

> **説明**　それでは、活動シートのステップ1赤信号「止まって」の項目を見てください。ここでは、「友人関係を壊したくない。そのために、『電話での次の会話の内容、また、次の行動をどうしたらいいのか』」が問題となっています。
>
> 　実際の場面では、問題を自分自身で明らかにしておくことが重要です。

※ここでは、「解決へのステップ」を知ることに重点を置いているので、ステップ1赤信号「止まって」については、記入していることを説明する。また、2、3年時において活用する際には、ステップ1赤信号「止まって」から進めていくことが大切であることを確認する。

STEP 5 | 選択肢と結果について予想する

- 教師は、活動シート8－1「解決へのステップ」のステップ2黄色信号「考えて」について、記入するように指示します。

> **指示** ステップ2黄色信号「考えて」の項目について、記入してください。Aさんの立場で解決するための選択肢を考えて記入してください。また、それぞれの選択肢の予想される結果についても記入してください。
>
> 予想については、自分にとって良い点、自分にとって困った点を考えて記入してください。また、自分の立場だけでなく、相手にとって良い点や困った点についても考えてみてください。

（記入例）

問　題	選択肢 自分がAさんだとした場合の対応の仕方	予想される結果	
^	^	自分にとって良い点 （相手にとって良い点）	自分にとって困った点 （相手にとって困った点）
友人関係を壊したくない。そのために、「電話での次の会話の内容、また、次の行動をどうしたらいいのか」	電話でなく、直接会う。もう一度考え直してもらうよう、家まで行く。	**「自分にとって良い点」** 直接、家まで行くことで、自分の気持ちが伝えられる。 **「相手にとって良い点」** きちんと謝罪できる。	**「自分にとって困った点」** 夜であるし、時間がかかる。しつこいと思われるかもしれない。 **「相手にとって困った点」** 電話で話したのに、また、家まで来てもらうと困る。

- 教師は、全体の進行状況を見て、グループ内で交流させます。

※交流内容を把握しながら、発表する選択肢の違うグループを選んでおくとよい。

> **指示** では、自分で考えた選択肢の予想される結果について、グループの中でお互いに発表してください。また、後で発表してもらいますので、グループの代表の人はまとめておいてください。
> （交流終了後）
> では、指名されたグループは、発表してください。

● グループの代表者は、出された選択肢と予想される結果についてクラス全体に発表します。

※交流・発表させることを通じて、様々な選択肢があること、また、お互いの立場で考えることの視点をもつことの大切さに気付かせる。ここでは、トラブルを解決するためには、自分の気持ちがおさまればいいのではなく、今後も友人関係を続けるためには、相手の立場も考えることの必要性を押さえる。

STEP6　ベストの解決方法を選択する

● 教師は、活動シート8-1「解決へのステップ」のステップ3青信号「決めよう」について、記入するように指示します。

> **指示** 最後に、ステップ3青信号「決めよう」の項目について、記入してください。ステップ2を活用し、一番良いと思う解決方法を考えてください。内容によっては、組み合わせて解決方法を選んでもよいでしょう。トラブルを回避し、お互いが満足できる結果を導き出すベストの解決方法を選びましょう。また、選んだ理由についても記入してください。

● 各自で活動シート8-1「解決へのステップ」のステップ3に記入します。

STEP 7 | 解決方法とその理由をグループ内で発表する

- 教師は、解決方法とその理由について、グループ内で互いに発表するように指示します。

> **指示** それでは、解決方法とその理由についてグループ内で発表してもらいます。発表を聞く時には、様々な解決方法があること、解決方法によって人間関係が大きく左右されることを考えて聞いてください。また、Aさん、Bさんの両方の立場や気持ちになって聞いてください。

- グループ内で、各自が選んだ選択肢とその理由について互いに発表します。

まとめ

STEP 8 | 本時の学習内容を確認する

- 教師は、活動シート8-2「振り返りシート」を配付し、記入するように指示します。

> **指示** 今日は、友人関係に伴うトラブルの回避方法について考えました。普段、あまり考えないで感情のままに発言したり、行動したりしていたこともあったかもしれません。今日の授業では、「解決へのステップ」を使って、いろいろ考えることができたと思います。この授業で気付いたことや考えたことを、「振り返りシート」に記入してください。

- 教師は、時間があれば、何人かの生徒に記入した内容を発表させます。

7　家庭や地域と連携した活動

- 活動シート8-1「解決へのステップ」を家庭に持ち帰って、家族に紹介し、様々なトラブルについて、「解決へのステップ」を活用し、その結果について一緒に考えてみるように促します。

活動シート8−1　「解決へのステップ」　　　　　　　　　　　　　1−8−1

解決へのステップ

1年___組　名前_____

一番良いと思う解決方法を選ぶには、三つのステップを踏むことが大切です。

ステップ1 赤信号「止まって」	何が問題なのか明らかにしよう 　発言したり、行動したりする前に、立ち止まって解決すべき問題を考えよう。
ステップ2 黄色信号「考えて」	選択肢と結果について予想しよう 　解決への選択肢には、どんなものがあるのかを挙げ、それぞれについての結果を予想してみよう。結果については、お互いの立場を考えよう。
ステップ3 青信号「決めよう」	一番良いと思う解決方法を決めよう 　自分だけでなくお互いにとって一番良いと思う解決方法を選ぼう。

▼それでは、生徒用資料8−1「トラブル」について、考えてみましょう。

ステップ1　　赤信号「止まって」：何が問題なのか明らかにしよう

　友人関係を壊したくない。そのために、「電話での次の会話の内容、また、次の行動をどうしたらいいのか」

ステップ2　　黄色信号「考えて」：選択肢と結果について予想しよう

選択肢 自分がAさんだとした場合の 対応の仕方	予想される結果	
	自分にとって良い点 （相手にとって良い点）	自分にとって困った点 （相手にとって困った点）

ステップ3　　青信号「決めよう」：一番良いと思う解決方法を決めよう

【一番良いと思う解決方法】	【選んだ理由について考えてみよう】

活動シート8-2　「振り返りシート」　　　　　　　　　　1-8-2

振り返りシート

1年　　組　名前　　　　　　　　　

● この授業を通して、気付いたことや考えたことを書いてください。

生徒用資料8－1　　「トラブル」　　　　　　　　　　　　　　　　　　1－⑧－3

トラブル

　Aさんは、土曜日に、同じクラスのBさんと映画を見に行く約束をしていました。前日の金曜日の夜、Bさんから電話がかかってきました。明日の確認だなと思い、楽しみに話し始めました。

　　　：B（相手）
　　　B「ごめん、急に明日行けなくなった。」

　　　：A（自分）
　　　A「そんなこと言われても、事前にチケットも購入しているよ。」

　　　：B（相手）
　　　B「そんなこと言っても、しょうがないよ。先輩から、遊びに行こうと誘われたのだから。」

　　　：A（自分）
　　　A「他の約束があったけど、Bさんが絶対一緒に行かないと困ると言うから断ったのに……」

　　　：B（相手）
　　　B「ごめん、チケット代払うから……」

これからの友人関係も壊したくないけど、腹も立つし、どんな対応をしたらいいのか……ましてや今は、お互いの顔も見えず

　　　：A（自分）
　　　A「………………」

参考資料

● 意志決定スキル

　意志決定スキルとは「問題状況において幾つかの選択肢の中から最善と思われるものを選択する能力」である。

　人は毎日の生活の中で様々な決定をしている。そして、その多くは無意識に行われており、通常は大きな問題を生じることもない。しかし、人は時として、重要な人生上の決定をしなくてはならない場面に遭遇することもあり、意志決定スキルに優れた人は、周囲に惑わされることなく、情報に基づいた自分の意志と責任による、より良い意志決定をすることができる。

　下の表には、意志決定スキルに関して学習すべき内容を示した。

　意志決定スキルの学習の中心は、合理的な意志決定を下すためのステップを理解し、様々な問題に適用することである。意志決定のステップに関するモデルには簡単なものから複雑なものまで幾つか考案されているが、本プログラムでは、「STOP（止まって）」「THINK（考えて）」「GO（決めよう）」という基本的な意志決定のステップを習得させることとした。

意志決定スキルに関する学習内容
1.　下すべき意志決定や解決すべき問題を明らかにする
2.　個人の意志決定に影響する事柄を分析する
3.　自分自身のスキルや能力を吟味する
4.　適切で信頼できる情報源を明らかにし、利用できる情報を整理する
5.　意志決定が自分や他者に及ぼすリスクを、自分の問題としてとらえる
6.　仲間の規範に関する誤解を修正する
7.　意志決定に伴う結果の長所と短所を、長期と短期に分けて確認する
8.　意志決定モデルを使って、現実の状況を分析する
9.　一つの意志決定が、その後の意志決定にどのような影響を及ぼすかを理解する
10.　自分の下した意志決定に対して責任をもつ
11.　意志決定を評価し、必要に応じて修正を行う

（Fetro JV『*Personal and Social Skills Level 1*』ETR Associates, 2000）

春木らの意志決定スキル尺度の構成項目
1.　宿題などしなくてはならないことよりも楽しいことを先にしてしまう
2.　することがいくつかあるときには、することの順番を考える
3.　ものごとを決めるときには、何が問題なのかよく考える
4.　何かをしようとするときには、それに関係することをいろいろ調べたり、人にたずねたりする
5.　何かをしようとするときには、どんな方法があるかについていくつか考える
6.　何かをしようとするときには、それをするとどうなるかを考えてからする
7.　何かをした後には、自分のした方法がよかったかどうかについて振り返る
8.　失敗をしたときに、どこが悪かったかを反省する
上の8項目について、「1. ぜんぜんあてはまらない」、「2. あまりあてはまらない」、「3. 少しあてはまる」、「4. よくあてはまる」の4段階評価を行い、得点が高いほど意志決定スキルが高いことを示すように項目の点数を変換して、合計得点（8〜32点）を求める。

● 中学生の危険行動と意志決定スキルの関連

　下の図8-1は、菱田らが、2009年6月に新潟市内の中学校1校の全生徒583人を対象として実施した、いじめの影響とレジリエンシー、ソーシャル・サポート、ライフスキルとの関係に関する質問紙調査の結果である。

　男女ともに「2種類以上被害経験あり」群の意志決定スキルの得点が最も低いことが分かる。

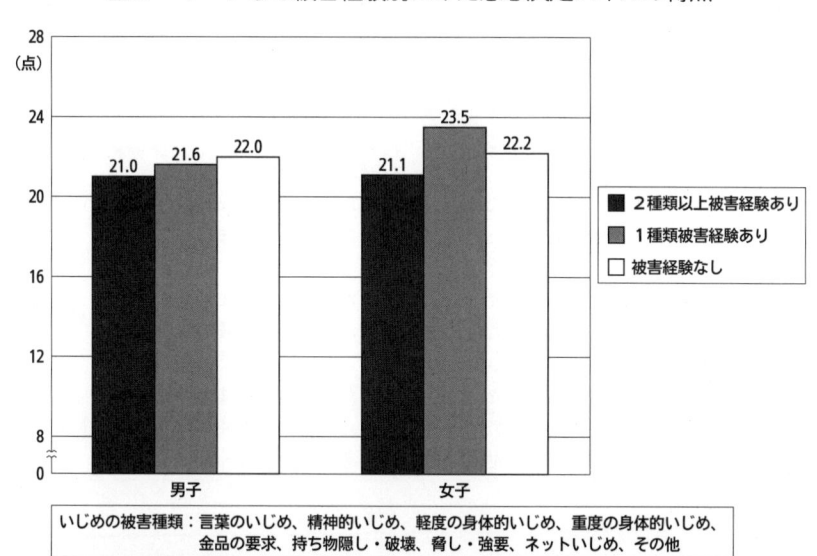

図8-1　いじめ被害経験別にみた意志決定スキルの得点

	2種類以上被害経験あり	1種類被害経験あり	被害経験なし
男子	21.0	21.6	22.0
女子	21.1	23.5	22.2

いじめの被害種類：言葉のいじめ、精神的いじめ、軽度の身体的いじめ、重度の身体的いじめ、金品の要求、持ち物隠し・破壊、脅し・強要、ネットいじめ、その他

（菱田一哉他「いじめの影響とレジリエンシー、ソーシャル・サポート、ライフスキルとの関係―新潟市内の中学校における質問紙調査の結果より―」『学校保健研究』、53、2011より作図）

中学校1年　第1時「中学生の心と体の健康に関する生徒のニーズ調査」

以下の事項について、該当する番号や箇所に〇を付けたり、空欄に数字を入れたりしてください。

1．授業実施日：（　　　）年　（　　　）月　（　　　）日
2．本時の学習に要した時間　約（　　　）分
3．予定した学習内容や学習活動について全て指導することができましたか。
　　　1．はい　　2．いいえ（具体的には：　　　　　　　　　　　　　　　　　　　　　　　　　　　）
4．本時全体について以下の点から評価してください。
　　1）学習内容全体のつながりや授業の流れ：　　　1．とても良い　　2．良い　　3．悪い　　4．とても悪い
　　2）生徒の興味・関心：　　　　　　　　　　　1．とても高い　　2．高い　　3．低い　　4．とても低い
　　3）生徒の授業への参加態度等：　　　　　　　1．とても良い　　2．良い　　3．悪い　　4．とても悪い
　　4）生徒にとっての学習内容や学習活動のレベル：1．とても高い　　2．高い　　3．低い　　4．とても低い
　　5）先生にとっての準備に要する負担や時間：　1．多い　　　　　2．普通である　　3．少ない
5．各学習内容や学習活動について、評価してください。
（1）「中学生の心と体」という言葉についてのマインドマップを作成する活動
　　1）学習の意義：　　　　　1．とてもあった　　2．あった　　3．あまりなかった　　4．全くなかった
　　2）生徒の参加意欲：　　　1．とてもあった　　2．あった　　3．あまりなかった　　4．全くなかった
（2）マインドマップを発表する活動
　　1）学習の意義：　　　　　1．とてもあった　　2．あった　　3．あまりなかった　　4．全くなかった
　　2）生徒の参加意欲：　　　1．とてもあった　　2．あった　　3．あまりなかった　　4．全くなかった
（3）「中学生の心と体の健康に関する調査」に記入する活動
　　1）学習の意義：　　　　　1．とてもあった　　2．あった　　3．あまりなかった　　4．全くなかった
　　2）生徒の参加意欲：　　　1．とてもあった　　2．あった　　3．あまりなかった　　4．全くなかった
6．上記の評価も含めて、特に良かった学習内容、活動、教材等があれば挙げてください。

7．上記の評価も含めて、特に改善すべき学習内容、活動、教材等があれば挙げてください。

8．本時全体に関して総合的に評定してください。
　　　1．とても良い　　2．良い　　3．悪い　　4．とても悪い
9．この授業に関連して「家庭や地域と連携した活動」をされましたか。
　　　1．はい　　2．いいえ
　　　　・実施された場合は、具体的にはどのようなことをされましたか。

10．その他、この授業に関するご意見やご要望があればお書きください。

中学校1年　第2時「思春期の体の変化」

以下の事項について、該当する番号や箇所に○を付けたり、空欄に数字を入れたりしてください。

1. 授業実施日：（　　　）年　（　　　）月　（　　　）日
2. 本時の学習に要した時間　約（　　　）分
3. 予定した学習内容や学習活動について全て指導することができましたか。
   1. はい　　2. いいえ（具体的には：　　　　　　　　　　　　　　　　　　　　　　　　　　　　　　　　　　　　）
4. 本時全体について以下の点から評価してください。
   1) 学習内容全体のつながりや授業の流れ：　　　1. とても良い　2. 良い　3. 悪い　4. とても悪い
   2) 生徒の興味・関心：　　　　　　　　　　　1. とても高い　2. 高い　3. 低い　4. とても低い
   3) 生徒の授業への参加態度等：　　　　　　　1. とても良い　2. 良い　3. 悪い　4. とても悪い
   4) <u>生徒にとっての</u>学習内容や学習活動のレベル：1. とても高い　2. 高い　3. 低い　4. とても低い
   5) <u>先生にとっての</u>準備に要する負担や時間：　1. 多い　　　2. 普通である　　3. 少ない
5. 各学習内容や学習活動について、評価してください。
   （1）体に関する質問に対して自分が知っている事柄を模造紙に記入する活動
   1) 学習の意義：　　　　　　1. とてもあった　2. あった　3. あまりなかった　4. 全くなかった
   2) 生徒の参加意欲：　　　　1. とてもあった　2. あった　3. あまりなかった　4. 全くなかった
   （2）各自で記入した意見を発表し合い、共通点やグループ内での合意事項をまとめる活動
   1) 学習の意義：　　　　　　1. とてもあった　2. あった　3. あまりなかった　4. 全くなかった
   2) 生徒の参加意欲：　　　　1. とてもあった　2. あった　3. あまりなかった　4. 全くなかった
   （3）各グループの発表を聞きながら模造紙に書き加える活動
   1) 学習の意義：　　　　　　1. とてもあった　2. あった　3. あまりなかった　4. 全くなかった
   2) 生徒の参加意欲：　　　　1. とてもあった　2. あった　3. あまりなかった　4. 全くなかった
6. 上記の評価も含めて、特に良かった学習内容、活動、教材等があれば挙げてください。

7. 上記の評価も含めて、特に改善すべき学習内容、活動、教材等があれば挙げてください。

8. 本時全体に関して総合的に評定してください。
   1. とても良い　　2. 良い　　3. 悪い　　4. とても悪い
9. この授業に関連して「家庭や地域と連携した活動」をされましたか。
   1. はい　　2. いいえ
   ・実施された場合は、具体的にはどのようなことをされましたか。

10. その他、この授業に関するご意見やご要望があればお書きください。

中学校1年 第3時「思春期の心の変化」

以下の事項について、該当する番号や箇所に○を付けたり、空欄に数字を入れたりしてください。
1. 授業実施日：（　　　）年（　　　）月（　　　）日
2. 本時の学習に要した時間 約（　　　）分
3. 予定した学習内容や学習活動について全て指導することができましたか。
　　1．はい　　2．いいえ（具体的には：　　　　　　　　　　　　　　　　　　　　　　　）
4. 本時全体について以下の点から評価してください。
　1) 学習内容全体のつながりや授業の流れ：　　1．とても良い　2．良い　3．悪い　4．とても悪い
　2) 生徒の興味・関心：　　　　　　　　　　　1．とても高い　2．高い　3．低い　4．とても低い
　3) 生徒の授業への参加態度等：　　　　　　　1．とても良い　2．良い　3．悪い　4．とても悪い
　4) 生徒にとっての学習内容や学習活動のレベル：1．とても高い　2．高い　3．低い　4．とても低い
　5) 先生にとっての準備に要する負担や時間：　1．多い　　　　2．普通である　　3．少ない
5. 各学習内容や学習活動について、評価してください。
（1）ゲーム「ジグソーパズル」を行ってグループをつくる活動
　1) 学習の意義：　　　　　1．とてもあった　2．あった　3．あまりなかった　4．全くなかった
　2) 生徒の参加意欲：　　　1．とてもあった　2．あった　3．あまりなかった　4．全くなかった
（2）活動シート「見つめてみよう！思春期の心」を使用してブレインストーミングを行う活動
　1) 学習の意義：　　　　　1．とてもあった　2．あった　3．あまりなかった　4．全くなかった
　2) 生徒の参加意欲：　　　1．とてもあった　2．あった　3．あまりなかった　4．全くなかった
（3）「思春期の心の特徴」を発表し合う活動
　1) 学習の意義：　　　　　1．とてもあった　2．あった　3．あまりなかった　4．全くなかった
　2) 生徒の参加意欲：　　　1．とてもあった　2．あった　3．あまりなかった　4．全くなかった
（4）「思春期を上手に乗り越えるために必要な力」について意見を出し合う活動
　1) 学習の意義：　　　　　1．とてもあった　2．あった　3．あまりなかった　4．全くなかった
　2) 生徒の参加意欲：　　　1．とてもあった　2．あった　3．あまりなかった　4．全くなかった
6. 上記の評価も含めて、特に良かった学習内容、活動、教材等があれば挙げてください。

7. 上記の評価も含めて、特に改善すべき学習内容、活動、教材等があれば挙げてください。

8. 本時全体に関して総合的に評定してください。
　　1．とても良い　　2．良い　　3．悪い　　4．とても悪い
9. この授業に関連して「家庭や地域と連携した活動」をされましたか。
　　1．はい　　2．いいえ
　　　　・実施された場合は、具体的にはどのようなことをされましたか。

10. その他、この授業に関するご意見やご要望があればお書きください。

中学校1年　第4時「思春期の心と体に関する情報源」

以下の事項について、該当する番号や箇所に○を付けたり、空欄に数字を入れたりしてください。

1. 授業実施日：（　　　）年（　　　）月（　　　）日
2. 本時の学習に要した時間　約（　　　）分
3. 予定した学習内容や学習活動について全て指導することができましたか。
　　1．はい　　2．いいえ（具体的には：　　　　　　　　　　　　　　　　　　　　　　　　　　　　）
4. 本時全体について以下の点から評価してください。
　1）学習内容全体のつながりや授業の流れ：　　　1．とても良い　　2．良い　　3．悪い　　4．とても悪い
　2）生徒の興味・関心：　　　　　　　　　　　1．とても高い　　2．高い　　3．低い　　4．とても低い
　3）生徒の授業への参加態度等：　　　　　　　1．とても良い　　2．良い　　3．悪い　　4．とても悪い
　4）生徒にとっての学習内容や学習活動のレベル：1．とても高い　　2．高い　　3．低い　　4．とても低い
　5）先生にとっての準備に要する負担や時間：　　1．多い　　　　　2．普通である　　　　3．少ない
5. 各学習内容や学習活動について、評価してください。
（1）心と体に関する様々な情報源を挙げる活動
　1）学習の意義：　　　　　1．とてもあった　　2．あった　　3．あまりなかった　　4．全くなかった
　2）生徒の参加意欲：　　　1．とてもあった　　2．あった　　3．あまりなかった　　4．全くなかった
（2）「こんな時どうする？カード」の状況に対応する情報源を三つ挙げ、メリットとデメリットを考える活動
　1）学習の意義：　　　　　1．とてもあった　　2．あった　　3．あまりなかった　　4．全くなかった
　2）生徒の参加意欲：　　　1．とてもあった　　2．あった　　3．あまりなかった　　4．全くなかった
（3）情報源のメリットとデメリットを模造紙にまとめ、グループごとに発表する活動
　1）学習の意義：　　　　　1．とてもあった　　2．あった　　3．あまりなかった　　4．全くなかった
　2）生徒の参加意欲：　　　1．とてもあった　　2．あった　　3．あまりなかった　　4．全くなかった
6. 上記の評価も含めて、特に良かった学習内容、活動、教材等があれば挙げてください。

7. 上記の評価も含めて、特に改善すべき学習内容、活動、教材等があれば挙げてください。

8. 本時全体に関して総合的に評定してください。
　　1．とても良い　　2．良い　　3．悪い　　4．とても悪い
9. この授業に関連して「家庭や地域と連携した活動」をされましたか。
　　1．はい　　2．いいえ
　　　・実施された場合は、具体的にはどのようなことをされましたか。

10. その他、この授業に関するご意見やご要望があればお書きください。

中学校1年　第5時「私の成長と家族」

以下の事項について、該当する番号や箇所に〇を付けたり、空欄に数字を入れたりしてください。

1. 授業実施日：（　　　）年（　　　）月（　　　）日
2. 本時の学習に要した時間　約（　　　）分
3. 予定した学習内容や学習活動について全て指導することができましたか。
   1. はい　　2. いいえ（具体的には：　　　　　　　　　　　　　　　　　　　　　　　　　　　　　）
4. 本時全体について以下の点から評価してください。
   1) 学習内容全体のつながりや授業の流れ：　　1. とても良い　2. 良い　3. 悪い　4. とても悪い
   2) 生徒の興味・関心：　　　　　　　　　　　1. とても高い　2. 高い　3. 低い　4. とても低い
   3) 生徒の授業への参加態度等：　　　　　　　1. とても良い　2. 良い　3. 悪い　4. とても悪い
   4) <u>生徒にとっての</u>学習内容や学習活動のレベル：1. とても高い　2. 高い　3. 低い　4. とても低い
   5) <u>先生にとっての</u>準備に要する負担や時間：　1. 多い　　　　2. 普通である　　　3. 少ない
5. 各学習内容や学習活動について、評価してください。
   （1）活動シート「私の家族」に記入する活動
   　　1) 学習の意義：　　　　　　1. とてもあった　2. あった　3. あまりなかった　4. 全くなかった
   　　2) 生徒の参加意欲：　　　　1. とてもあった　2. あった　3. あまりなかった　4. 全くなかった
   （2）活動シート「私の家族」を発表し合う活動
   　　1) 学習の意義：　　　　　　1. とてもあった　2. あった　3. あまりなかった　4. 全くなかった
   　　2) 生徒の参加意欲：　　　　1. とてもあった　2. あった　3. あまりなかった　4. 全くなかった
   （3）模造紙に「私の家族」を貼り、家族のもつ力を話し合って記入する活動
   　　1) 学習の意義：　　　　　　1. とてもあった　2. あった　3. あまりなかった　4. 全くなかった
   　　2) 生徒の参加意欲：　　　　1. とてもあった　2. あった　3. あまりなかった　4. 全くなかった
   （4）「家族のもつ力」について発表し合う活動
   　　1) 学習の意義：　　　　　　1. とてもあった　2. あった　3. あまりなかった　4. 全くなかった
   　　2) 生徒の参加意欲：　　　　1. とてもあった　2. あった　3. あまりなかった　4. 全くなかった
6. 上記の評価も含めて、特に良かった学習内容、活動、教材等があれば挙げてください。

7. 上記の評価も含めて、特に改善すべき学習内容、活動、教材等があれば挙げてください。

8. 本時全体に関して総合的に評定してください。
   1. とても良い　　2. 良い　　3. 悪い　　4. とても悪い
9. この授業に関連して「家庭や地域と連携した活動」をされましたか。
   1. はい　　2. いいえ
   　　・実施された場合は、具体的にはどのようなことをされましたか。

10. その他、この授業に関するご意見やご要望があればお書きください。

中学校1年　第6時「ストレスへの対処」

以下の事項について、該当する番号や箇所に○を付けたり、空欄に数字を入れたりしてください。
1．授業実施日：（　　　）年　（　　　）月　（　　　）日
2．本時の学習に要した時間　約（　　　）分
3．予定した学習内容や学習活動について全て指導することができましたか。
　　　1．はい　　2．いいえ（具体的には：　　　　　　　　　　　　　　　　　　　　　　　　　　　　　　　　　）
4．本時全体について以下の点から評価してください。
　1）学習内容全体のつながりや授業の流れ：　　　1．とても良い　　2．良い　　3．悪い　　4．とても悪い
　2）生徒の興味・関心：　　　　　　　　　　　　1．とても高い　　2．高い　　3．低い　　4．とても低い
　3）生徒の授業への参加態度等：　　　　　　　　1．とても良い　　2．良い　　3．悪い　　4．とても悪い
　4）生徒にとっての学習内容や学習活動のレベル：1．とても高い　　2．高い　　3．低い　　4．とても低い
　5）先生にとっての準備に要する負担や時間：　　1．多い　　　　　2．普通である　　　　　3．少ない
5．各学習内容や学習活動について、評価してください。
（1）活動シート「ストレスの感じ方」の項目に対して、どう感じるのかを記入し、話し合う活動
　1）学習の意義：　　　1．とてもあった　　2．あった　　3．あまりなかった　　4．全くなかった
　2）生徒の参加意欲：　1．とてもあった　　2．あった　　3．あまりなかった　　4．全くなかった
（2）ストレスへの対処法をブレインストーミングで考える活動
　1）学習の意義：　　　1．とてもあった　　2．あった　　3．あまりなかった　　4．全くなかった
　2）生徒の参加意欲：　1．とてもあった　　2．あった　　3．あまりなかった　　4．全くなかった
（3）「振り返りシート」に、自分なりの対処法を考えて記入する活動
　1）学習の意義：　　　1．とてもあった　　2．あった　　3．あまりなかった　　4．全くなかった
　2）生徒の参加意欲：　1．とてもあった　　2．あった　　3．あまりなかった　　4．全くなかった
6．上記の評価も含めて、特に良かった学習内容、活動、教材等があれば挙げてください。

7．上記の評価も含めて、特に改善すべき学習内容、活動、教材等があれば挙げてください。

8．本時全体に関して総合的に評定してください。
　　　1．とても良い　　2．良い　　3．悪い　　4．とても悪い
9．この授業に関連して「家庭や地域と連携した活動」をされましたか。
　　　1．はい　　2．いいえ
　　　　・実施された場合は、具体的にはどのようなことをされましたか。

10．その他、この授業に関するご意見やご要望があればお書きください。

中学校1年　第7時「より良い人間関係を築く」

以下の事項について、該当する番号や箇所に○を付けたり、空欄に数字を入れたりしてください。
1．授業実施日：（　　　）年　（　　　）月　（　　　）日
2．本時の学習に要した時間　約（　　　）分
3．予定した学習内容や学習活動について全て指導することができましたか。
　　　1．はい　　2．いいえ（具体的には：　　　　　　　　　　　　　　　　　　　　　　　　　　　　）
4．本時全体について以下の点から評価してください。
　1）学習内容全体のつながりや授業の流れ：　　1．とても良い　　2．良い　　3．悪い　　4．とても悪い
　2）生徒の興味・関心：　　　　　　　　　　1．とても高い　　2．高い　　3．低い　　4．とても低い
　3）生徒の授業への参加態度等：　　　　　　1．とても良い　　2．良い　　3．悪い　　4．とても悪い
　4）生徒にとっての学習内容や学習活動のレベル：1．とても高い　　2．高い　　3．低い　　4．とても低い
　5）先生にとっての準備に要する負担や時間：　1．多い　　　　2．普通である　　　　3．少ない
5．各学習内容や学習活動について、評価してください。
（1）人間関係を評定し、ボードゲームを行う活動
　1）学習の意義：　　　　　　1．とてもあった　　2．あった　　3．あまりなかった　　4．全くなかった
　2）生徒の参加意欲：　　　　1．とてもあった　　2．あった　　3．あまりなかった　　4．全くなかった
（2）好ましくない人間関係の状況の改善のための方法について、グループ内で話し合う活動
　1）学習の意義：　　　　　　1．とてもあった　　2．あった　　3．あまりなかった　　4．全くなかった
　2）生徒の参加意欲：　　　　1．とてもあった　　2．あった　　3．あまりなかった　　4．全くなかった
（3）グループで話し合った方法が、どのコミュニケーションのタイプに当てはまるか確認する活動
　1）学習の意義：　　　　　　1．とてもあった　　2．あった　　3．あまりなかった　　4．全くなかった
　2）生徒の参加意欲：　　　　1．とてもあった　　2．あった　　3．あまりなかった　　4．全くなかった
（4）活動シート「より良い人間関係を築く」に学習内容を記入し、家族との関係を意識させる活動
　1）学習の意義：　　　　　　1．とてもあった　　2．あった　　3．あまりなかった　　4．全くなかった
　2）生徒の参加意欲：　　　　1．とてもあった　　2．あった　　3．あまりなかった　　4．全くなかった
6．上記の評価も含めて、特に良かった学習内容、活動、教材等があれば挙げてください。

7．上記の評価も含めて、特に改善すべき学習内容、活動、教材等があれば挙げてください。

8．本時全体に関して総合的に評定してください。
　　　1．とても良い　　2．良い　　3．悪い　　4．とても悪い
9．この授業に関連して「家庭や地域と連携した活動」をされましたか。
　　　1．はい　　2．いいえ
　　　　・実施された場合は、具体的にはどのようなことをされましたか。

10．その他、この授業に関するご意見やご要望があればお書きください。

中学校1年　第8時「友人関係に伴うトラブルの解決」

以下の事項について、該当する番号や箇所に○を付けたり、空欄に数字を入れたりしてください。

1. 授業実施日：（　　　）年（　　　）月（　　　）日
2. 本時の学習に要した時間　約（　　　　）分
3. 予定した学習内容や学習活動について全て指導することができましたか。
　　1．はい　　2．いいえ（具体的には：　　　　　　　　　　　　　　　　　　　　　　　　　　　　）
4. 本時全体について以下の点から評価してください。
　1）学習内容全体のつながりや授業の流れ：　　　1．とても良い　2．良い　　3．悪い　　4．とても悪い
　2）生徒の興味・関心：　　　　　　　　　　　　1．とても高い　2．高い　　3．低い　　4．とても低い
　3）生徒の授業への参加態度等：　　　　　　　　1．とても良い　2．良い　　3．悪い　　4．とても悪い
　4）生徒にとっての学習内容や学習活動のレベル：1．とても高い　2．高い　　3．低い　　4．とても低い
　5）先生にとっての準備に要する負担や時間：　　1．多い　　　　2．普通である　　　　3．少ない
5. 各学習内容や学習活動について、評価してください。
（1）ゲーム「似たもの同士」を行って、グループをつくる活動
　1）学習の意義：　　　　　1．とてもあった　2．あった　3．あまりなかった　4．全くなかった
　2）生徒の参加意欲：　　　1．とてもあった　2．あった　3．あまりなかった　4．全くなかった
（2）活動シート「解決へのステップ」のステップ2について選択肢を考える活動
　1）学習の意義：　　　　　1．とてもあった　2．あった　3．あまりなかった　4．全くなかった
　2）生徒の参加意欲：　　　1．とてもあった　2．あった　3．あまりなかった　4．全くなかった
（3）活動シート「解決へのステップ」のステップ3について最善と思う解決方法とその理由を発表し合う活動
　1）学習の意義：　　　　　1．とてもあった　2．あった　3．あまりなかった　4．全くなかった
　2）生徒の参加意欲：　　　1．とてもあった　2．あった　3．あまりなかった　4．全くなかった
（4）「振り返りシート」に記入する活動
　1）学習の意義：　　　　　1．とてもあった　2．あった　3．あまりなかった　4．全くなかった
　2）生徒の参加意欲：　　　1．とてもあった　2．あった　3．あまりなかった　4．全くなかった
6. 上記の評価も含めて、特に良かった学習内容、活動、教材等があれば挙げてください。

7. 上記の評価も含めて、特に改善すべき学習内容、活動、教材等があれば挙げてください。

8. 本時全体に関して総合的に評定してください。
　　1．とても良い　　2．良い　　3．悪い　　4．とても悪い
9. この授業に関連して「家庭や地域と連携した活動」をされましたか。
　　1．はい　　2．いいえ
　　　・実施された場合は、具体的にはどのようなことをされましたか。

10. その他、この授業に関するご意見やご要望があればお書きください。

1 中学生の心と体の健康に関する生徒のニーズ調査

1 指導のねらい

これまでの学習を振り返り、これから学びたい内容を明らかにする。

1年時では、思春期の心や体の変化、家族とのつながり、より良い情報を得る方法、人間関係やストレスのことなどについて学びました。2年時にもさらに、今までの学習をもとに中学生の心と体の健康について学んでいきます。

本時では、中学生の心と体の健康の学習を進めるにあたり、これまで学習した内容を再確認するとともに、生徒自身が中学生の心と体の健康について、さらに学びたい内容を明らかにするために、この題材を設定しました。

2 授業目標

① 1年時に学習した内容を想起する。
② 中学生の心と体の健康に関することで、2年時にはさらに、どのようなことを学習したいのか明らかにする。

3 教育課程への位置付け

2学年：特別活動　学級活動

4 準備物リスト

- 活動シート1－1「心と体の健康に関する学習を思い出そう」
- 活動シート1－2「中学生の心と体の健康に関する調査」
- 模造紙（1／2の大きさ）
- マジック
- 保護者用アンケート「中学生の心と体の健康に関する調査」

1 中学生の心と体の健康に関する生徒のニーズ調査　123

5　指導過程の概略

	活動のステップ	活動のポイント	準備物
導入	**STEP 1** ●本時から中学生の心と体の健康について学習することを確認する	●教師は、これから1年時に引き続いて、中学生の心と体の健康に関する学習を進めていくことを伝える ●教師は、本時では、1年時に心と体の健康についてどのようなことを学んだか、これからどのようなことを学びたいと思っているかを確認することを説明する	
展開	**STEP 2** ●マインドマップの作り方を知る	●「家族」という言葉を例に、マインドマップの作り方を知る	
	STEP 3 ●「中学生の心と体」に関するマインドマップを作る	●「体に関すること」「心に関すること」「身のまわりで起こっていること」「将来に関すること」などについて、次々と連想した言葉をつなげていく（マインドマップを作る）	●模造紙 ●マジック
	STEP 4 ●できあがったマインドマップを紹介し合う	●グループの代表者は、1年時に学んだ内容と関係する、言葉のつながりが書かれている部分についてクラス全体に発表する ●発表を聞きながら、1年時の学習を思い出し、活動シート1-1「心と体の健康に関する学習を思い出そう」に記入する	●完成したマインドマップ ●活動シート1-1「心と体の健康に関する学習を思い出そう」
	STEP 5 ●「中学生の心と体の健康に関する調査」に記入する	●各自で、活動シート1-2「中学生の心と体の健康に関する調査」に記入する	●活動シート1-2「中学生の心と体の健康に関する調査」
まとめ	**STEP 6** ●本時の学習内容を確認する	●教師は、心と体の健康に関して知っていること、そして、これからどのような内容を学習したいのかを確認したことを伝える ●教師は、次時からは、出された意見を踏まえながら、中学生の心と体の健康について具体的に学習していくことを伝える ●教師は、保護者用アンケート「中学生の心と体の健康に関する調査」を配付し、保護者に記入してもらい、学校に持参するよう生徒に伝える	●保護者用アンケート「中学生の心と体の健康に関する調査」

6　指導の展開

導　入

STEP 1　本時から中学生の心と体の健康について学習することを確認する

※グループ活動を行うので、生徒を4人程度のグループに分けて座らせる。

- 教師は、これから1年時に引き続いて、中学生の心と体の健康に関する学習を進めていくことを伝えます。
- 教師は、本時では、1年時に心と体の健康についてどのようなことを学んだか、これからどのようなことを学びたいと思っているかを確認することを説明します。

> **説明**　みなさんはこれから1年間、中学生の心と体の健康について学習していきます。1年生の時に、心と体の健康についてどのようなことを学んだか、さらにこれからどのようなことを学びたいと思っているかを確認したいと思います。
> 　また、これから授業を進める上で、和やかに、そして真剣に話し合いができるようにしたいと思います。自分の意見を素直に友だちに伝え、さらに友だちの意見を真面目に受けとめる気持ちをもって授業に臨んでほしいと思います。

展　開

STEP 2　マインドマップの作り方を知る

- 教師は、マインドマップの作り方を「家族」という言葉を例にして、黒板に書きながら説明します。

> **説明**　これからマインドマップの作り方について、「家族」という言葉を例にしながら説明します。まず、中央に「家族」と書きます。次に、「家族」という言葉から思い浮かぶ言葉を書いていきます。さらに、その言葉から連想する言葉を書き加え、次々に言葉をつなげていきます。

※マインドマップの例を活用しながら説明する。

STEP 3　「中学生の心と体」に関するマインドマップを作る

- 模造紙の中央に「中学生の心と体」という言葉を書き、マインドマップを作ります。

> **指示**　これから「中学生の心と体」という言葉について、マインドマップをグループごとに作っていきます。つなげていく言葉は、家族や先生などいろいろな人から聞いたことや、保健体育の授業や講演会などで学んだこと、教科書や本などで知ったことを自由に書いてください。その内容は、「体に関すること」「心に関すること」「身のまわりで起こっていること」「将来に関すること」などです。この活動の後に、これから１年間学ぶ「中学生の心と体の健康」について、どのようなことを知りたいと思っているかを質問用紙に記入してもらいます。みなさんが「中学生の心と体の健康」に対して思うことや考えることが、このマインドマップの中に書かれていると、とても参考になります。
> 　では、模造紙の中央に「中学生の心と体」と書いて、始めてください。

- 教師は、次の活動に備えて、机間指導をしながら、マインドマップに書かれている、１年時に学習した内容に関する言葉を確認し、マジックで印をつけておきます。

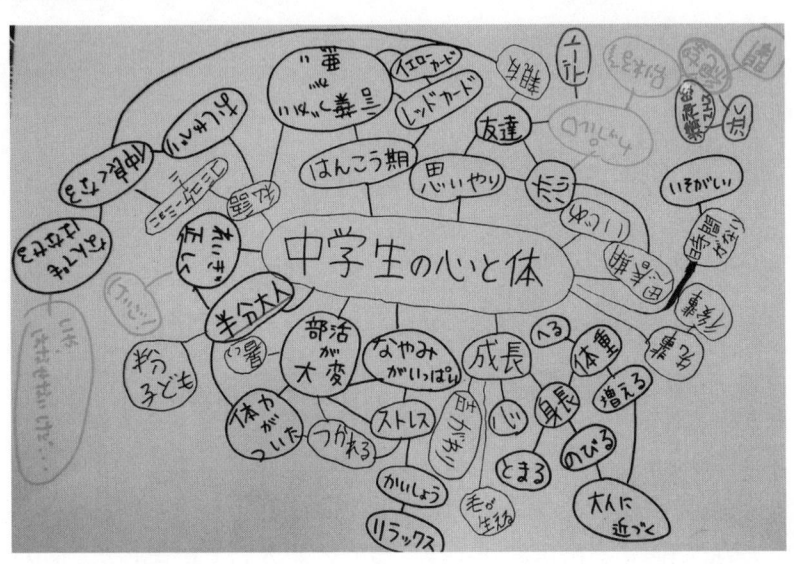

＜マインドマップの記入例＞

STEP 4 | できあがったマインドマップを紹介し合う

- グループの代表者は、教師から印をつけられた1年時に学んだ内容と関係する言葉のつながりについて、クラス全体に発表します。
- 発表を聞きながら、1年時の学習を思い出し、活動シート1-1「心と体の健康に関する学習を思い出そう」に記入します。

> **指示**　マインドマップができあがりましたね。グループで協力してたくさんの言葉がつながりました。先ほど、各グループのマインドマップを見ながら1年生の時に学んだ内容と関係する言葉のつながりにマジックで印をつけました。「中学生の心と体」について1年生の時にどのようなことを学んだのか、代表者は印がついた部分を中心に発表してください。
> 　発表を聞いている人は、「心と体の健康に関する学習を思い出そう」に、1年生の時に学んだ内容に関する言葉を、記入してみましょう。

- 教師は、代表者が発表した後で、1年時に学習した内容を生徒がスムーズに思い出すよう説明を付け加え、活動シート1-1「心と体の健康に関する学習を思いだそう」に記入させます。

> **説明(例)**　発表ありがとうございました。このグループは1年生の時に学習した内容に関連する言葉に「イライラ」と記入していました。これは、「ストレスへの対処」という学習に関連する言葉です。「心と体の健康に関する学習を思い出そう」の当てはまる欄に記入しておきましょう。みなさんのグループのマインドマップの中に、「ストレスへの対処」の学習に関連する言葉はありませんか。あったら、さらに書き加えておきましょう。

※1年時と2年時に作成したマインドマップは、3年時にも活用するので保存しておくとよい。

STEP 5　「中学生の心と体の健康に関する調査」に記入する

- 各自、活動シート１−２「中学生の心と体の健康に関する調査」に記入します。

> **指 示**　これから、「中学生の心と体の健康に関する調査」を配ります。この調査は、みなさんがこれから、どのようなことを学習したいのかを知るために行います。この調査の答えは、これからの学習だけに活用します。みなさんの率直な意見を確認したいので、正直に答えてください。

- 教師は、記入された調査票を回収し、授業後に集計して生徒のニーズを明らかにし、今後の学習に役立てます。

まとめ

STEP 6　本時の学習内容を確認する

- 教師は、本時では、心と体の健康に関して１年時に学習した内容を振り返るとともに、中学生の心と体の健康に関して、どのような内容を学習したいのかを確認したことを伝えます。
- 教師は、次時からは、生徒たちの意見を踏まえながら、中学生の心と体の健康について具体的に学習していくことを伝えます。
- 教師は、保護者用アンケート「中学生の心と体の健康に関する調査」を配付し、保護者に記入してもらい、指定した日までに学校に持参するように生徒に伝えます。

7　家庭や地域と連携した活動

- 教師は、回収した調査票を集計し、中学生の心と体の健康に関して、保護者はどのようなことを学んでほしいと考えているのかを確認します。

活動シート１−１　「心と体の健康に関する学習を思い出そう」　２−①−１

心と体の健康に関する学習を思い出そう

２年＿＿＿組　名前＿＿＿＿＿＿＿＿＿＿＿＿＿

　１年生の時に学んだ「心と体の健康に関する学習」はどのような内容だったでしょうか。発表を聞きながら思い出しましょう。

　各学習内容に関連する言葉を記入しましょう。マインドマップにあてはまる言葉がなく、自分で思い出した言葉があれば、さらに記入しましょう。

１年生の時に学んだ「心と体の健康に関する学習」	マインドマップに書かれた言葉、または、思い出した言葉
●思春期の体の変化 　・体の変化の男女差や個人差	
●思春期の心の変化 　・家族や友だちに対する考え方や気持ちの変化	
●思春期の心と体に関する情報源 　・様々な情報源のメリット、デメリットと、上手な活用法	
●私の成長と家族 　・自分の成長を支える家族の愛情	
●ストレスへの対処 　・ストレスの感じ方の個人差 　・ストレスへの対処法、自分なりの対処法	
●より良い人間関係を築く 　・人間関係を改善するための方法、自己主張的コミュニケーションスキル	
●友人関係に伴うトラブルの解決 　・意志決定の基本ステップ 　・友人関係に伴うトラブルの場面での意志決定スキルの活用	
●その他	

JKYB

活動シート1-2　「中学生の心と体の健康に関する調査」　2-1-2

中学生の心と体の健康に関する調査

　進級おめでとうございます。
　みなさんは、1年生の時に引き続いて「中学生の心と体の健康」について学んでいきます。学習を進めていくにあたり、みなさんがどのようなことを知りたいのか確認したいと思いますので、質問に答えてください。
　なお、この質問に対する答えはこれからの学習だけに活用します。それ以外には使用しないので正直に答えてください。

2年＿＿＿組　（　男　・　女　）

1　「中学生の心と体の健康」に関することで、どのようなことを学習したいですか。
　　以下の中から、あてはまるものを三つまで選んで、記号に○をつけてください。

　　ア　仲間が自分の考え方や行動に影響を及ぼしていることについて
　　イ　仲間との上手なかかわり方について
　　ウ　仲間の影響を受けて危険行動が起こることについて
　　エ　様々な危険行動を避けるための仲間とのコミュニケーションの取り方について
　　オ　自分の考えをはっきり伝えるコミュニケーションの方法について
　　カ　より良い行動選択をするための意志決定のステップについて
　　キ　信頼できる性に関する様々な情報源について

2　「中学生の心と体」に関することで、「1」の項目以外で知りたいことはありますか。
　　あればその内容を書いてください。

　　　　　　　　　　　　　　　　　　　　　　　　　　　　ありがとうございました。

保護者用アンケート　「中学生の心と体の健康に関する調査」　　2－1－3

中学生の心と体の健康に関する調査

　進級おめでとうございます。
　子どもたちは、1年生の時に引き続き、「中学生の心と体の健康」について学んでいきます。学習を進めていくにあたり、保護者の方々がどのような内容をお子さまに学んでほしいと思っていらっしゃるのか、確認したいと思います。お手数ですが質問にお答えください。
　なお、このご回答はこれからの学習だけに活用しますので、ご協力をお願いします。

お子さまは2年　　　組　　（　男　・　女　）

1　「中学生の心と体の健康」に関することで、どのようなことをお子さまに学んでほしいと思われますか。以下の中から、あてはまるものを三つまで選んで、記号に〇をおつけください。

　　ア　仲間が自分の考え方や行動に影響を及ぼしていることについて
　　イ　仲間との上手なかかわり方について
　　ウ　仲間の影響を受けて危険行動が起こることについて
　　エ　様々な危険行動を避けるための仲間とのコミュニケーションの取り方について
　　オ　自分の考えをはっきり伝えるコミュニケーションの方法について
　　カ　より良い行動選択をするための意志決定のステップについて
　　キ　信頼できる性に関する様々な情報源について

2　「中学生の心と体の健康」に関することで、「1」の項目以外でお子さまに学んでほしいと思われることはありますか。ありましたらその内容をお書きください。

（記入欄）

3　1年生の時に学習した「中学生の心と体の健康」に関することで、ご家庭で話題になった内容はどのようなことでしたか。あてはまる記号すべてに〇をおつけください。

　　ア　思春期の体の変化
　　イ　思春期の心の変化
　　ウ　思春期の心と体に関する情報源
　　エ　私の成長と家族
　　オ　ストレスへの対処
　　カ　より良い人間関係を築く
　　キ　友人関係に伴うトラブルの解決

4　「3」の項目以外で、1年生の時に学習した「中学生の心と体の健康」について、お子さまがご家庭で興味深く話していた内容がありますか。ありましたらその内容をお書きください。

（記入欄）

ご協力ありがとうございました。

1 中学生の心と体の健康に関する生徒のニーズ調査　131

> **参考資料**

● 中学生の心と体の健康に関する調査結果（どんなことを学習したいのか ― 生徒と保護者の比較）

　下の図１－１は、2013年６月に埼玉県川口市Ａ中学校において、中学２年生男子105人、女子99人、中学２年生保護者41人を対象に、無記名自記入式質問紙調査を行ったうちの、「どんなことを学習したいのか」の結果を示したものである。

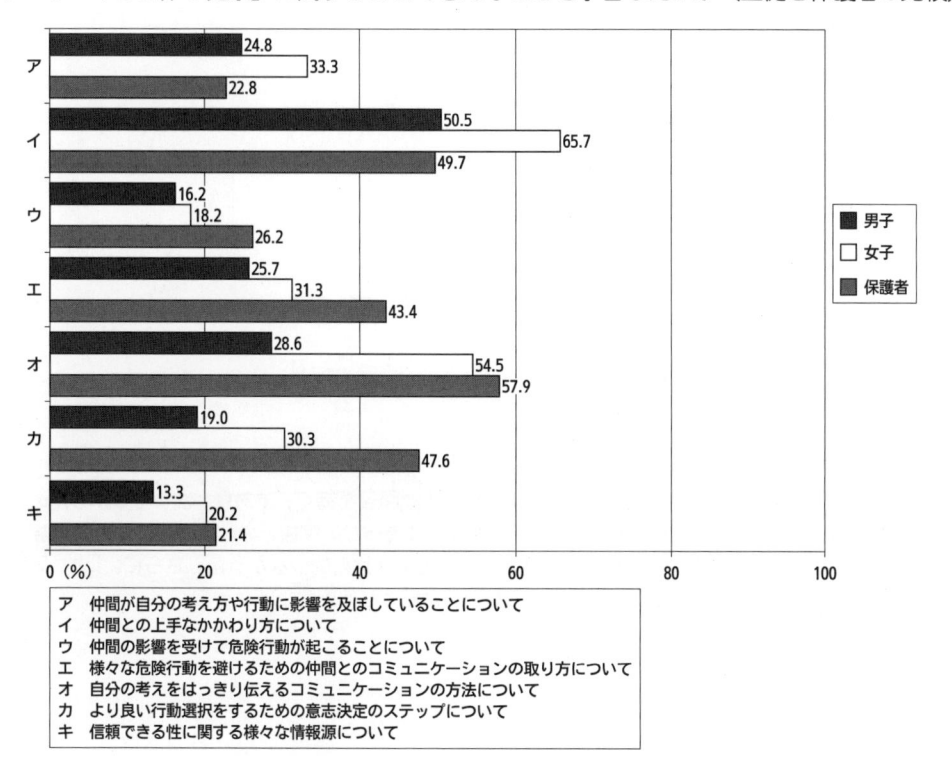

図１－１　「心と体の健康」に関することでどんなことを学習したいか（生徒と保護者の比較）

	男子	女子	保護者
ア	24.8	33.3	22.8
イ	50.5	65.7	49.7
ウ	16.2	18.2	26.2
エ	25.7	31.3	43.4
オ	28.6	54.5	57.9
カ	19.0	30.3	47.6
キ	13.3	20.2	21.4

ア　仲間が自分の考え方や行動に影響を及ぼしていることについて
イ　仲間との上手なかかわり方について
ウ　仲間の影響を受けて危険行動が起こることについて
エ　様々な危険行動を避けるための仲間とのコミュニケーションの取り方について
オ　自分の考えをはっきり伝えるコミュニケーションの方法について
カ　より良い行動選択をするための意志決定のステップについて
キ　信頼できる性に関する様々な情報源について

　生徒が学習したいと答えた割合が男女ともに高かったのは、「イ　仲間との上手なかかわり方について」であった。続いて多かったのは「オ　自分の考えをはっきり伝えるコミュニケーションの方法について」であった。一方、保護者が我が子に学ばせたいと答えた割合が高かったのは「オ」であった。続いて多かったのは「イ」と「カ　よりよい行動選択をするための意志決定のステップについて」であった。
　生徒も保護者も、友人をはじめとする人々とのかかわり方については、日常的に何らかの不安や戸惑いを持ちながら過ごしており、学習したい、させたい内容として多く挙げている。また、保護者は徐々に親の手を離れる我が子の姿から、正しい行動選択をしてほしいと願うため、「カ」の項目が高い割合となっていると考えられる。

●中学生の心と体の健康に関する調査結果（１年生の時に学んだことで、家庭で話題になった内容）

　下の図１−２は、前述した質問紙調査のうち、「１年生の時に学んだことで、家庭で話題になった内容」の結果を示したものである。

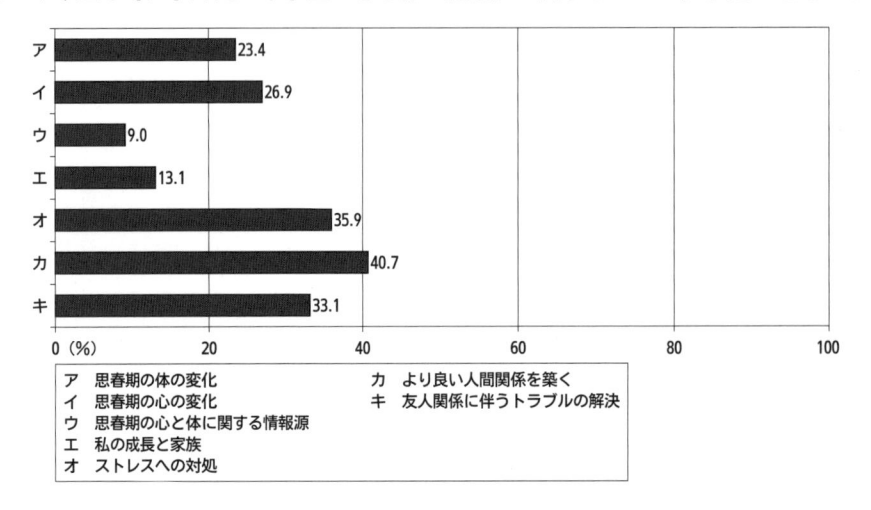

図１−２　１年生の時に学んだ「中学生の心と体の健康」に関することで、家庭で話題になった内容

項目	割合(%)
ア	23.4
イ	26.9
ウ	9.0
エ	13.1
オ	35.9
カ	40.7
キ	33.1

ア　思春期の体の変化
イ　思春期の心の変化
ウ　思春期の心と体に関する情報源
エ　私の成長と家族
オ　ストレスへの対処
カ　より良い人間関係を築く
キ　友人関係に伴うトラブルの解決

　家庭で話題になった割合が最も高かったのは「カ　より良い人間関係を築く」であり、次いで多かったのは「オ　ストレスへの対処」、次に「キ　友人関係に伴うトラブルの解決」であった。家族との絆について学び、家族と話す機会としてほしいと考えた「エ　私の成長と家族」は、話題となる機会が比較的少なかった。さらに、「ウ　思春期の心と体に関する情報源」は家庭で具体的な話になりにくいためか、話題となる割合が低かった。

2 仲間の影響

1 指導のねらい

仲間と上手にかかわっていくことの大切さに気付く。

　思春期には、仲間はかけがえのない存在になります。仲間に悩みや不安、将来の希望などを話し、仲間に支えられていることを実感することで、思春期特有の孤独感から解放されたり、心の安定を得たりします。また、この時期には、仲間とのかかわりを通して、人との関係のもち方や、自分とは違う考え方、価値観があることにも気付いていきます。

　その一方で、仲間の判断が絶対であるように思い込み、あるいは仲間に嫌われたくないために、必要以上に仲間に合わせようとする場合も出てきます。それが心の負担になったり、危険行動につながるきっかけになったりすることもあります。仲間との間で、プレッシャーのない良い関係を築くことが大切です。

　本時では、仲間が自分の考えや行動に影響を及ぼしていることに気付き、仲間との上手なかかわり方について考えるために、この題材を設定しました。

2 授業目標

①仲間が、自分の考えや行動に影響を及ぼしていることに気付く。

3 教育課程への位置付け

2学年：特別活動　学級活動
　　　：総合的な学習の時間
　　　：道徳　主として他の人とのかかわりに関すること　2-(3)

4 準備物リスト

- 活動シート2-1「振り返りシート」
- 生徒用資料2-1「仲間について考えてみよう」
- 教師用資料2-1「ハートメーターの作り方と使い方」
- 教師用資料2-2「『仲間について考えてみよう』回答例」
- 教師用資料2-3「『仲間について考えてみよう』掲示例」
- 短冊（アイスブレイク用）
- ハートメーター
- 短冊（掲示用）
- マジック（赤と青）
- 模造紙
- のり

5 指導過程の概略

		活動のステップ	活動のポイント	準備物
導入		STEP 1 ●ゲーム「仲間の条件」を行い、グループをつくる STEP 2 ●本時の学習のねらいを確認する	●「仲間の条件」を短冊に一つ書き、同じような条件を書いた者同士で5人ずつのグループをつくる ●教師は、本時は仲間の影響や仲間との関係について考えていくことを説明する	●短冊（アイスブレイク用）
第1時	展開	STEP 3 ●「ハートメーター」を使って、仲間についての考えを表現する STEP 4 ●短冊を模造紙に貼り、仲間の良さや仲間のプレッシャーを確認する	●教師は、「ハートメーター」の使い方を説明する ●教師は、生徒用資料2−1「仲間について考えてみよう」のやり方を説明する ●グループで、生徒用資料2−1「仲間について考えてみよう」の三つの問題について意見を出し合い、短冊に書く ●赤で書いた「肯定」の意味の短冊と、青で書いた「否定」の意味の短冊を分けて、模造紙に貼る	●教師用資料2−1「ハートメーターの作り方と使い方」 ●ハートメーター ●生徒用資料2−1「仲間について考えてみよう」 ●短冊（掲示用） ●マジック ●教師用資料2−2「『仲間について考えてみよう』回答例」 ●模造紙 ●のり ●教師用資料2−3「『仲間について考えてみよう』掲示例」
第2時		STEP 5 ●模造紙にまとめた「仲間っていいな」「仲間も時にはプレッシャー」を発表する STEP 6 ●仲間とのかかわり方について意見を出し合う	●短冊を貼った模造紙を掲示する ●模造紙にまとめたことをグループごとに発表する ●発表の感想や、仲間とのかかわり方についてグループで話し合い、発表する ●仲間とどのような関係を築きたいと思うか、意見を出し合う	●短冊を貼った模造紙
まとめ		STEP 7 ●本時の学習内容を確認する	●活動シート2−1「振り返りシート」を用いてこの学習を振り返り、感想などを記入する	●活動シート2−1「振り返りシート」

6　指導の展開

【第1時】

導　入

STEP 1　ゲーム「仲間の条件」を行い、グループをつくる

- 教師は、生徒に短冊を1枚ずつ配り、「仲間の条件」のやり方を説明します。

> **説明**　みなさんはどんな人と仲間になりたいと思いますか。「仲間になるならこんな人」という「仲間の条件」を一つだけ短冊に書いてください。その後、先生の合図で、同じ条件を書いた人を探し、グループになってください。

- 同じ条件、または似たような条件を書いた者同士、早い順で5人のグループをつくって座ります。
- グループの中で話し合って、司会者を決めます。
- それぞれのグループがどのようなことを「仲間の条件」にしたのか、いくつかのグループが発表します。

※教師は、生徒の様子を観察し、全員がグループになれるよう支援する。グループの人数は5人以下であれば多少差があってもよい。

STEP 2　本時の学習のねらいを確認する

- 教師は、本時では仲間の影響や仲間との関係について考えていくことを説明します。

> **説明**　思春期の特徴の一つとして、仲間の存在が大きくなることが挙げられます。この時間は、みなさんが仲間とどのような関係をもち、また、仲間からどのような影響を受けているのかを考えていきます。

展　開

STEP 3　「ハートメーター」を使って、仲間についての考えを表現する

- 教師は、各グループに、生徒用資料2-1「仲間について考えてみよう」とハートメーター、短冊、マジックを配付し、やり方を説明します。

> **説 明**　各グループの司会者は、生徒用資料「仲間について考えてみよう」の質問を一つずつ読み上げていってください。司会者以外の人は、それぞれの質問に対して、自分はどのくらい当てはまるか、「ハートメーター」のピンクの部分で示してください。それに対して司会者は「それはどうしてですか」と聞きます。この時「肯定」の意味のピンクの部分のことだけでなく、「否定」の意味の青の部分についても質問をしてください。その後、自分で答えた意見を短冊に書いてください。
> （肯定の部分の答えは赤マジックで、否定の部分の答えは青マジックで書く）
> 例題を一緒にやってみましょう。
>
> 1　司会者　　「自分は、仲間（仲良しグループ）の一員でありたいと思う」
> 2　メンバー　各自が、自分の気持ちの中で、どのくらいそう思っているか、「ハートメーター」で示す。
> 3　司会者　　（「肯定」のピンクの部分に対して、一人一人に）「どうして仲間の一員でいたいと思うのですか」と質問する。
> 4　メンバー　a「仲間と一緒にいると楽しいから」（答えた後、短冊に「仲間と一緒にいると楽しい」と赤マジックで書く）
> 　　　　　　　　（以下、同じように、答えたことを短冊に書いていく）
> 　　　　　　b「仲間と一緒だと安心だから」
> 　　　　　　c「仲間がいると寂しくないから」
> 5　司会者　　「『否定』の青の部分にはどのような理由が予想できますか。（「どうして仲間の一員でいたくないのだと思いますか」）自分のことではなく、一般的に、または、他の人たちはたぶんこう思っているだろうという意見を答えてください。」
> 6　メンバー　a「仲間と合わせなければならないことが窮屈な時もあるからだと思う」（答えた後、短冊に「仲間と合わせなければならないことが窮屈」と青マジックで書く）（以下、同じように、答えたことを短冊に書いていく）
> 　　　　　　b「一人でいたい時もあると思う」
> 7　司会者　　「分かりました。次の質問に移ります」

●最初に例題を行って、「ハートメーター」の使い方や答え方が分かるようにします。
●「肯定」の理由は赤のマジックで、「否定」の理由は青のマジックで短冊に書きます。

※同じ答えは短冊に書かなくてよい。
※「ハートメーター」の「否定」を表す青の部分については、自分の意見は言いにくい場合があるので、自分のこととしてではなく、「一般的に」、また「他の人はおそらくこういう意見をもっているだろう」と予想して答える。

[2] 仲間の影響

※教師は、教師用資料2-1を参考に、「ハートメーター」の使い方を熟知しておく。可能ならば、この授業の前に「ハートメーター」を使う練習を行っておく。
※教師用資料2-2「『仲間について考えてみよう』回答例」を参考にするとよい。

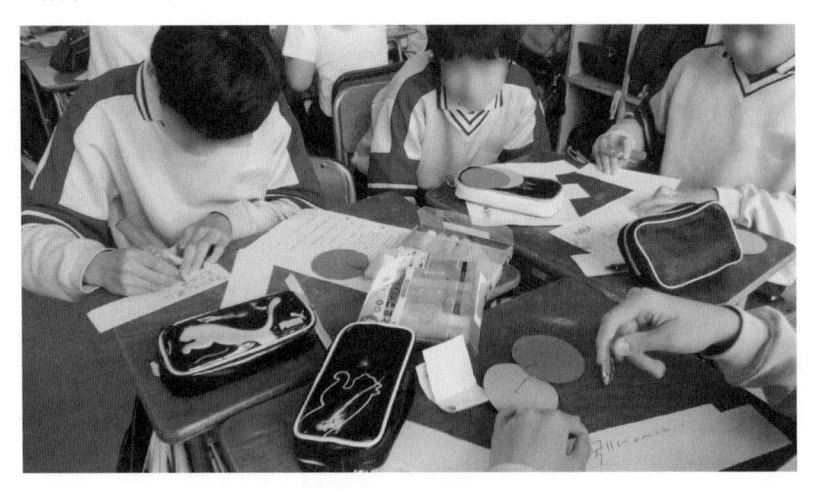

STEP 4　短冊を模造紙に貼り、仲間の良さや仲間のプレッシャーを確認する

● 教師は、短冊を貼るための模造紙とのりを配付し、短冊の貼り方について指示します。

> **指示**　短冊を模造紙に貼っていきましょう。まず、模造紙の上の方に「仲間っていいな」、中央の辺りに「仲間も時にはプレッシャー」という見出しを書いてください。そして、赤のマジックで書いた「肯定」の理由を「仲間っていいな」のところに、青のマジックで書いた「否定」の理由を「仲間も時にはプレッシャー」のところに貼ってください。

※教師用資料2-3「『仲間について考えてみよう』掲示例」を参考にするとよい。

【第2時】

STEP 5 | 模造紙にまとめた「仲間っていいな」「仲間も時にはプレッシャー」を発表する

- 教師は、前時に各グループでまとめた模造紙を黒板等に掲示し、発表の順番を決めて、グループごとに発表させます。

> **説明** 　前の時間には、「仲間」について、みなさんがどのように感じているか、ハートメーターを利用しながら考えを出し合い、模造紙にまとめました。今日は、仲間について各グループで出された意見を発表し合い、それについて考えていきましょう。

※短冊を貼った模造紙はこの時間の終わりまで掲示しておく。

STEP 6 | 仲間とのかかわり方について意見を出し合う

- 教師は、各グループで、それぞれのグループの発表に対する感想を出し合い、仲間とのかかわり方について話し合いをするよう説明します。

> **説明** 　各グループの発表を聞いて、気がついたことや考えたことなどをグループの中で出し合っていきましょう。そして、「仲間も時にはプレッシャー」になるのだとすれば、仲間とどのようにかかわっていけばよいと思うか、または、どのような関係を築いていけばよいと思うか、各グループの中で話し合ってください。各グループで出された感想や意見は後で発表してもらいます。

※各グループの発表に対する感想の交流や、仲間とのかかわり方についての話し合いは、それぞれ10分間くらいで時間を区切り、集中した話し合いになるようにする。

- 教師は、それぞれのグループの話し合いの中で出された感想や意見を発表させます。

※仲間関係には、いろいろなケースがある。仲間に合わせるために無理をしたり、仲間以外の人と親しくかかわることに遠慮したりする必要はないということにこの学習で気付くと思われる。仲間も時にはプレッシャーになることに対しては、これまでに学習してきたコミュニケーションスキルを生かし、仲間との関係を大事にしながらも、自分の気持ちを上手に伝えていくことの大切さに気付かせるようにする。

まとめ

STEP 7 | 本時の学習内容を確認する

- この学習を振り返り、感想などを活動シート2-1「振り返りシート」に記入します。

7　家庭や地域と連携した活動

- 授業の内容や振り返りシートの感想を、学級通信などで紹介します。また、保護者会などの際に、授業で作成した「仲間について考えてみよう」を掲示し、保護者に見てもらう機会をもちます。

| 活動シート2－1 | 「振り返りシート」 | 2－2－1 |

振り返りシート

2年＿＿＿組　名前＿＿＿＿＿＿＿＿＿＿＿＿

1　自分が仲間のことをどう思っているか、考えることができましたか。

　　　　　　　　　　　　　　　　　　　　　　はい　　　いいえ

2　仲間とのかかわり方について考えることができましたか。　　はい　　　いいえ

3　仲間の影響や仲間との関係について気がついたことや、この授業に対する感想を書いてください。

| 生徒用資料2-1 | 「仲間について考えてみよう」 | 2-2-2 |

仲間について考えてみよう

♣あなたは仲間のことをどう思っていますか。
　ハートメーターを使って自分の心の中を見つめてみましょう。

※司会者が質問を順に読み上げます。自分はどのくらい当てはまるか、ハートメーターで表してみましょう。司会者は、グループのメンバーがなぜそのようなメーター値を示したのか、「それはどうしてですか」と、質問ごとに聞きます。この時「肯定」の意味のピンクの部分のことだけでなく、「否定」の意味の青の部分についても質問してください。(青の部分については、個人としての意見を言うのではなく、「一般的に」あるいは「他の人は…のように考えると思います」という意見を言ってください)

例題　　自分は、仲間(仲良しグループ)の一員でありたいと思う。

質問1　悩みごとがあったら、仲間に相談する。

質問2　服装や持ち物などの好みや話題(テレビ、ゲーム、雑誌)が、仲間と全く違っていても気にならない。

質問3　仲間の意見や行動が間違っていると思ったら、「それは違う」と意見を言う。

○短冊に意見を書く時は、「はい」の意見は赤マジックで、「いいえ」の意見は青マジックで書いてください。

教師用資料2−1　「ハートメーターの作り方と使い方」　2−②−3

「ハートメーター」の作り方と使い方

1　ハートメーターの作り方

① ピンクと青の色画用紙から直径10センチくらいの円を切り取ります。
② それぞれの円の中心まで（半径に）、切り込みを入れます。
③ 「切り込み」をかみ合わせるようにして、2枚の円を重ねて組み合わせます。

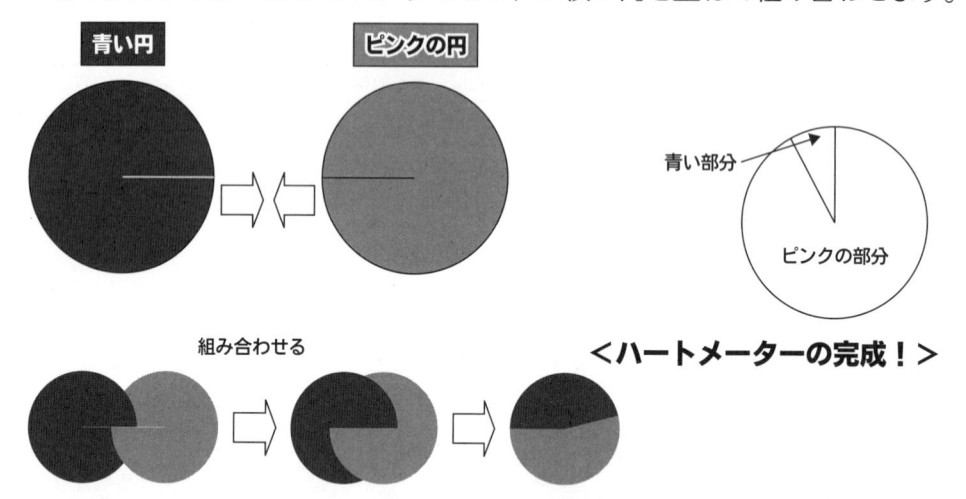

青い円　　ピンクの円

組み合わせる

＜ハートメーターの完成！＞

青い部分
ピンクの部分

2　ハートメーターの使い方

① 円グラフとして、ピンクの部分で「肯定」、青の部分で「否定」の割合を示します。
② ピンク（肯定）や青（否定）で示した部分について、「そこにはどういう気持ちが入っていますか」と質問をします。

☞例えば、[例題]「自分は、仲間（仲良しグループ）の一員でありたいと思う」に、下のように答えたとします。それに対して次のように聞きます。

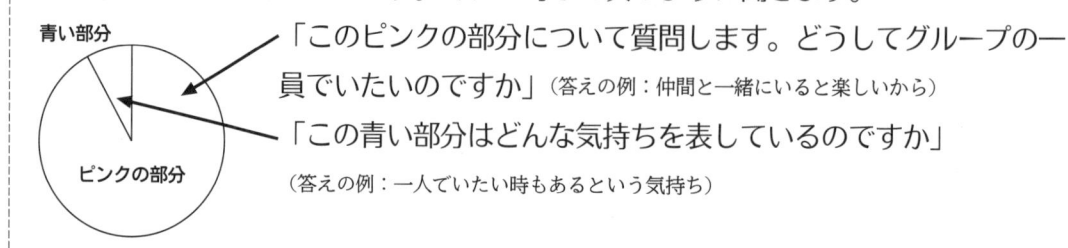

青い部分
ピンクの部分

「このピンクの部分について質問します。どうしてグループの一員でいたいのですか」（答えの例：仲間と一緒にいると楽しいから）

「この青い部分はどんな気持ちを表しているのですか」
（答えの例：一人でいたい時もあるという気持ち）

※今回の題材では、青の「否定」の部分については、自分の意見が言いにくい場合があるので、自分のこととしててではなく、「一般的に、どう考える人が多いと思いますか。」という質問に替える。

教師用資料2－2　「『仲間について考えてみよう』回答例」　　2－2－4

> 短冊には赤マジックで書く

> 短冊には青マジックで書く

質問	「肯定」ピンクの部分の理由	「否定」青の部分の理由
例題　自分は、仲間（仲良しグループ）の一員でありたいと思う	○仲間と一緒にいると楽しい ○仲間と一緒だと安心 ○仲間がいると寂しくない	○仲間と合わせなければならないことが窮屈 ○一人でいたい時もある ○自分の好きなことができない
1　悩みごとがあったら、仲間に相談する	○仲間が一番話しやすい ○じっくりと話を聞いてくれる ○適切なアドバイスをしてくれる	○仲間より、親や先生に相談した方が良いこともある ○仲間に知られたくない悩みもある
2　服装や持ち物などの好みや話題（テレビ、ゲーム、雑誌）が、仲間と全く違っていても気にならない	○好みや話題が違っていても心は通じている ○その人らしさが出る方がよい	○みんなに合わせないといけないような気がする ○自分だけ違うと気になる ○自分だけ違うと何か言われそう
3　仲間の意見や行動が間違っていると思ったら、「それは違う」と意見を言う	○仲間が失敗したり、悪いことにかかわったりしないように、注意してあげたい ○心配だから「それは違う」と言ってアドバイスをする	○自分の意見を言ったら嫌われそうだから言わない

教師用資料2−3　「『仲間について考えてみよう』掲示例」　2−②−5

仲間っていいな

（赤マジックで書いた短冊を貼る）

- 仲間と一緒にいると楽しい
- 仲間と一緒だと安心
- 仲間がいると寂しくない
- 仲間が一番話しやすい
- じっくりと話を聞いてくれる
- 適切なアドバイスをしてくれる
- 好みや話題が違っていても心は通じている
- その人らしさが出る方がよい
- 仲間が失敗したり、悪いことにかかわったりしないように、注意してあげたい
- 心配だから「それは違う」と言ってアドバイスをする

仲間も時にはプレッシャー

（青マジックで書いた短冊を貼る）

- 仲間と合わせなければならないことが窮屈
- 一人でいたい時もある
- 自分の好きなことができない
- 仲間より、親や先生に相談した方が良いこともある
- 仲間に知られたくない悩みもある
- みんなに合わせないといけないような気がする
- 自分だけ違うと気になる
- 自分だけ違うと何か言われそう
- 自分の意見を言ったら嫌われそうだから言わない

参考資料

- 仲間の影響

  ○「思春期の心」の特徴として「仲間の影響が大きくなる」ことが挙げられる。

  ・この時期の子どもにとって、仲間は、思春期特有の孤独感から救ってくれる大事な存在になります。
  ・仲間に、悩みや不安、将来の希望などを話すようになります。
  ・両親よりも、仲間の意見の影響を強く受けることがあります。
  ・仲間に認められたいという気持ちから、仲間と共通の衣服・言葉遣い・音楽などを好むようになることがあります。

  ※仲間との間で楽しんだり、傷つけ合ったりする体験から、人とのつき合い方を学んでいく。
  ※仲間集団とのコミュニケーションや、その中で試行錯誤することは「自分はどういう人なのか」「自分はどうあるべきか」の回答を見つけることにつながっていく。
  ※仲間との付き合いの中で、自分とは違う考え方や価値観に気付くことは、自分自身を深く見つめ直すきっかけになる。

- 中学生の悩みの相談相手

  下の図2-1は、内閣府の調査「低年齢少年の生活と意識に関する調査2006」のうち、「中学生の悩みの相談相手」に関する回答結果を示したものである。これによれば、悩みの相談相手として、男女ともに最も高かったのが「同性の友だち」であり、特に女子は81%が同性の友だちに悩みを相談している。

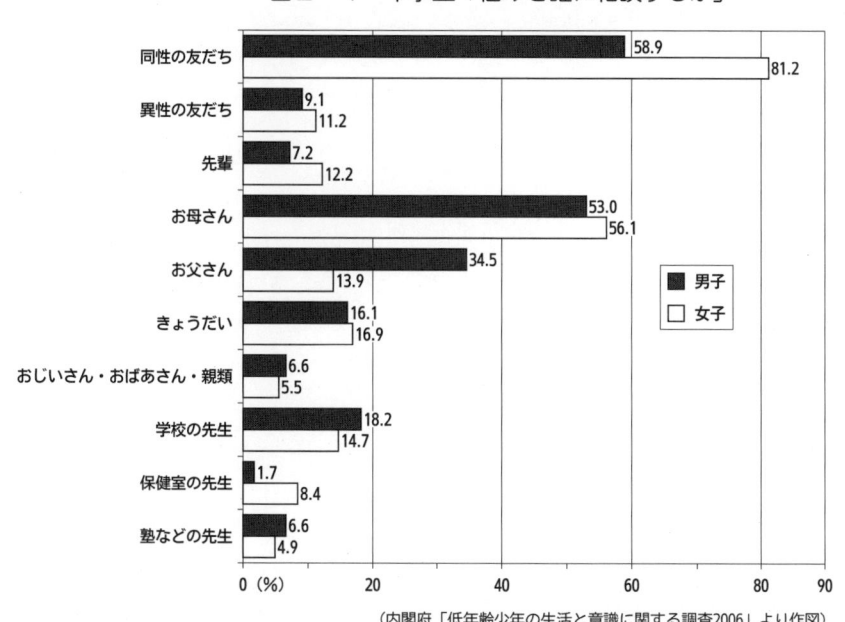

図2-1　中学生「悩みを誰に相談するか」

相談相手	男子	女子
同性の友だち	58.9	81.2
異性の友だち	9.1	11.2
先輩	7.2	12.2
お母さん	53.0	56.1
お父さん	34.5	13.9
きょうだい	16.1	16.9
おじいさん・おばあさん・親類	6.6	5.5
学校の先生	18.2	14.7
保健室の先生	1.7	8.4
塾などの先生	6.6	4.9

(内閣府「低年齢少年の生活と意識に関する調査2006」より作図)

● 友だちづき合いについて

　下の図２－２は、内閣府「低年齢少年の生活と意識に関する調査2006」のうち、「友だちとのつき合いについて」に関する回答結果を示したものである。

　友だちづき合いについて、小・中学生の間で最も大きな差が出ているのは「友だちとのつき合いが面倒くさいと感じることがある」であり、小学生は8.8％であるが、中学生では21.9％の生徒がそう感じている。

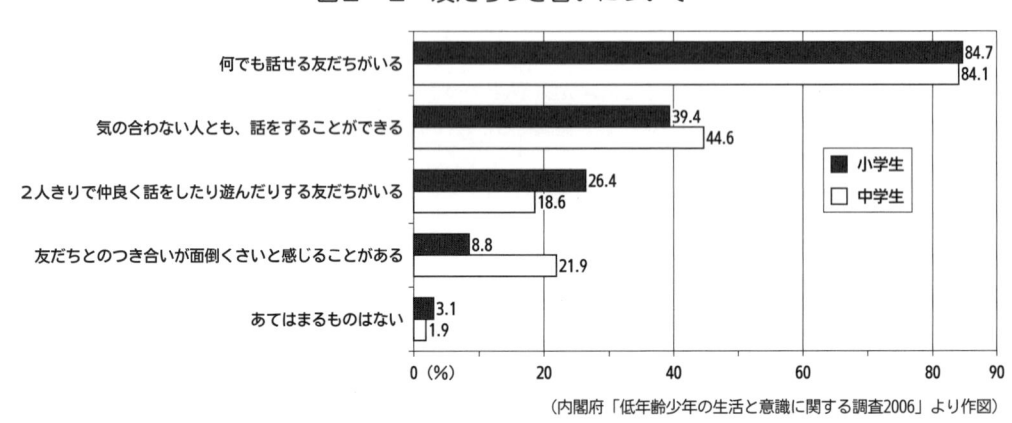

図２－２　友だちづき合いについて

項目	小学生	中学生
何でも話せる友だちがいる	84.7	84.1
気の合わない人とも、話をすることができる	39.4	44.6
2人きりで仲良く話をしたり遊んだりする友だちがいる	26.4	18.6
友だちとのつき合いが面倒くさいと感じることがある	8.8	21.9
あてはまるものはない	3.1	1.9

（内閣府「低年齢少年の生活と意識に関する調査2006」より作図）

3 危険行動を避ける

1 指導のねらい

健康を損なう様々な危険行動を避ける方法を理解する。

新鮮な気持ちで何事にも一生懸命に取り組んだ１年生の時期と異なり、中学校生活への慣れからくる緊張感の低下、学習や部活動などへの不安や自信の喪失などから、不安定な状況に陥りやすいのが中学校２年生という時期です。

この時期には、いろいろな事柄に興味や関心をもちますが、その中には、危険行動につながる可能性のあることも多く含まれています。異性への関心が高まり、男女関係も含めた人間関係に関する危険行動も生じやすくなります。

様々な危険行動は、例えば友人や先輩、好きな異性などに誘われた時に、上手に断り切れずに好ましくない結果を招くなど、仲間の影響が大きく関係していることが多いようです。また、うまく誘いを断れない理由として、上手なコミュニケーションの方法を知らないことが考えられます。

危険行動を避けることは、将来の夢や希望を実現させるためにも、大変重要なことです。

本時では、青少年の健康を損なう様々な危険行動は、仲間からの影響を受けて起こることが多いことや、それらの危険行動を避けるには、特にコミュニケーションスキルを身に付けることが大切であることに気付くようにするために、この題材を設定しました。

2 授業目標

①仲間からの影響を受けて、危険行動が起こることに気付く。
②様々な危険行動を避けるためには、自己主張的コミュニケーションスキルを身に付けることが大切であることを確認する。

3 教育課程への位置付け

２学年：特別活動　学級活動
　　　：総合的な学習の時間

4 準備物リスト

- 活動シート３－１「どのくらい危険？」
- 活動シート３－２「危険行動を避けるには？」
- 掲示用資料３－１「コミュニケーションのタイプ」
- Ａ３判程度の用紙（グループの数分）
- マジック

5 指導過程の概略

	活動のステップ	活動のポイント	準備物
導入	**STEP 1** ●ジェスチャーゲーム「今日の登校時間」を行う **STEP 2** ●本時の学習のねらいを確認する	●声を出さずに、今日の登校にかかった時間を表現し、時間の短い人から順に一列に並ぶ ●並び終えたら、前から順に5人か6人ずつ区切り、グループをつくる ●教師は、本時では「健康を損なう様々な危険行動とそれを避ける方法」について学習することを伝える	
展開	**STEP 3** ●どのくらい危険と感じるかをチェックする **STEP 4** ●危険行動につながる要因を考える **STEP 5** ●自己主張的コミュニケーションスキルの要素を確認する	●活動シート3−1「どのくらい危険?」に各自チェックする ●他の人がどのように感じているのかについて、グループの中で話し合う ●危険行動につながる原因として、どのようなことが共通しているか、グループで話し合う ●教師は、多くの危険行動には、仲間の影響がかかわっていることに気付かせる ●教師は、危険行動を回避するためには、適切なコミュニケーションスキルを身に付けることが大切であることに気付かせる ●自己主張的コミュニケーションスキルの重要性やスキルの要素を確認する	●活動シート3−1「どのくらい危険?」 ●活動シート3−2「危険行動を避けるには?」 ●A3判程度の用紙 ●マジック ●掲示用資料3−1「コミュニケーションのタイプ」
まとめ	**STEP 6** ●本時の学習内容を確認する	●活動シート3−2「危険行動を避けるには?」に感想を記入し、今日の学習のまとめを行う ●教師は、次の授業で、自己主張的コミュニケーションスキルを用いてロールプレイングを行い、さらに学習を深めることを伝える	●活動シート3−2「危険行動を避けるには?」

3 危険行動を避ける　149

6　指導の展開

導　入

STEP 1　ジェスチャーゲーム「今日の登校時間」を行う

● 教師は、ジェスチャーゲームを行い、5人か6人のグループをつくります。

> **指示**　これから「今日の登校時間」というゲームをします。一切声を出さずに今日、家から学校まで登校にかかった時間を身ぶり手ぶりで表現し、時間の短い人から順番に一列になってください。では、始めてください。

● 教師は、並び終えた列の前から順番に、登校にかかった時間を発表させ、答え合わせをする。

※全員正解であれば、全員をたたえ、みんなで拍手をする。間違いがあったとしても、楽しい雰囲気になるように盛り上げ、和やかな雰囲気をつくる。

● 教師は、先頭から順に5人ないし6人ずつ区切り、グループになって座るように指示します。

STEP 2　本時の学習のねらいを確認する

● 教師は、本題につなげていくための導入として、次の発問をします。

> **指示**　みなさんには、将来への夢や希望がありますか。ある人は、発表してください。

● 指名された生徒は、将来への夢や希望を発表します。

> **説明** 　今、何人かに発表してもらったように、みなさんには、いろいろな将来への夢や希望があると思います。でも、そのような将来の夢や希望がかなわなくなるような危険なことが、私たちのまわりで起こることがあります。今日は、私たちのまわりで起こる危険なこととはどのようなことなのか、また、それらを回避するためにはどのような方法があるのか、について考えていきます。

展　開

STEP 3 ｜ どのくらい危険と感じるかをチェックする

- 教師は、活動シート3－1「どのくらい危険？」を配付し、説明をします。

> **説明**　この二人の中学生は、みなさんと同じ中学2年生です。どんな中学生でしょう。一緒に活動シートを読んでみましょう。

- 活動シート3－1の吹き出し部分 ◁▭▭ を読み、二人の中学生が、将来の夢や希望に向けて、今の生活を前向きな気持ちで頑張っていることを理解します。
- 教師は、「危険」という言葉の意味を説明します。

> **説明**　前向きに中学校生活を頑張っているこの二人に、いろいろなことが起こります。それが、どの程度危険と感じるのか、このあと、みなさん一人一人にチェックしてもらいます。その前に、危険という言葉の意味を確認しましょう。危険とは、活動シートに書いてあるように、「この先、健康な生活が送れなくなるかもしれない、将来の夢や希望の達成を妨げるかもしれない、親や先生、友だちと大きなトラブルを起こしてしまうかもしれない」など、好ましくない結果につながる可能性があることを「危険」と考えます。

- 教師は、「危険」の意味が理解できたことを確認してから、次の活動の指示をします。

> **指示**　では、活動シート「どのくらい危険？」の10通りのケースについて、あなたはどのくらい危険と感じますか。レベル1からレベル4のどれかに、○をつけてみましょう。全員がチェックできたら、どこにチェックしたか、その理由についてグループ内で話し合ってみましょう。

- グループ内で、10通りのケースについてチェックし、その後、どこにチェックしたか、その理由について話し合います。

３ 危険行動を避ける

- 教師は、いくつかのグループに、話し合った内容を発表させます。

STEP 4　危険行動につながる要因を考える

- 教師は、活動シート３－２「危険行動を避けるには？」を配付し、次の指示をします。

> **指示**　みなさんの中には、活動シートの10通りのケースに似た経験をした人がいるかもしれません。このような、危険な結果を引き起こすおそれがある行動を「危険行動」と言います。
> 　では、なぜそうした行動をとってしまうのでしょうか。前の時間に学習したことなどを振り返って考えてみましょう。各自で、考えられる原因を、今配った活動シートの１に記入してください。

- 教師は、前の時間に学習したことを思い出させ、仲間も時にはプレッシャーになることを確認します。
- 教師は、記入がほぼ終わったことを確認してから、次の指示をします。

> **指示**　次に、記入したことをグループで発表し合い、出た原因のうち、多くのケースで共通のものを、みんなで考えてみましょう。意見がまとまったら、これから配る用紙にマジックで書き、黒板に貼ってください。

- 教師は、Ａ３判程度の用紙とマジックをグループに配ります。

> **＜黒板に貼った時のイメージ（予想される言葉）＞**
>
> | 仲の良い友人だと、断れない | 先輩だと、嫌と言えない | きちんと断ることができない | 嫌だという気持ちをうまく言えない |
>
> ※仲の良い友人や先輩だと断れないという「人の影響」に関することや、嫌だけれど上手に言えないという「コミュニケーション」に関する言葉が出てくることをねらっている。

- 教師は、活動が進まない場合は、適宜アドバイスをします。
- 教師は、書かれた用紙を黒板に貼り、意図する内容が書かれているかを確認しながら解説します。

※時間に余裕があれば、用紙を貼る際に、グループの代表の生徒に発表させてもよい。

> **説明** 　黒板に貼った用紙から分かるように、危険行動につながってしまう可能性がある場面では、共通する原因があるようです。それは、周囲の人、特に仲の良い友だちや先輩から誘われたりした場合、嫌だなと思っても、嫌だと言いにくい気持ちが起こり、仕方なく誘いに乗ってしまうことがあるということです。例えば、先輩から「今夜、うちに遊びに来ないか。他の2年生はみんな来るって言っているよ。まさか、来ないとは言わないよね。」などと言われたら、どうでしょう。なかなか断りにくいですね。みなさんは、どう思いますか。

- 教師は、何人かに意見を発表させた後に、以下の説明をします。

> **説明** 　断った方が良いと分かっていても、それをはっきりと断ることは意外に難しいものです。それが身近な人の誘いであれば、なおさら難しいようです。
> 　このように、私たちは、何かの決断をする時や行動を決める時に、知らず知らずのうちに周囲の人、特に仲間の影響を強く受けているということが分かります。しかし、危険な誘いだったら、相手が友だちでも先輩でも、上手に断り、危険行動を回避しなくてはいけません。
> 　そのために大切なことがあります。それは、コミュニケーションの仕方です。

STEP5 　自己主張的コミュニケーションスキルの要素を確認する

- 教師は、掲示用資料3－1「コミュニケーションのタイプ」を黒板に貼り、次の説明をします。

> **指示** 　掲示した資料を見てください。三つのコミュニケーションタイプがありますが、どのタイプが適切だったでしょうか。

- 教師は、何人かに意見を発表させます。
- 三つのコミュニケーションタイプの中で、自己主張的コミュニケーションスキル（はっきりタイプ）が最も適切な方法であることを確認します。

> **説明** 　危険行動につながるような誘いを断る方法としては、「はっきりタイプ」が適しています。この「はっきりタイプ」で断ることができれば、相手との人間関係を壊すことなく、自分の気持ちをしっかり伝えることができます。

- 掲示用資料3－1「コミュニケーションのタイプ」については、必要に応じ適宜解説をします。

③ 危険行動を避ける　　153

※1年時に「7　より良い人間関係を築く」で学習している場合は、復習として再確認し、新たに学習する場合はより丁寧に説明をする。特に、コミュニケーションには言語的要素（言葉）と非言語的要素（表情や身ぶりなどの話し方）があることを確認する。

まとめ

STEP 6　本時の学習内容を確認する

- 活動シート3－2「危険行動を避けるには？」の2について記入します。

> **指示**　まとめをしましょう。今日の学習で気付いたことや感想を、活動シートの2に記入してください。

- 書いた感想を、何人か発表します。
- 教師は、次回、自己主張的コミュニケーションスキルを活用して、ロールプレイングの学習をすることを伝えます。

7　家庭や地域と連携した活動

- 学級通信や学年通信などを通して、次回ロールプレイングを行うことを伝えます。

※可能であれば、ロールプレイングの誘い役を保護者に依頼することも検討する。学校と家庭との連携、授業の効率、適度な緊張感の醸成などの観点からも、保護者との連携授業は積極的に取り入れたい。

活動シート3-1　「どのくらい危険？」

どのくらい危険？

2年___組　名前_____

> 私たちは、中学校2年生。
> 勉強にも、部活動にも、一生懸命取り組んでいます。
> 来年はいよいよ3年生になります。
> 二人とも、将来への夢をもっていて、進みたい進路先も徐々に決まりつつあります。
> 将来の夢、望む進路へ向かって、これからも毎日を頑張ろうと思っています。

そんな二人に、いろいろなことが起こります。いったい、どんなことが…。

○あなたは、次の10通りのケースについて、もし主人公が誘いにのってそうした行動をとってしまったとしたら、それぞれどのくらい危険だと思いますか。

危険とは…
- この先、健康な生活が送れなくなるかもしれない
- 将来の夢や希望の達成を妨げるかもしれない
- 周囲の人（親、先生、友人）と大きなトラブルを起こしてしまうかもしれない

レベル1～4に○をつけてみましょう。

	いろいろなケース	レベル1 全く危険ではない	レベル2 あまり危険ではない	レベル3 少しだけ危険だ	レベル4 かなり危険だ
1	夜の10時に友だちから、「貸していたゲームソフトを今すぐに返して」と電話で言われ、これから返しに行く。				
2	異性の友だちから、「明日の夜、親に内緒で、二人でカラオケに行こう」と誘われた。				
3	親戚のおじさんから、「もう中学生なんだから、少しくらい大丈夫だろう」とビールを勧められた。				
4	親友から、「サイトで知り合った人と会うことになった。一人じゃ不安だから一緒に来て」と頼まれた。				
5	たばこを吸っているといううわさがある先輩から、「遊ぼうよ。おもしろいこと教えてあげるよ」と、誘われた。				
6	部活動の帰り、車の中から見知らぬ人が「近くのコンビニまで道案内してくれないか」と、声をかけてきた。				
7	友だちと買い物に行ったら、見知らぬ人が「お金欲しくないか。いいアルバイトがあるよ」と声をかけてきた。				
8	好意をもっている異性の友だちが「日曜日、一緒にうちで遊ぼう。その日は家に誰もいないから」と誘ってきた。				
9	近所の高校生が、「バイクに乗せてあげる。後ろに乗ってごらんよ」と誘ってきた。				
10	塾の帰り、暗い夜道で見知らぬ人が近寄ってきて、「この薬、疲れがとれるんだよ。あげようか」と言ってきた。				

| 活動シート３－２ | 「危険行動を避けるには？」 | ２－③－２ |

危険行動を避けるには？

２年＿＿＿組　名前＿＿＿＿＿＿＿＿＿＿＿＿

1　活動シート３－１「どのくらい危険？」の10通りのケースをもとに、考えてみましょう。

「そうした行動をとってしまう」原因は、どのようなことでしょうか

-
-
-

2　今日の学習で気付いたことや感想を書きましょう。

掲示用資料3-1　「コミュニケーションのタイプ」　　2-③-3

コミュニケーションのタイプ

コミュニケーションのタイプ	表情や身ぶり (話し方)	言　葉
弱気タイプ あきらめたり、おどおどして、考えを伝えられなかったり、相手の言いなりになってしまったりする	○ためらう ○はっきりしない話し方 ○自信のない声、様子	○「う〜ん…。」 ○「もし、できそうなら…。」 ○「でも…。」 ○「どうしようかな…。」
けんかタイプ 感情的になったり、相手をおどしたりする	○たたく、殴るなどのジェスチャー ○大きな声 ○相手の話を聞かない、さえぎる ○おどすような目つきや態度	○「言うとおりにしろ。」 ○「そうした方がいいぞ。」 ○「そうだろ。なっ。」 ○「嫌だね。無理！」
はっきりタイプ 相手の話を理解したうえで、相手との人間関係を壊さないようにしながらも、自分の考えをはっきり伝える	○きちんと向き合う ○目を見て話す ○落ち着いて話す	○「私はこう思うけど、あなたの考えはどう？」 ○「私はこうしたいけど、あなたはどう思う？」

JKYB

参考資料

● 中学生の危険行動と友人の危険行動との関連

下の図3−1は川畑らが、全国9都道府県49校の小学1年生から高校3年生までの児童生徒約13,000人を対象として1989年に実施した、青少年の喫煙・飲酒行動に関する質問紙調査の結果のうち、友人の喫煙行動別にみた高校生の喫煙率を示したものである。

男女ともに、「喫煙する友だちが2人以上いる」群の喫煙率が最も高く、「喫煙する友だちがいない」群が最も低かった。

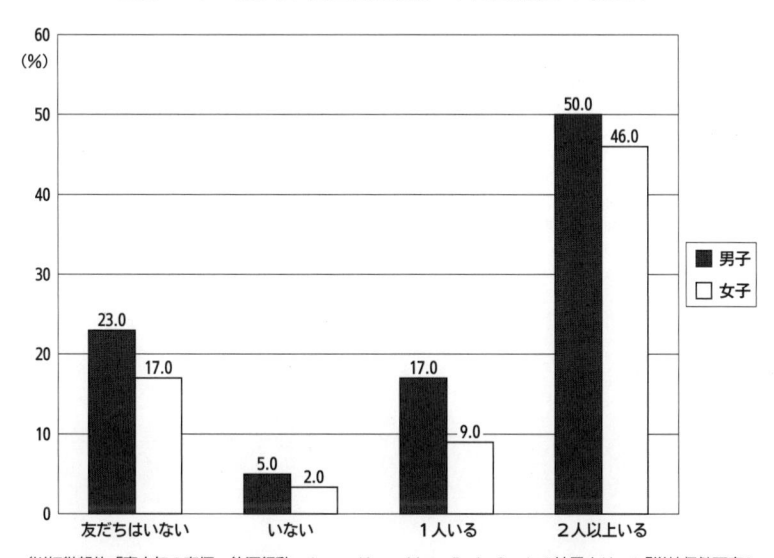

図3−1　友人の喫煙行動別にみた高校生の喫煙率

友人の喫煙行動	男子	女子
友だちはいない	23.0	17.0
いない	5.0	2.0
1人いる	17.0	9.0
2人以上いる	50.0	46.0

（川畑徹朗他「青少年の喫煙・飲酒行動—Japan Know Your Body Studyの結果より—」『学校保健研究』、38、1991より作図）

次の図3−2は、李らが、2011年5月に新潟県および埼玉県の中学校各1校の全校生徒約900人を対象として実施した、中学生の性行動の実態とその関連要因に関する質問紙調査の結果を示したものである。

男女ともに、キス経験者のほうが非経験者に比べて、性交を経験している友だちがいると思っている者の割合が高かった。男子においては、非経験者の2.7％が性交を経験している友だちがいると思っている一方、キス経験者ではその割合が10.0％であった。女子においても、非経験者の7.7％が性交を経験している友だちがいると思っている一方、キス経験者ではその割合が19.2％であった。

図3-2　生涯キス経験別にみた性交を経験している友だちがいると思っている者の割合

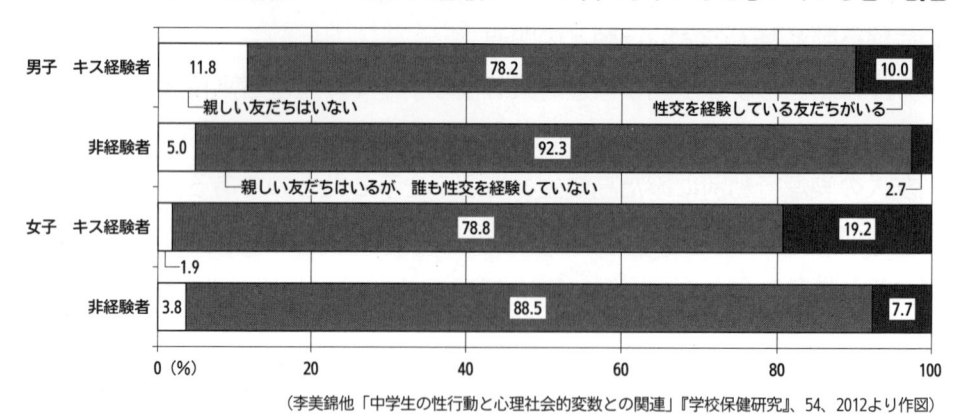

		親しい友だちはいない	親しい友だちはいるが、誰も性交を経験していない	性交を経験している友だちがいる
男子	キス経験者	11.8	78.2	10.0
	非経験者	5.0	92.3	2.7
女子	キス経験者	1.9	78.8	19.2
	非経験者	3.8	88.5	7.7

（李美錦他「中学生の性行動と心理社会的変数との関連」『学校保健研究』、54、2012より作図）

4 誘いを断る

1 指導のねらい

自己主張的コミュニケーションスキルを用いて誘いを断る。

　中学生は、周囲との人間関係に大変敏感です。嫌われることや、仲間はずれにされることを極端に恐れる傾向にあります。したがって、気が進まない誘いを仕方なく受け入れてしまったり、その選択が良くないと思っても、それを言い出せずに従ってしまったりすることもあります。

　特に、異性への関心が高まるこの時期は、男女交際へのあこがれも大きく膨らみ、好きな異性と一緒にいたいという気持ちも強くなります。好きな異性に誘われれば、その誘いを受けてしまうことも起こり得るでしょう。

　しかし、感情だけが先行し軽率な行動をとってしまうと、危険行動につながるようなことにもなりかねません。そのような事態にならないようにするには、状況に応じて、好きな異性の誘いでも上手に断る必要があります。

　そのためには、前時で学習したように、相手との人間関係を壊すことなく、上手に自分の意志を伝える「自己主張的コミュニケーションスキル」が大切です。

　本時では、自己主張的コミュニケーションスキルが大切であることを再確認し、ロールプレイングを通して実践できるようにするために、この題材を設定しました。

2 授業目標

①自己主張的コミュニケーションスキルの要素について確認する。
②誘いを断るロールプレイングを通して、自己主張的コミュニケーションスキルを練習する。

3 教育課程への位置付け（2時間扱い）

2学年：特別活動　学級活動
　　　：総合的な学習の時間

4 準備物リスト

- 活動シート4－1「誘いを断る」
- 活動シート4－2「ロールプレイング評価シート」
- 生徒用資料4－1「自己主張的コミュニケーション（はっきりタイプ）で断ろう」
- 掲示用資料4－1「ロールプレイングを行う前に」
- 教師用資料4－1「ロールプレイングを行う前に：解説」
- 短冊（ブレインストーミング用）
- マジック
- ロールプレイング用名札（グループの数分）

5 指導過程の概略

		活動のステップ	活動のポイント	準備物
第1時	導入	**STEP 1** ●本時の学習のねらいを確認する	●教師は、本時では、自己主張的コミュニケーションスキルを用いて台本を書くことを伝える ●教師は、2時間目にはロールプレイングを行うことを伝える	
	展開	**STEP 2** ●自己主張的コミュニケーションスキルの「言葉の要素」を理解する	●生徒用資料4-1「自己主張的コミュニケーション（はっきりタイプ）で断ろう」を参考にして、「言葉の要素」について理解する	●生徒用資料4-1「自己主張的コミュニケーション（はっきりタイプ）で断ろう」
		STEP 3 ●自己主張的コミュニケーションスキルを用いた断り方について、ブレインストーミングで意見を出し合う	●ブレインストーミングで、誘いを断る時の断り方について意見を出し合う	●短冊 ●マジック
		STEP 4 ●出された意見が「言葉の要素」のどれに当てはまるかを話し合う	●ブレインストーミングで出された意見が自己主張的コミュニケーションになっているか、またどのような「言葉の要素」が使われているか、グループ内で話し合う	●生徒用資料4-1「自己主張的コミュニケーション（はっきりタイプ）で断ろう」
		STEP 5 ●自己主張的コミュニケーションスキルを用いて台本を書く	●自己主張的コミュニケーションスキルを用いて、活動シート4-1「誘いを断る」の台本を書く	●活動シート4-1「誘いを断る」
		STEP 6 ●グループ内で意見を交換して台本を修正する	●グループ内で意見交換をして、せりふの修正をする	
	まとめ	**STEP 7** ●次時の学習内容を確認する	●次時には、本時で完成した台本を用いてロールプレイングを行うことを確認する	

		活動のステップ	活動のポイント	準備物
第2時	導入	**STEP8** ●本時の学習のねらいを確認する	●本時では、前時に作成した台本を用いてロールプレイングを行うことを確認する	
	展開	**STEP9** ●ロールプレイングの目的、手順、留意事項を理解する	●掲示用資料4−1「ロールプレイングを行う前に」を用いてロールプレイングの目的、手順、留意事項を理解する	●掲示用資料4−1「ロールプレイングを行う前に」 ●教師用資料4−1「ロールプレイングを行う前に：解説」
		STEP10 ●ロールプレイングの評価の仕方を理解する	●活動シート4−2「ロールプレイング評価シート」の記入方法、評価の観点などを理解する	●活動シート4−2「ロールプレイング評価シート」
		STEP11 ●「言葉以外の要素」について確認する	●自己主張的コミュニケーションには「言葉以外の要素」も関係していることを確認する	●生徒用資料4−1「自己主張的コミュニケーション（はっきりタイプ）で断ろう」
		STEP12 ●グループ内でロールプレイングを行う	●グループ内で活動シート4−1「誘いを断る」の台本を使ってロールプレイングを行う ●活動シート4−2「ロールプレイング評価シート」を用いて、評価と話し合いを行う	●活動シート4−1「誘いを断る」 ●活動シート4−2「ロールプレイング評価シート」 ●名札「私」と「A」
		STEP13 ●代表者が全体の前でロールプレイングを行う	●代表者を数名決め、全体の前でロールプレイングを行い、評価する	●名札「私」と「A」
	まとめ	**STEP14** ●本時の学習内容を確認する	●活動シート4−2「ロールプレイング評価シート」の授業の振り返り①②③を記入し、学習のまとめを行う	●活動シート4−2「ロールプレイング評価シート」

6　指導の展開

【第1時】

導　入

STEP 1　本時の学習のねらいを確認する

- 教師は、男女混合、4人程度のグループで活動できるように準備しておきます。
- 教師は、ブレインストーミング用の短冊とマジックを、あらかじめ配っておきます。
- 前時の学習の復習をします。

> **説明**　前の時間に「危険行動を避ける」という学習をしました。私たちは日常、自分の行動を決める時に、仲間の影響を大きく受けていることが分かりました。例えば、危険な誘いに対して、嫌だと思っていても上手に断ることができずに、相手の言いなりになってしまうことがあります。でも、危険行動を避けるには、きちんと断らなければなりません。どのように断ればよかったでしょうか。

- 「自己主張的コミュニケーションスキル（はっきりタイプ）」で断る、という前時の学習を思い出します。

> **説明**　今日は、「はっきりタイプ」について復習し、誘いを上手に断るための台本を書く練習をします。次の時間には、今日の台本を使ってロールプレイングを行いますので、しっかり取り組んでください。

展　開

STEP 2　自己主張的コミュニケーションスキルの「言葉の要素」を理解する

- 教師は、生徒用資料4-1「自己主張的コミュニケーション（はっきりタイプ）で断ろう」を配付し、「言葉の要素」について説明します。

> **説明**　資料を見てください。自己主張的コミュニケーションスキルには、このような「言葉の要素」があり、これらを上手に活用することによって、うまく断ることができるのです。

- 教師は、生徒用資料4-1「自己主張的コミュニケーション（はっきりタイプ）で断ろう」

STEP 3 | 自己主張的コミュニケーションスキルを用いた断り方について、ブレインストーミングで意見を出し合う

指示　今説明した「言葉の要素」を上手に活用すると、誘いを断る場合でも、相手との人間関係を壊さずに自分の意志を伝えることができます。では、これから「はっきりタイプ」のコミュニケーションができるように学習しましょう。
　みなさんに断り方を考えてもらう状況は、次のような場面です。

- 教師は、【例：こんな時どう断りますか】を参考にして、生徒の実態に応じた断りにくい場面を設定し、その説明をします。

説明（例）（断りにくい場面の説明をしてから）
　さて、このような場面で、みなさんはどのような言葉で先輩の誘いを断りますか。先輩との人間関係を壊さないようにしながらもきちんと誘いを断るせりふを、ブレインストーミングで出し合ってみましょう。時間は3分間です。では、始めます。

▶【例：こんな時どう断りますか】
- 進路選択にもかかわる大事な試験の前日です。
- 日頃からお世話になっている先輩から一緒に勉強しようと誘われます。
- 自分は、一人で勉強したいと考えています。

◎どう言えば上手に断れるでしょうか。

※断りにくい場面を説明する際に、ポイントとなる部分（登場人物、状況、誘いの言葉など）を黒板に書いたり、紙に書いて掲示したりしてもよい。

- 教師は、活動状況を見ながら、3分間程度で終わりの指示をします。

STEP 4 | 出された意見が「言葉の要素」のどれに当てはまるかを話し合う

指示 さて、ブレインストーミングで出た意見は、果たして「はっきりタイプ」でしょうか。また、先ほど確認した「言葉の要素」のどれに当てはまっているでしょうか。グループ内で話し合って確認してみましょう。

- 生徒用資料4−1「自己主張的コミュニケーション（はっきりタイプ）で断ろう」を見ながら、グループ内で話し合いながら確認します。
- 話し合いの後、数名の代表者が話し合った内容を発表します。
- 教師は、「言葉の要素」を意識し上手に活用している場合や、その他の良い意見やアイデアなどを賞賛するようにして、生徒の「自己主張的コミュニケーションスキル」についての理解が深まるように進めます。

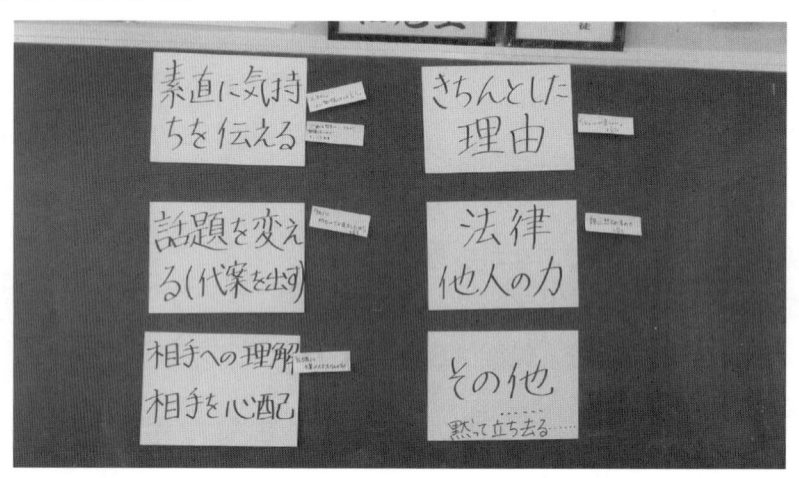

STEP 5 | 自己主張的コミュニケーションスキルを用いて台本を書く

- 教師は、活動シート4−1「誘いを断る」を配付し、内容を読みながら台本の状況を把握させます。

※台本の「私」が、『なぜ好きな異性「Ａ」からの誘いにためらいを感じるのか』について考えさせる。そして、生徒が前時の学習「危険行動を避ける」を思い出し、誘いを断ることの大切さについて再確認できるように導くことが大切である。

説明 活動シートに書かれた男女二人の状況は理解できましたか。この後「はっきりタイプ」で誘いを断るせりふを考えます。先ほどの話し合いの内容を生かして、「はっきりタイプ」で台本を書いてみましょう。では、始めてください。

- 教師は、生徒の様子を見ながら、うまく書けない生徒の支援をします。

STEP 6 | グループ内で意見を交換して台本を修正する

- 「自己主張的コミュニケーションスキル」を用いたせりふになっているかどうかを、グループ内で意見を交換し、台本を修正します。

> **指示** 各自が考えた台本を紹介し合い、意見交換をしましょう。仲間の台本がより「はっきりタイプ」になるように、気が付いたことをアドバイスし合ってください。そして、各自、仲間のアドバイスを上手に取り入れてせりふを修正し、台本を完成させてください。

- 教師は、次の時間にはロールプレイングの説明と実際の演習に入るため、全員の台本が完成するように支援します。

※台本の内容が、次の授業のねらいを達成できるかどうかに影響するので、せりふがはっきりタイプになっているかを必ず確認する。

まとめ

STEP 7 | 次時の学習内容を確認する

- 次時には、本時で完成した台本を用いてロールプレイングを行うことを確認します。

【第2時】

導　入

STEP 8　本時の学習のねらいを確認する

● 本時では、前時に作成した台本を用いてロールプレイングを行うことを確認します。

展　開

STEP 9　ロールプレイングの目的、手順、留意事項を理解する

● 教師は、黒板に掲示用資料4-1「ロールプレイングを行う前に」を貼ります。
● 教師は、教師用資料4-1「ロールプレイングを行う前に：解説」を参考にして、目的、手順、留意事項などについて説明をします。

> **説明**　掲示した資料を見てください。ロールプレイングの目的や手順、留意事項などを、上から順番に説明します。しっかり聞いて理解してください。

STEP 10　ロールプレイングの評価の仕方を理解する

● 教師は、活動シート4-2「ロールプレイング評価シート」を配付し、評価の仕方を説明します。

> **説明**　次に、評価の仕方について説明します。今配った評価シートを見てください。仲間の演技を見ながら、活動シートに書いてある1から3までの観点について、◎・○・△の三段階で評価し、評価シートに記入していきます。また4には、これ以外に気付いた点を自由に書いてください。1人の演技が終わったら、その都度、意見交換をしましょう。各自が記入した評価シートをもとに、その演技者の特に良かったところを言うようにしてください。

● 教師は、手順や留意事項、評価の仕方などが理解できたか、確認します。
● 教師は、生徒の質問に応じたり、理解が深まっていないと思われる場合は説明を補ったりします。

※ロールプレイングの指導方法に関する留意事項は、『喫煙、飲酒、薬物乱用防止に関する指導参考資料（中学校編）』、財団法人日本学校保健会、2011、などを参考にするとよい。

STEP11　「言葉以外の要素」について確認する

- 教師は、ロールプレイングに入る前に、自己主張的コミュニケーションスキルの大切な要素として、前時に学んだ「言葉の要素」のほかに「言葉以外の要素」があることを確認します。

> **指示**　ロールプレイングに入る前に確認しておきたいことがあります。評価シートを見てください。

- 教師は、評価シートの評価項目に「声の大きさや調子」や「表情や身ぶり・手ぶり」が入っていることに注目させます。

> **説明**　資料「自己主張的コミュニケーションスキル（はっきりタイプ）で断ろう」をもう一度見てください。資料の下の方に「言葉以外の要素」がいくつか書いてあります。前の時間に「はっきりタイプ」になるためには様々な「言葉の要素」があることを学習しました。しかし、より良い「はっきりタイプ」になるためには、そうした言葉の要素だけではなく、声の大きさや調子、視線、表情や身ぶり、そして相手との適切な距離など、言葉以外の要素もいろいろと関係しているのです。

- 教師は、生徒用資料4－1「自己主張的コミュニケーションスキル（はっきりタイプ）で断ろう」を用いて、「言葉以外の要素」についても工夫するように指示します。

> **指示**　みなさんの台本は、前の時間にグループ内で話し合い、「言葉の要素」については完成しています。このあとのロールプレイングでは、もう一つの要素である「言葉以外の要素」について意識して取り組んでみましょう。相手の人が嫌な気持ちにならずに自分の意志をきちんと伝えることができるよう、声の大きさや調子、表情や身ぶりなどを工夫してみましょう。

STEP12　グループ内でロールプレイングを行う

- 教師は、各グループに名札を配付し、活動シート4－1「誘いを断る」の台本と、活動シート4－2「ロールプレイング評価シート」を準備し、ロールプレイングを行うよう指示をします。

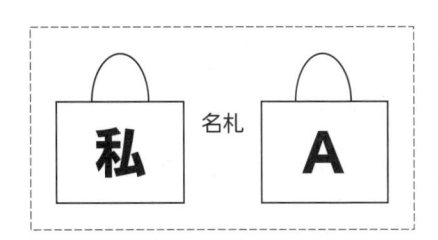

> **指示** では、ロールプレイングを行います。手順や留意事項をしっかり守って、真剣に取り組みましょう。順番を決めて、始めてください。

- グループで順番（時計回りなど）を決め、手順に沿ってロールプレイングを行います。
- 教師は、手順や評価方法などについて、巡回してアドバイスしたり、効果的な断り方を賞賛したりしながら学習を進めます。

STEP13　代表者が全体の前でロールプレイングを行う

> **指示** 各グループで、「この断り方は素晴らしい」とか「こんな断り方ができたらいいな」などと思えた人はいましたか。みなさんに紹介したい代表者を、各グループから1名推薦してください。その代表者には、これからみなさんの前でやってもらいます。演技が終わったら、見ているみなさんは、特にどんなところが良かったのか、気付いたことを言ってください。
> 　今度は先生が誘い役をやります。その代表者と同じグループの人は、「スタート」と「カット」を言ってください。

※代表者の推薦については、手本となるような生徒が適正に選ばれるよう配慮する。場合によっては、生徒による推薦ではなく、教師が事前のロールプレイングの様子を観察する中から、代表者としてふさわしい生徒を選んでおくなど、工夫も必要である。

- 教師は、誘い役となり、代表者とロールプレイングを行います。

※名札をつける。

- 教師は、演技の前と後に全員で拍手をするなど、学級全体が活動に参加している雰囲気を確認しながら進めます。
- 一人一人の演技の後に、特にどんなところが良かったのかを意見交換したり、教師の具体的

な評価を聞いたりしながら、理解を深めます。

まとめ

STEP14　本時の学習内容を確認する

指示　今日の学習のまとめをしましょう。実際にロールプレイングを行ってみて、どうでしたか。自分の演技について思ったこと、仲間の演技を見て気付いたこと、そして今日の学習を今後にどう生かすかについて、活動シート「ロールプレイング評価シート」に記入してください。

- 活動シート４－２「ロールプレイング評価シート」の授業の振り返り①②③について記入します。
- 教師は、友だちの演技からいろいろな言い方や断り方があることに気付き、学びを実感しているような感想や、今後にどう生かすかについて考えが明確になっている感想を書いている生徒に発表させます。

説明（例）　今日学習した「はっきりタイプ」のコミュニケーションスキルは、これからの生活の中で、活用できる場面がたくさんあります。そのような場面に遭遇したら、今日のロールプレイングを思い出して、危険行動を避けることができるようにしましょう。

　また、みなさんは、自宅で家族とのコミュニケーションがうまくできていますか。「けんかタイプ」になってはいませんか。家庭でも、相手の気持ちを大事にしながら会話ができると、家族みんなが幸せな気持ちになれると思います。家に帰ったら、今日の学習プリントをお家の方と一緒に見ながら、学習した内容を伝えてください。

7　家庭や地域と連携した活動

- ロールプレイングの誘い役を保護者にお願いするなど、積極的な保護者との連携が可能です。そのためには、授業を行う1か月ほど前に支援者を募るようにします。メンバーが決まったら事前にロールプレイングの方法、手順などについて打ち合わせをすることも望ましいことです。
- 学習後の感想を、学級通信などで家庭に知らせるようにします。

| 活動シート4−1 | 「誘いを断る」 | 2−4−1 |

誘いを断る

2年＿＿＿組　名前＿＿＿＿＿＿＿＿＿＿＿＿

僕たちは中学2年生です。

小学校からの仲良しです。

今もお互いに好意をもっています。

ある時、好きな彼（彼女）「A」から誘われます。『今夜、親がいないから、家に遊びに来ない？』

↓

一緒にいたい気持ちはあります。でも「自分」は少し抵抗を感じ、誘いに応じることをためらっています。

↓

抵抗を感じてためらうのは、どうしてでしょう。

好きな異性「A」からの誘いを上手に断るには、どうしたらよいでしょう。

「はっきりタイプ」で台本を書きましょう

A：「今日、これから家に来ない？　親は仕事で帰りが遅いから、誰もいないんだ。」

私：

A：「1時間だけ、一緒に勉強しようよ。」

私：

A：「せっかく、勇気を出して誘ったのに…。一緒にいたくないの？」

私：

活動シート４－２　「ロールプレイング評価シート」　　２－④－２

ロールプレイング評価シート

２年＿＿＿組　名前＿＿＿＿＿＿＿＿＿＿＿＿

手順：「用意、スタート！」→ 演技 →「はい、カット！」→ 拍手！→ 評価記入 → 話し合い（特に良かったところ）

評　価　◎大変すばらしい！　　○だいたい良い！　　△もう一息でもっと良くなる

観　点	名　前					
	1	2	3	4	5	6
1　せりふの内容						
2　声の大きさや調子						
3　表情や身ぶり・手ぶり						
4　その他、気付いたこと						

授業の振り返り

①自分が演技してみて、どう思いましたか。

②他の人の演技を見て、どんなことに気付きましたか。

③今日の学習を、今後どのような場面で、どのように生かせると思いますか。

JKYB

4 誘いを断る　173

生徒用資料4-1　「自己主張的コミュニケーションスキル（はっきりタイプ）で断ろう」
2-4-3

自己主張的コミュニケーションスキル（はっきりタイプ）で断ろう

言葉の要素

2年＿＿＿組　名前＿＿＿＿＿＿＿＿＿＿＿＿

素直に気持ちを伝える 
「ごめんね。それは嫌なの。」
「私、そういうことは苦手だから、やめておくわ。」

きちんとした理由を言う 
「そういうことは、体に良くないからやらないようにしているんだ。」
「今、すごく急いでいるから無理なんだよ。」

話題を変える（代わりの案を出す） 
「それより、学校で一緒に勉強しない？」
「今日はやめて、他の日にしたらどうかな。」

法律や、他人の力を借りる 
「だめだめ。それは、法律で禁止されているから、絶対だめよ。」
「うちは、親がうるさいから無理なの。」

相手への理解を示す、相手を心配する 
「その気持ちよく分かるけれど。でも、やめた方がいいと思うよ。」
「そんなことしたら、君こそ大丈夫？」

場合によっては… 
自分の力でどうにもならないと思ったら、黙って立ち去るのも、大事な方法だよね。
そう。勇気ある行動よね。

言葉以外の要素

声の大きさや調子	視線	表情や身ぶり（話し方）	適切な距離
自信をもってはっきり話す	相手の方を見て話す	言いたいことが分かる表情や、身ぶりを用いて話す	離れすぎると気持ちが伝わりにくく、近づきすぎると相手に威圧感を与えることもある　危ない時などは離れる

JKYB

掲示用資料4-1　「ロールプレイングを行う前に」　　2-4-4

ロールプレイングを行う前に

目的
- 設定された状況の中で、新しい行動の仕方を学びます。
- 仲間の演技を見て、いろいろな方法があることを知ります。

手順
- 始まりと終わりに合図をしましょう！

「用意、スタート！」 → 演技 → 「はい、カット！」 → 拍手！ → 評価（特に良かったところ）

留意事項

全員参加	演技者は名札をつけて	イスから立って	誘い役はシンプルに	評価
・誘う役 ・断る役 ・観察者 ・合図係	・役割をはっきり！	・距離感 ・表情や身ぶり、話し方を上手に！	・学習の主役は断る人！	・良かったところを中心に！

教師用資料4-1　掲示用資料「ロールプレイングを行う前に：解説」　2-4-5

ロールプレイングを行う前に：解説

ロールプレイングは、ある特定の状況（異性に誘われる、喫煙や飲酒などの誘いを受けるなど）を、学校という安心できる環境の中で意図的に設定して、新しい行動の仕方を学ぶ時に有効です。

自分が演技して学習するだけではなく、仲間の演技を見て、いろいろな方法があることに気付くことができることも、ロールプレイングの大きなねらい、特徴です。

一つ一つの手順を理解してきちんと実施しないと、ただの遊びのようになってしまい、効果が得られない場合があります。

メリハリのある学習にするために、特に「用意、スタート！」と「はい、カット！」を徹底することが大切です。

教師用資料4-1　掲示用資料「ロールプレイングを行う前に：解説」

ロールプレイングを行う前に

目的
- 設定された状況の中で、新しい行動の仕方を学びます。
- 仲間の演技を見て、いろいろな方法があることを知ります。

手順
- 始まりと終わりに合図をしましょう！

「用意、スタート！」→ 演技 →「はい、カット！」→ 拍手！ → 評価（特に良かったところ）

留意事項

全員参加	演技者は名札をつけて	イスから立って	誘い役はシンプルに	評価
・誘う役 ・断る役 ・観察者 ・合図係	・役割をはっきり！	・距離感 ・表情や身ぶり、話し方を上手に！	・学習の主役は断る人！	・良かったところを中心に！

全員に参加している意識をもたせます。特に、演技することだけが学習ではなく、見ることも大事な学習であることを理解させます。

名札をつけることで、恥ずかしくなく、演技に入りやすくなります。

身ぶりを使うには、机をはさんで座ったままではできません。イスから立ち、適当な距離を確保して行えるよう、ステージになる位置を設定します。

誘い役に没頭し、執拗に誘うことがないように留意します。学習の主役は「断る人」であることを理解させ、誘う方はごくシンプルに言わせます。特に、好ましくない役割（たばこを勧めるなど）は、できるだけ子どもにはさせないような工夫が必要です。

できなかったところではなく、特に良かったところを評価するようにします。

※このほかの留意事項は『喫煙、飲酒、薬物乱用防止に関する指導参考資料（中学校編）』、財団法人日本学校保健会、2011、などをご参照ください。

> **参考資料**

● ロールプレイングとは

　ロールプレイングとは役割演技のことであり、参加者にある役割を与えて演じさせ、その活動を通じて状況の問題点を明らかにしたり、解決策を試す機会を与えたりする学習活動であり、「心理的免疫理論」にその基礎を置く。

心理的免疫理論

　心理的免疫とは、病気に対する身体的免疫になぞらえた考え方である。
　具体的には、ロールプレイングなどの学習活動を通じて、周囲の人からの圧力に対処する能力をあらかじめ形成しておくことによって、喫煙、飲酒、薬物乱用などの危険行動に誘われるような場面に実際に遭遇したとしても、より効果的に対処できるようになることを期待している。社会的免疫理論とも言う。

（川畑徹朗「行動変容につながる健康教育の理論的基礎」『第21回JKYB健康教育ワークショップ報告書（JKYBライフスキル教育研究会編）』、2012）

● ロールプレイングを実施する上での10の留意事項

ロールプレイング実施上の主な留意点

①ロールプレイングの始めと終わりが、演技者や観察者にはっきり分かるように、ロールプレイングの最中は、演技者に名札やリボンなどをつけさせる。
②ロールプレイングのシナリオは、子どもに状況を提案してもらうなど、できるだけ身近なものとする。
③時間を無駄にしないために、グループ別の活動の前にシナリオを決定しておく。
④ロールプレイングの時間は短く、3分以内とする。
⑤最初に第三者の立場でスキルを練習させた後で、自分自身の問題としてスキルを繰り返し練習させる。
⑥教師は、ロールプレイング実施中に演技者が横道にそれ始めたらすぐに止め、話し合って改善した後に再開する。
⑦ロールプレイングに参加したくない子どもがいる場合にはそれを認め、観察者などの役割を与える。
⑧観察者には、その役割（演技を見てスキルを学習したり、ロールプレイング終了後にスキルを改善するための助言を与えるなど）について、あらかじめ確認しておく。
⑨ロールプレイングの実施後のまとめには、少なくともロールプレイング全体の1／3程度の時間を当てる。
⑩まとめでは、まず演技者の役割を解き、学習したことを確認する。また、演技者を含む参加者の活動に対して、肯定的なコメントを多く与えるようにする。

（川畑徹朗「行動変容につながる健康教育の理論的基礎」『第21回JKYB健康教育ワークショップ報告書（JKYBライフスキル教育研究会編）』、2012）

5 男女の人間関係

1 指導のねらい

異性との人間関係に関して適切な意志決定を行う。

思春期には、心と体の発育・発達に伴って性衝動が生じたり、異性への関心が高まったりします。生徒の心身の発育・発達には個人差があり、異性に対する感情や考え方も様々です。異性への興味やあこがれ、不安、羞恥などの様々な感情が、人間関係に影響を及ぼす場合も少なくありません。異性に対する関心が高まることは、自然な成長の表れであることを踏まえつつ、異性への理解を深め、お互いの人格を尊重したより良い人間関係をつくっていくことが重要です。そのためには、思春期の心と体の変化に伴う人間関係に対応した適切な行動選択が必要となります。

本時では、異性の友だちとの友情や恋愛にかかわる場面において、意志決定スキルを適用し、より良い行動選択ができるようにするために、この題材を設定しました。

2 授業目標

①意志決定の基本ステップを確認する。
②男女の人間関係にかかわる状況において、意志決定スキルを適用する。

3 教育課程への位置付け

2学年：特別活動　学級活動
　　　：道徳　主として他の人とのかかわりに関すること　2-(4)

4 準備物リスト

- 活動シート5-1「男女の人間関係」
- 教師用資料5-1「『男女の人間関係』記入例」

5　指導過程の概略

	活動のステップ	活動のポイント	準備物
導入	**STEP 1** ●より良い行動選択をするために意志決定スキルを学習することを確認する	●教師は、意志決定の基本ステップを踏むことで、様々な場面においてより良い行動選択ができることを説明する ●活動シート5－1「男女の人間関係」の【ケース1】について、意志決定の基本ステップに沿って行動選択をする	●活動シート5－1「男女の人間関係」 ●教師用資料5－1「『男女の人間関係』記入例」
展開	**STEP 2** ●意志決定の基本ステップ「STOP」について検討する **STEP 3** ●意志決定の基本ステップ「THINK」について検討する **STEP 4** ●意志決定の基本ステップ「GO」の結果について意見交換をする	●活動シート5－1「男女の人間関係」の【ケース2】について、何について決めなければならないのか検討する ●グループで話し合い、どのような選択肢があるか、また、各選択肢のプラス面とマイナス面は何かを検討する ●一番良いと思った選択肢とその理由を発表し合い、各グループの考えを共有する	●活動シート5－1「男女の人間関係」
まとめ	**STEP 5** ●より良い行動選択をするためには、意志決定の基本ステップが有用であることを確認する	●活動シート5－1「男女の人間関係」に今日の学習の感想を記入し、発表し合う ●教師は、数人の生徒に感想を発表させ、意志決定のステップを用いることが、より良い関係を築くために有用であることを確認する	●活動シート5－1「男女の人間関係」

6　指導の展開

導　入

STEP 1 ｜ より良い行動選択をするために意志決定スキルを学習することを確認する

- 教師は、意志決定の基本ステップを踏むことで、様々な場面においてより良い行動選択ができることを説明します。

> **説明**　私たちは毎日、様々な意志決定を行っています。たくさんのことを瞬時に判断していますが、じっくり考えて意志決定をしなければならない場合もあります。より良い意志決定をするためには、１年生の時に学習した「意志決定の基本ステップ」がとても役に立ちます。今日は実際に意志決定の基本ステップを使って、人間関係にかかわる場面において、どのように行動したらよいか決める練習をしましょう。

- 教師は、活動シート５－１「男女の人間関係」を配付し、記入の仕方を指示します。

> **指示**　活動シート「男女の人間関係」【ケース１】を見てください。どんなケースか読みます。（読み上げた後）この場合、決めなければならないことは「誘いに対する返事をどうするか」ということです。三つの選択肢がすでに記入されています。それぞれの選択をした場合、どんな結果になるでしょうか。プラスとマイナスの両面から考えてみてください。そして、三つの選択肢のうち、どれが一番良いと思うか、理由もつけて書いてください。では記入してください。

- 活動シート５－１「男女の人間関係」の【ケース１】について、意志決定の基本ステップに沿って行動を選択します。
- 教師は、生徒がどの選択肢を選んだか、どのようなプラス面とマイナス面を考えたかを発表させ、板書します。
- 教師は、板書をもとに、どの選択肢にもプラス面とマイナス面があることを確認し、適切な意志決定ができるようになるために、様々な選択肢についてプラス面とマイナス面をしっかり考えることが必要であることを伝えます。

> **説明** みなさんが選んだ選択肢には、どれもプラス面とマイナス面がありましたね。適切な意志決定ができるようになるためには、このように複数の選択肢を挙げて、それぞれの選択肢についてのプラス面とマイナス面をしっかりと考えることが必要です。
>
> 今日は、特に意志決定の基本ステップの「THINK」の部分を意識して練習しましょう。

―――――――――――― 展 開 ――――――――――――

STEP 2　意志決定の基本ステップ「STOP」について検討する

- 教師は、活動シート5−1「男女の人間関係」の【ケース2】について「意志決定の基本ステップ」を活用して練習することを伝えます。

> **指示** 活動シートの【ケース2】を見てください。（読み上げた後）このような状況の時どうしたらよいか、意志決定の基本ステップに沿って考えてみましょう。まず、「何について決めなければならないのか」を個人で考えて記入してください。その後、グループで相談をします。

- 活動シート5−1「男女の人間関係」に、何について決めなければならないのか記入します。

※これ以降の活動はグループで行うので、4〜6人のグループに分かれて座らせる。

- グループで相談し、何について決めなければならないのかを決定します。
- 教師は、各グループを回って必要に応じてアドバイスをします。

※例えば、「何について決めなければならないのか」について、「どう断るか」などと初めから断ることを前提とした課題を設定すると、次のステップでの選択肢の幅が狭くなるため、教師用資料5−1『「男女の人間関係」記入例』を参考にし、より広く選択肢を検討できる課題になるようにアドバイスをする。

- 教師は、各グループが「STOP」の内容を何にしたか発表させます。

※「STOP」を何にするかで「THINK」の内容が変わってくることを確認する。

　［例］・返事をするか、しないか　　・付き合うか、付き合わないか
　　　　・返事の内容をどうするか

STEP 3 | 意志決定の基本ステップ「THINK」について検討する

- 教師は、意志決定の基本ステップ「THINK」について考えるように指示します。

> **指示** グループで決めた意志決定の課題について、「どのような選択肢があるか」を考えてみましょう。まず個人で記入してから、どのような選択肢があるか、それぞれの選択肢のプラス面とマイナス面について考えた後、グループで話し合ってください。友だちの意見で、なるほどと思ったことは、自分の活動シートに書き足しておきましょう。

- グループになって話し合い、どのような選択肢があるか、また、各選択肢のプラス面とマイナス面は何かを検討します。

※適切な選択肢が出てこないグループには、「STOP」にもどり、問題の立て方を考え直すことをアドバイスする。

STEP 4 | 意志決定の基本ステップ「GO」の結果について意見交換をする

- 教師は、意志決定の基本ステップ「GO」について考えるように指示します。

> **指示** グループで話し合った選択肢の中から、一番良いと思う選択肢とそう決めた理由を書いてください。そう決めた理由については、自分が、選択肢のプラス面、マイナス面のどの点を重視したかをきちんと書いてください。グループで意見を一つにする必要はありません。自分の考えを大切にしてください。次に、どのような選択をしたかグループ内で発表し合います。友だちの意見を聞いて考えが変わった場合は、活動シートに書き足しておきましょう。

- 最終的にどのような選択をしたかグループ内で意見交換をします。
- 教師は、各グループの代表者に、どのような選択をした人が多かったか、またその選択肢を選んだ主な理由について発表させます。

まとめ

STEP 5 より良い行動選択をするためには、意志決定の基本ステップが有用であることを確認する

- 活動シート5－1「男女の人間関係」に今日の学習の感想を記入し、発表します。
- 教師は、生徒の感想をもとに意志決定のポイントを確認します。

説明（例）

　今、みなさんは三つのステップを踏んで意志決定をしました。これからの生活で、何かを決めなければならない時に、このステップを思い出してください。

　まず「STOP」です。立ち止まって何を決めなければならないのかをはっきりさせます。それだけで問題がすっきりすることも多いです。何がなんだか分からない時こそ、この部分をしっかり考えてみてください。

　次に「THINK」です。どのような選択肢が考えられるか、少なくとも二つは考えましょう。解決を目指すだけではなく、そうした状況にかかわらないとか、信頼のおける人に相談するといった選択肢もあります。目先の人間関係ばかりを気にせず、いろいろな角度から考えられるといいですね。

　最後は「GO」です。しっかりと考えた上で、一番良いと思う選択肢を実行しましょう。多くの場合は、どの選択肢にもマイナス面があります。マイナス面を分かった上で実行するのと、分からずに実行するのでは大きな違いがあります。マイナス面も分かった上で実行し、その結果には責任をもつことが大切です。

　日常生活でも意識して考えるようにすると、より良い意志決定ができるようになります。

7　家庭や地域と連携した活動

- 活動シート5－1「男女の人間関係」の未記入のものを家庭用に配付します。親の立場で記入してもらい、親子で選択肢の比較をして話し合います。意志決定の基本ステップを練習するとともに、一方的にだめというのではなく、なぜだめなのかということについて話し合ったり、子どもを大切に思う気持ちを伝えたりする機会とします。
- PTA活動などの機会を利用して、実際に生徒と同じようなワークを体験してもらうのもよいでしょう。

活動シート5−1　「男女の人間関係」　2−5−1−①

男女の人間関係

2年___組　名前_____

1　下の【ケース1】について、それぞれの選択肢の「予想される結果」と「あなたの選択」を書いてください。

【ケース1】仲良しの異性の友だちから、二人だけでカラオケに行こうと誘われた。ほかの人も誘おうと言ったら、二人の方がたくさん歌えるから二人だけがいいと言われた。どうしようかな…。

STOP　止まって

何について決めなければならないのか
　誘いに対する返事をどうするか

THINK　考えて

どんな選択肢があるか	予想される結果	
	プラス面	マイナス面
①二人だけで行く		
②行かない		
③ほかの友だちも誘って行く		

GO　決めよう

一番良いと思った選択肢と選択した理由

2－⑤－1－②

2　【ケース2】について、意志決定の基本ステップを使って考えてみましょう。

【ケース2】同じクラスの友だちから告白された。今までそんなふうに考えたことはなかった。テレビや雑誌にあるような恋愛はしてみたいとは思う。明日には返事をする約束になっている。どうすればよいのかな。

STOP　止まって

何について決めなければならないのか

THINK　考えて

どんな選択肢があるか	予想される結果	
	プラス面	マイナス面
①		
②		
③		

友だちの考えをメモしておこう

GO　決めよう

一番良いと思った選択肢と選択した理由

3　今日の学習の感想を書きましょう。

教師用資料5-1　　「『男女の人間関係』記入例」　　2-5-2-①

「男女の人間関係」記入例

【ケース１】仲良しの異性の友だちから、二人だけでカラオケに行こうと誘われた。ほかの人も誘おうと言ったら、二人の方がたくさん歌えるから二人だけがいいと言われた。どうしようかな…。

STOP 止まって

何について決めなければならないのか
　誘いに対する返事をどうするか

THINK 考えて

どんな選択肢があるか	予想される結果	
	プラス面	マイナス面
①二人だけで行く	・たくさん歌える ・もっと仲良くなれる	・二人きりは盛り上がらない ・二人きりは危ない ・校則違反 ・お金がかかる
②行かない	・校則を守れる ・お金がかからない ・二人きりにならなくてすむ	・相手を傷つけそうで断りにくい ・断ったら冷たくされそう ・のりが悪いと思われる
③ほかの友だちも誘って行く	・気まずくない ・楽しい ・割安 ・二人きりにならなくてすむ	・校則違反 ・お金がかかる ・相手の提案を無視してしまう

GO 決めよう

一番良いと思った選択肢と選択した理由
②行かない

　行くと校則違反になるし、お金もかかる。別の遊びに誘えば、二人だけでカラオケに行くのを断ってもいいと思う。

JKYB

2-⑤-2-②

【ケース2】同じクラスの友だちから告白された。今までそんなふうに考えたことはなかった。テレビや雑誌にあるような恋愛はしてみたいとは思う。明日には返事をする約束になっている。どうすればよいのかな。

STOP 止まって

何について決めなければならないのか
　告白に対する返事をどうするか

THINK 考えて

どんな選択肢があるか	予想される結果	
	プラス面	マイナス面
①OKする	・彼氏（彼女）ができて楽しくなる ・相手と気まずくならないですむ	・恋愛感情がないのに付き合う ・本当に付き合いたい人ができた時に困る
②断る	・自分の気持ちに正直でいられる ・本当に好きな人ができた時に困らない	・断りにくい ・断った後の毎日が気まずい ・相手を傷つける
③返事を待ってもらう	・ゆっくり考えられる ・明日だけはなんとかなる	・いつかは返事をしなければならない ・相手を待たせてしまう ・約束をやぶることになる

友だちの考えをメモしておこう
・親とかきょうだいに相談してみる。→いいアドバイスがありそう。恥ずかしい。
・友だちのままがいいと言う。→今までどおりの関係でいられる。結局断るのと同じ。

GO 決めよう

一番良いと思った選択肢と選択した理由
②断る

　自分が考えた他の選択肢は、どれもマイナスが大きい気がした。嫌いじゃないけど恋愛感情もないのだから、素直に自分の気持ちを伝えた方が、今のまま友だちでいられていいと思った。

参考資料

● 意志決定のステップ

　人は、意識しているかどうかにかかわらず、毎日の生活の中で様々な意志決定をしている。こうした意志決定の仕方には様々なやり方があるが、重要な決定をしなくてはならない場面においては、合理的な意志決定のステップを踏むことが有用である。

　意志決定のステップに関するモデルには、簡単なものから複雑なものまで様々なものが考案されている。本プログラムでは、「STOP（止まって）」「THINK（考えて）」「GO（決めよう）」という基本的な意志決定のステップを習得させることを目指している。

STOP（止まって）：意志決定すべき問題を明確にする

　瞬時に判断を迫られるような意志決定の場合は別にして、重要な意志決定をする場合には、行動する前にまずは立ち止まって熟慮することを習慣化する必要がある。

　例えば、意志決定すべき問題を文章化してみることも、問題を明確化するのに有効である。問題の立て方は一つとは限らない。問題の立て方によって、とりうる選択肢は変わってくる。また、その問題は自分が意志決定すべき問題なのか、あるいは他の誰かが意志決定すべきことなのかを考えることも重要である。そして、自分自身が意志決定すべき問題だとしたら、自分一人で解決できることなのか、他の人の協力を仰ぐ必要があるかを検討する。あるいは、非常に複雑な問題の場合には、いくつかの小さな問題に分けることによって、自分の手に余るという気持ちに圧倒されずに済むかもしれない。

THINK（考えて）：とりうる選択肢を挙げ、それぞれの結果を予測する

　このステップは大きくは二つの小ステップに分けることができる。

　一つ目は、設定した問題を解決するのに有効な選択肢を挙げることである。自分のもっている知識や過去の経験に基づいて、とりうる選択肢を自由に挙げる。もし、とりうる選択肢が思いつかない場合には、様々な方法でその問題に関する情報を集めることが必要になってくる。複雑な意志決定モデルにおいては、選択肢を挙げる前に「情報を収集する」というステップを設けている場合もある。

　二つ目は、それぞれの選択肢が引き起こす結果を予測することである。各選択肢にはメリットとデメリットの両方があるはずである。また、自分だけではなく、自分以外の人に及ぼす影響を考える必要もあるかもしれない。あるいは、短期的なメリット・デメリットと長期的なメリット・デメリットが一致しない場合もあるかもしれない。

　以上のことをできるだけ視覚化して検討することによって、良い意志決定をすることが可能となる。

> GO（決めよう）：最善の選択肢を選び、実行する
>
> 　先のステップの結果に基づいて最善と思われる選択肢を選び、実行する。最終決断の段階においては、選んだ選択肢が自分の価値観に合ったものであるかどうかを、もう一度考えてみることが必要である。それは、自分の意志決定がどのような結果を引き起こすにせよ、その結果についての最終責任は自分自身にあるからに他ならない。
>
> 　ナサニエル・ブランデンは、その著『自信を育てる心理学』（春秋社）の中で、「子どものころには、まわりの大人の対応によって自信や自尊の気持ちが育ったり育たなかったりすることがあります。〔中略〕しかし、これがすべてではありません。たとえ幼くても、もっと重要な役割を果たすのは、自分自身で選択し決定することです。それこそが、その人の自負心（セルフエスティーム）がどこまで発達するかを決めるのです」（p.22）と述べている。
>
> 　ナサニエル・ブランデンは、人生上の重要な問題について主体的に意志決定し、その結果に責任をもつ生き方を「意識的な生き方」と呼び、意識的な生き方を続けることによってこそ本当の自尊心をもつことができるとしている。子どもたちが人生の早い段階で合理的な意志決定スキルを身に付け、意識的な生き方をするように支援することは、極めて意義のあることだと考えられる。

6 性に関する情報源

1 指導のねらい

性に関する情報源の信頼度を批判的に検討する。

2年時では、性に関する危険行動を避けるため、より良い意志決定の仕方や自己主張的コミュニケーションスキルを高める方法について学んできました。

思春期は、いろいろな事柄に対する興味や関心が強くなり、行動範囲が広がりを見せる時期です。また、友人などの影響だけではなく、様々なメディアの影響を受け、危険行動につながりやすくなります。

こうした時期にあって、あふれるような情報の中から、必要な情報を適切に選択する能力を育てることは大変重要なことです。

また、情報に対する批判的な思考力をもつことは、情報の信頼度について考え、適切に判断し、危険行動を回避することにつながります。

本時では、性に関する様々な情報源の中から、自分にとって有益であり、また信頼できる情報源について確認し、危険行動を回避する能力を身に付けるために、この題材を設定しました。

2 授業目標

①性に関する様々な情報源の信頼度を評価する。

3 教育課程への位置付け

2学年：特別活動　学級活動
　　　：総合的な学習の時間

4 準備物リスト

- 活動シート6-1「情報源の信頼度評価シート」
- 活動シート6-2「情報源の内容のメリット・デメリット」
- 活動シート6-3「振り返りシート」
- 教師用資料6-1「情報源信頼度計」
- 雑誌の広告（ジグソーパズル用）
- 大きめの短冊（2枚×グループ数）
- マジック（グループごとに異なる色を1本ずつ用意）

5　指導過程の概略

	活動のステップ	活動のポイント	準備物
導入	**STEP 1** ●「広告ジグソーパズル」を行い、グループをつくる	●「広告ジグソーパズル」を行い、「広告ジグソーパズル」が完成した者同士で4～6人のグループをつくる ●教師は、性に関する情報源とその活用の仕方について、学習することを伝える	●雑誌の広告（ジグソーパズル用）
展開	**STEP 2** ●情報源の信頼度を評価する	●活動シート6-1「情報源の信頼度評価シート」を用いて、情報源の信頼度を評価する ●グループごとに、各自の活動シート6-1「情報源の信頼度評価シート」を紹介し合う	●活動シート6-1「情報源の信頼度評価シート」
展開	**STEP 3** ●情報源の信頼度について、グループで話し合う	●グループごとに、意見が大きく分かれた二つの情報源を選び、活動シート6-2「情報源の内容のメリット・デメリット」に記入する ●話し合いが終わったグループは、選んだ二つの情報源の名称を、それぞれ大きめの短冊に書く	●活動シート6-1「情報源の信頼度評価シート」 ●活動シート6-2「情報源の内容のメリット・デメリット」 ●大きめの短冊 ●マジック
展開	**STEP 4** ●各グループの意見を発表する	●各グループで選んだ二つの情報源を、「情報源信頼度計」のそれぞれ該当する位置に貼り付けた後、活動シート6-2「情報源の内容のメリット・デメリット」を用いて、話し合った内容を発表する ●教師は、黒板に示された各情報源の信頼度について、意見を整理し、確認する	●教師用資料6-1「情報源信頼度計」 ●活動シート6-2「情報源の内容のメリット・デメリット」
まとめ	**STEP 5** ●本時の学習内容を確認する	●本時の学習を振り返りながら、活動シート6-3「振り返りシート」に記入する ●教師は、判断に困る出来事に直面した時、複数の情報源を活用したり、信頼のおけるまわりの大人に相談したりすることで、適切な判断ができることを確認する	●活動シート6-3「振り返りシート」

6　指導の展開

導　入

STEP 1 ｜ 「広告ジグソーパズル」を行い、グループをつくる

- 教師は、事前にクラスの人数に合わせて雑誌の広告数枚を用意し、それぞれを4〜6枚に切っておきます。

※4〜6枚を1セットにして封筒などに入れて保管しておくと、人数調整が必要な場合、便利である。（1、2名の増減を想定して準備しておくとよい。）
※使用する際は、広いテーブルの上で人数分の紙片を混ぜ合わせ、裏返しにしておく。

- 教師は、ゲームの説明をします。

> **説明**　これから「広告ジグソーパズル」というゲームを行います。
> テーブルの上に切り離した広告があります。1人1枚ずつ選んでください。
> 次に、自分が選んだ広告の他の部分を持っている人を見つけて、広告を元通りに完成させます。
> 同じ広告の人同士で、グループをつくります。そろったところから順に、グループになって着席してください。

- 「広告ジグソーパズル」が完成した4〜6人で、グループをつくります。
- 教師は、性に関する情報源の活用の仕方について、学習することを伝えます。

> **説明**　みなさんは、毎日の生活の中でテレビやインターネット、雑誌、新聞など、たくさんの情報源に囲まれて生活をしています。
> 今日は、性に関してどのような情報源があるか、それらは信頼できる情報源か、適切に活用するためにはどのようなことに注意すればよいかについて学習します。

展開

STEP 2　情報源の信頼度を評価する

- 教師は、活動シート6-1「情報源の信頼度評価シート」を配付します。

> **指示**　では、「情報源の信頼度評価シート」を配ります。活動シートに示した二次性徴など、性に関する様々な情報源の内容についてどの程度信頼しているかを尋ねるものです。個人で考え、該当する欄に〇をつけましょう。

- 教師は、すべての生徒が活動シート6-1「情報源の信頼度評価シート」に記入したことを確認した後、次の活動を始めます。

STEP 3　情報源の信頼度について、グループで話し合う

- 各自の情報源の信頼度評価シートの結果を、グループ内で話し合います。
- 教師は、活動シート6-1「情報源の信頼度評価シート」の各情報源のうち、グループ内で意見の分かれた二つの情報源を選び、それを中心に話し合うことを伝えます。

> **指示**　次に、大きく意見が分かれた情報源を二つ選びます。
> 　二つの情報源が決まったら、それぞれについて活動シート「情報源の内容のメリット・デメリット」を用いて、優れている点（メリット）と劣る点（デメリット）について話し合いましょう。話し合いの際、使いやすさや手に入りやすいかどうかも判断する要素とはなりますが、今回は特に内容面、つまりその情報源が「伝えようとしている内容」について考えてみましょう。
> 　例えば「広告・雑誌」では、「最新情報が得られる」「売り手に都合の良い情報ばかりで構成されているため偏った内容である」「間違った情報も含まれている」など、できるだけ多くの意見を出しましょう。その時、なぜそう思うのか、理由も伝え合うとよく分かりますね。

- 選んだ二つの情報源の内容について、活動シート6-2「情報源の内容のメリット・デメリット」を用いて、グループごとに司会者と発表者を決め、話し合います。
- 話し合いが終わったら、活動シート6-2「情報源の内容のメリット・デメリット」の2の活動に取り組みます。
- 教師は、各グループで選んだ二つの情報源の名称を、二つの大きめの短冊に各グループに割り当てられた色のマジックで書くように伝えます。

6 性に関する情報源　193

※教師は、選んだ情報源を書くための大きめの短冊と決められた色のマジックを、各グループに配付する。
※教師は、話し合いが進んでいないグループに必要な支援をする。

STEP 4　各グループの意見を発表する

- 教師は、各グループの話し合いが終了したことを確認した後、発表をさせます。

> **指示**　では、グループごとに発表をしてもらいます。
> 　まず、決められた色のマジックで書かれた短冊を、黒板の「情報源信頼度計」の該当する位置に貼ります。
> 　次に、「情報源の内容のメリット・デメリット」に沿って、話し合った内容を発表しましょう。質問の時間は、それぞれの発表の後に設けます。

- 各グループの発表者は、二つの短冊を「情報源信頼度計」の該当する位置に貼りつけた後、「情報源の内容のメリット・デメリット」に沿って分かりやすく説明します。

※教師は、各グループの発表者に、短冊は発表後も貼ったままにしておくように伝える。

- 各グループの発表に対して、質問や感じたことを述べ合います。

※教師は、発表の内容や出された意見を踏まえて、情報源の信頼度について生徒の理解を深めるようにする。

まとめ

STEP5　本時の学習内容を確認する

- 教師は、今日の授業の内容や、分かったこと、感想などを活動シート6-3「振り返りシート」に記入させ、数人の生徒を指名して発表させます。
- 教師は、性に関する情報源には、メリット・デメリットがあることを確認します。
- 教師は、判断に困る出来事に直面した時、複数の情報源を活用したり、信頼のおけるまわりの大人に相談をしたりすることで、適切な判断ができることを説明します。

> **説明**　正確な情報を得るためにはどうしたらよいでしょう。
> 　　信頼できる情報源を選ぶことに加えて、複数の情報源を活用したり、信頼できる大人に相談したりすることによって、正しい判断をすることができます。

※生徒から出た意見を生かしながら、確認するとよい。

7　家庭や地域と連携した活動

- 活動シート6-1「情報源の信頼度評価シート」を持ち帰り、家族に答えてもらい、話し合います。

| 活動シート6-1 | 「情報源の信頼度評価シート」 | 2-6-1 |

情報源の信頼度評価シート

2年___組　名前_____

　私たちのまわりには、性に関するたくさんの情報があります。私たちの考えや行動は、テレビ、雑誌、インターネットなどのメディアや先輩や友人からの情報の影響を受けています。しかし、そうした情報の中にはあまり信頼のできないものも含まれています。
　次に示した性に関する情報源は、あなたにとってどの程度信頼のおけるものか、あなたの気持ちに最もあてはまる番号に〇をつけましょう。

	情報源の種類	信頼できる	やや信頼できる	あまり信頼できない	信頼できない
1	先輩や友人	4	3	2	1
2	広告・雑誌	4	3	2	1
3	テレビ	4	3	2	1
4	教科書や医学の専門書	4	3	2	1
5	医者などの専門家	4	3	2	1
6	インターネット	4	3	2	1
7	彼氏・彼女	4	3	2	1
8	親	4	3	2	1
9	きょうだいなどの他の家族	4	3	2	1
10	学校の先生	4	3	2	1

活動シート6-2　「情報源の内容のメリット・デメリット」　2-6-2

情報源の内容のメリット・デメリット

（グループ　　　　　　）　　　2年___組　名前_____

1　情報源の内容のメリット・デメリットを見つけよう。
　　活動シート6-1「情報源の信頼度評価シート」に挙げられている情報源の中から、二つの情報源を選び、その情報源のメリット・デメリットを挙げてみましょう。
　　その際、特に内容面の信頼度に焦点をあてて考えてみましょう。
　（参考）
　　　　①内容は正しいか
　　　　②自分にとって分かりやすい内容か　　など

（1）情報源	
メリット	
デメリット	

（2）情報源	
メリット	
デメリット	

2　グループで話し合って、情報源（1）と（2）はそれぞれ「情報源信頼度計」のどの位置か決めましょう。位置は矢印で示しましょう。

例（1）
⬇

| 信頼できる | やや信頼できる | あまり信頼できない | 信頼できない |

活動シート6-3　「振り返りシート」　　2-6-3

振り返りシート

2年___組　名前_____

今日の学習について振り返ってみましょう。
次の質問について、最もあてはまる番号に〇をつけましょう。

1　情報源の信頼度評価シートを使って、自分の考えを確認することができた。
　①とてもあてはまる　②ややあてはまる　③あまりあてはまらない　④あてはまらない

2　グループの話し合いでは、積極的に発言することができた。
　①とてもあてはまる　②ややあてはまる　③あまりあてはまらない　④あてはまらない

3　情報源の内容にはそれぞれメリットとデメリットがあることが分かった。
　①とてもあてはまる　②ややあてはまる　③あまりあてはまらない　④あてはまらない

4　今後様々な情報源を活用する際、今回の学習内容が役立つと思う。
　①とてもあてはまる　②ややあてはまる　③あまりあてはまらない　④あてはまらない

5　学習を終えて、分かったことや感想を書きましょう。

教師用資料6－1　「情報源信頼度計」　2-6-4

情報源信頼度計

短冊に書かれている情報は、あなたにとってどのくらい信頼できるものですか。この情報源信頼度計においてみましょう。

（例）

- 医者などの専門家
- 学校の先生
- 先輩や友人
- テレビ
- インターネット
- 彼氏・彼女
- きょうだいなどの他の家族
- 広告・雑誌

信頼できる	やや信頼できる	あまり信頼できない	信頼できない

※黒板に、模造紙など、大きな紙で作成したものを貼ったり、黒板に書いたりして使うとよいでしょう。

参考資料

●メディアリテラシーの定義

　現代の子どもたちが、好むと好まざるとにかかわらず、あふれるようなメディア環境の中で生きていかざるを得ない以上、メディアを賢く利用するとともに、より適切なメディア環境に変えていくことができる「たくましい」メディア消費者となるように教育的働きかけをすることが重要である。

　こうした考え方に基づいて導入されたのが、「メディアリテラシー教育」である。総務省による定義によれば、メディアリテラシーは、以下の三つに分かれる。

　①メディアを主体的に読み解く能力
　②メディアにアクセスし、活用する能力
　③メディアを通じてコミュニケーションを創造する能力

　このうち、子どもたちがメディア情報の悪影響を受けないようにするためには、メディア情報を主体的に読み取る能力、すなわちクリティカル・シンキング（批判的思考能力）を子どもたちが身に付けることが重要である。

（財団法人日本学校保健会編『メディアリテラシーと子どもの健康調査委員会報告書』、2010）

●性に関する情報源

　青少年にとってメディアは、性に関する大きな情報源となっている。図6−1と図6−2は財団法人日本性教育協会の調査によるものである。「男女交際の仕方」について知識や情報を得ているものとしては、中学生男子の10.2％、同女子の35.2％が「コミックス／雑誌」を挙げていた。「性交」についても、中学生男子の11.6％、同女子の33.5％が「コミックス／雑誌」を挙げていた。ほかにも「ポルノ雑誌／アダルトビデオ」、「インターネット」からも情報を得ている者の割合は高く、多くの子どもたちがメディアから性に関する情報を得ていることが分かる。

図6-1 性に関する情報源（中学生男子）

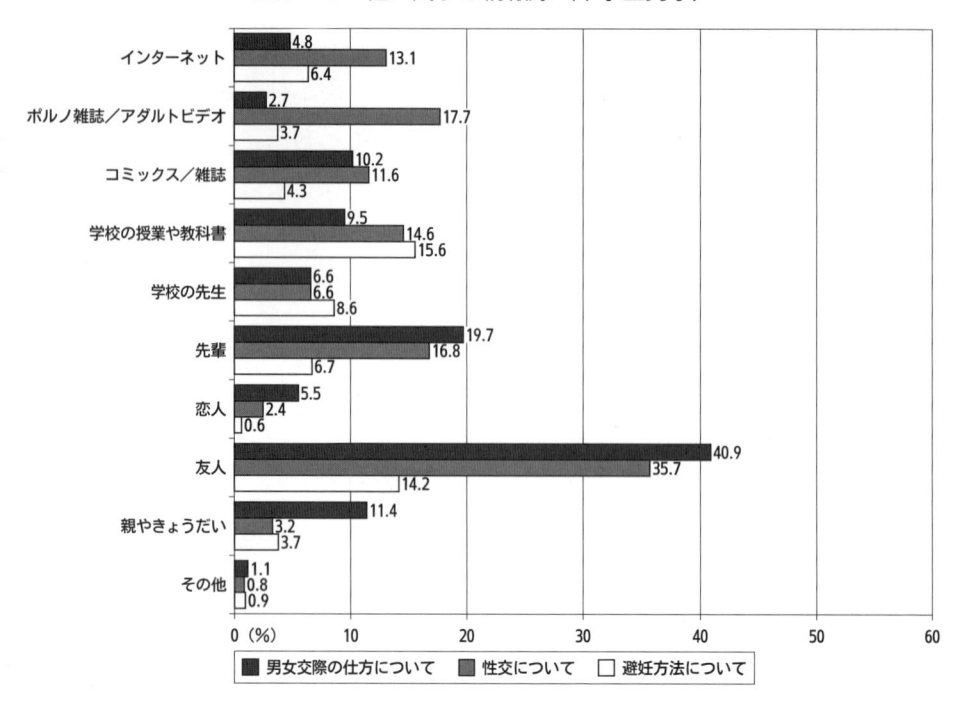

情報源	男女交際の仕方について	性交について	避妊方法について
インターネット	4.8	13.1	6.4
ポルノ雑誌／アダルトビデオ	2.7	17.7	3.7
コミックス／雑誌	10.2	11.6	4.3
学校の授業や教科書	9.5	14.6	15.6
学校の先生	6.6	6.6	8.6
先輩	19.7	16.8	6.7
恋人	5.5	2.4	0.6
友人	40.9	35.7	14.2
親やきょうだい	11.4	3.2	3.7
その他	1.1	0.8	0.9

図6-2 性に関する情報源（中学生女子）

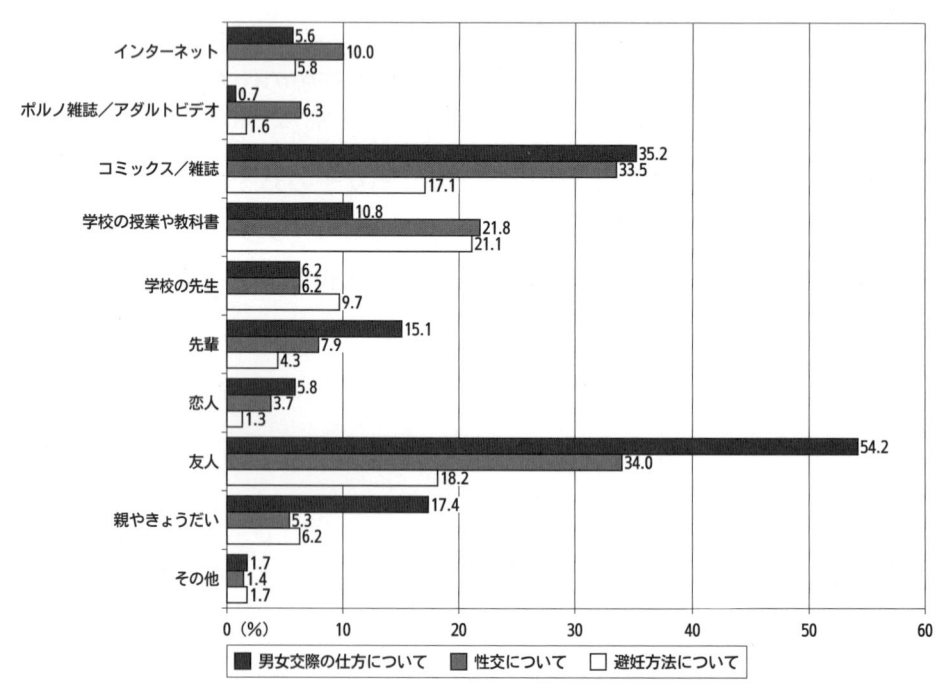

情報源	男女交際の仕方について	性交について	避妊方法について
インターネット	5.6	10.0	5.8
ポルノ雑誌／アダルトビデオ	0.7	6.3	1.6
コミックス／雑誌	35.2	33.5	17.1
学校の授業や教科書	10.8	21.8	21.1
学校の先生	6.2	6.2	9.7
先輩	15.1	7.9	4.3
恋人	5.8	3.7	1.3
友人	54.2	34.0	18.2
親やきょうだい	17.4	5.3	6.2
その他	1.7	1.4	1.7

（財団法人日本性教育協会『若者の性』、小学館、2007）

中学校2年　第1時「中学生の心と体の健康に関する生徒のニーズ調査」

以下の事項について、該当する番号や箇所に○を付けたり、空欄に数字を入れたりしてください。
1. 授業実施日：（　　　）年　（　　　）月　（　　　）日
2. 本時の学習に要した時間　約（　　　　　）分
3. 予定した学習内容や学習活動について全て指導することができましたか。
 　　1．はい　　2．いいえ（具体的には：　　　　　　　　　　　　　　　　　　　　　　　　　　　　）
4. 本時全体について以下の点から評価してください。
 　1）学習内容全体のつながりや授業の流れ：　　1．とても良い　2．良い　3．悪い　4．とても悪い
 　2）生徒の興味・関心：　　　　　　　　　　　1．とても高い　2．高い　3．低い　4．とても低い
 　3）生徒の授業への参加態度等：　　　　　　　1．とても良い　2．良い　3．悪い　4．とても悪い
 　4）生徒にとっての学習内容や学習活動のレベル：1．とても高い　2．高い　3．低い　4．とても低い
 　5）先生にとっての準備に要する負担や時間：　1．多い　　　　2．普通である　　3．少ない
5. 各学習内容や学習活動について、評価してください。
 （1）「中学生の心と体」という言葉についてのマインドマップを作成する活動
 　1）学習の意義：　　　　　　1．とてもあった　2．あった　3．あまりなかった　4．全くなかった
 　2）生徒の参加意欲：　　　　1．とてもあった　2．あった　3．あまりなかった　4．全くなかった
 （2）マインドマップを発表する活動
 　1）学習の意義：　　　　　　1．とてもあった　2．あった　3．あまりなかった　4．全くなかった
 　2）生徒の参加意欲：　　　　1．とてもあった　2．あった　3．あまりなかった　4．全くなかった
 （3）心と体の健康に関して、1年時に学習した内容を振り返る活動
 　1）学習の意義：　　　　　　1．とてもあった　2．あった　3．あまりなかった　4．全くなかった
 　2）生徒の参加意欲：　　　　1．とてもあった　2．あった　3．あまりなかった　4．全くなかった
 （4）「中学生の心と体の健康に関する調査」に記入する活動
 　1）学習の意義：　　　　　　1．とてもあった　2．あった　3．あまりなかった　4．全くなかった
 　2）生徒の参加意欲：　　　　1．とてもあった　2．あった　3．あまりなかった　4．全くなかった
6. 上記の評価も含めて、特に良かった学習内容、活動、教材等があれば挙げてください。

7. 上記の評価も含めて、特に改善すべき学習内容、活動、教材等があれば挙げてください。

8. 本時全体に関して総合的に評定してください。
 　　1．とても良い　　2．良い　　3．悪い　　4．とても悪い
9. この授業に関連して「家庭や地域と連携した活動」をされましたか。
 　　1．はい　　2．いいえ
 　　　・実施された場合は、具体的にはどのようなことをされましたか。

10. その他、この授業に関するご意見やご要望があればお書きください。

中学校2年　第2時「仲間の影響」

以下の事項について、該当する番号や箇所に○を付けたり、空欄に数字を入れたりしてください。
1．授業実施日：（　　　）年　（　　　）月　（　　　）日
2．本時の学習に要した時間　約（　　　）分
3．予定した学習内容や学習活動について全て指導することができましたか。
　　　1．はい　　2．いいえ（具体的には：　　　　　　　　　　　　　　　　　　　　　　　　　　）
4．本時全体について以下の点から評価してください。
　1）学習内容全体のつながりや授業の流れ：　　　1．とても良い　　2．良い　　3．悪い　　4．とても悪い
　2）生徒の興味・関心：　　　　　　　　　　　　1．とても高い　　2．高い　　3．低い　　4．とても低い
　3）生徒の授業への参加態度等：　　　　　　　　1．とても良い　　2．良い　　3．悪い　　4．とても悪い
　4）生徒にとっての学習内容や学習活動のレベル：1．とても高い　　2．高い　　3．低い　　4．とても低い
　5）先生にとっての準備に要する負担や時間：　　1．多い　　　　　2．普通である　　　　　3．少ない
5．各学習内容や学習活動について、評価してください。
（1）ゲーム「仲間の条件」を行ってグループをつくる活動
　1）学習の意義：　　　　　1．とてもあった　　2．あった　　3．あまりなかった　　4．全くなかった
　2）生徒の参加意欲：　　　1．とてもあった　　2．あった　　3．あまりなかった　　4．全くなかった
（2）生徒用資料「仲間について考えてみよう」の問題について、ハートメーターを使って話し合う活動
　1）学習の意義：　　　　　1．とてもあった　　2．あった　　3．あまりなかった　　4．全くなかった
　2）生徒の参加意欲：　　　1．とてもあった　　2．あった　　3．あまりなかった　　4．全くなかった
（3）仲間とのかかわり方について模造紙にまとめた後に、発表する活動
　1）学習の意義：　　　　　1．とてもあった　　2．あった　　3．あまりなかった　　4．全くなかった
　2）生徒の参加意欲：　　　1．とてもあった　　2．あった　　3．あまりなかった　　4．全くなかった
6．上記の評価も含めて、特に良かった学習内容、活動、教材等があれば挙げてください。

7．上記の評価も含めて、特に改善すべき学習内容、活動、教材等があれば挙げてください。

8．本時全体に関して総合的に評定してください。
　　　1．とても良い　　2．良い　　3．悪い　　4．とても悪い
9．この授業に関連して「家庭や地域と連携した活動」をされましたか。
　　　1．はい　　2．いいえ
　　　　　・実施された場合は、具体的にはどのようなことをされましたか。

10．その他、この授業に関するご意見やご要望があればお書きください。

中学校2年　第3時「危険行動を避ける」

以下の事項について、該当する番号や箇所に○を付けたり、空欄に数字を入れたりしてください。

1. 授業実施日：（　　　）年　（　　　）月　（　　　）日
2. 本時の学習に要した時間　約（　　　　）分
3. 予定した学習内容や学習活動について全て指導することができましたか。
　　1．はい　　2．いいえ（具体的には：　　　　　　　　　　　　　　　　　　　　　　　　　　　　　　　　）
4. 本時全体について以下の点から評価してください。
　1）学習内容全体のつながりや授業の流れ：　　1．とても良い　　2．良い　　3．悪い　　4．とても悪い
　2）生徒の興味・関心：　　　　　　　　　　　1．とても高い　　2．高い　　3．低い　　4．とても低い
　3）生徒の授業への参加態度等：　　　　　　　1．とても良い　　2．良い　　3．悪い　　4．とても悪い
　4）生徒にとっての学習内容や学習活動のレベル：1．とても高い　　2．高い　　3．低い　　4．とても低い
　5）先生にとっての準備に要する負担や時間：　1．多い　　　　　2．普通である　　　3．少ない
5. 各学習内容や学習活動について、評価してください。
（1）ジェスチャーゲームを行ってグループをつくる活動
　1）学習の意義：　　　　　1．とてもあった　　2．あった　　3．あまりなかった　　4．全くなかった
　2）生徒の参加意欲：　　　1．とてもあった　　2．あった　　3．あまりなかった　　4．全くなかった
（2）「どのくらい危険？」にチェックしたものをもとに、グループ内で話し合う活動
　1）学習の意義：　　　　　1．とてもあった　　2．あった　　3．あまりなかった　　4．全くなかった
　2）生徒の参加意欲：　　　1．とてもあった　　2．あった　　3．あまりなかった　　4．全くなかった
（3）危険行動につながる共通の原因について、グループ内で考える活動
　1）学習の意義：　　　　　1．とてもあった　　2．あった　　3．あまりなかった　　4．全くなかった
　2）生徒の参加意欲：　　　1．とてもあった　　2．あった　　3．あまりなかった　　4．全くなかった
6. 上記の評価も含めて、特に良かった学習内容、活動、教材等があれば挙げてください。

7. 上記の評価も含めて、特に改善すべき学習内容、活動、教材等があれば挙げてください。

8. 本時全体に関して総合的に評定してください。
　　1．とても良い　　2．良い　　3．悪い　　4．とても悪い
9. この授業に関連して「家庭や地域と連携した活動」をされましたか。
　　1．はい　　2．いいえ
　　　・実施された場合は、具体的にはどのようなことをされましたか。

10. その他、この授業に関するご意見やご要望があればお書きください。

中学校2年　第4時「誘いを断る」【第1時】

以下の事項について、該当する番号や箇所に○を付けたり、空欄に数字を入れたりしてください。
1．授業実施日：（　　　）年（　　　）月（　　　）日
2．本時の学習に要した時間　約（　　　）分
3．予定した学習内容や学習活動について全て指導することができましたか。
　　1．はい　　2．いいえ（具体的には：　　　　　　　　　　　　　　　　　　　　　　　　　　）
4．本時全体について以下の点から評価してください。
　1）学習内容全体のつながりや授業の流れ：　　1．とても良い　2．良い　3．悪い　4．とても悪い
　2）生徒の興味・関心：　　　　　　　　　　　1．とても高い　2．高い　3．低い　4．とても低い
　3）生徒の授業への参加態度等：　　　　　　　1．とても良い　2．良い　3．悪い　4．とても悪い
　4）生徒にとっての学習内容や学習活動のレベル：1．とても高い　2．高い　3．低い　4．とても低い
　5）先生にとっての準備に要する負担や時間：　1．多い　　　　2．普通である　　3．少ない
5．各学習内容や学習活動について、評価してください。
（1）自己主張的コミュニケーションスキルを用いた断り方について、ブレインストーミングで意見を出し合う活動
　1）学習の意義：　　　　　　1．とてもあった　2．あった　3．あまりなかった　4．全くなかった
　2）生徒の参加意欲：　　　　1．とてもあった　2．あった　3．あまりなかった　4．全くなかった
（2）ブレインストーミングで出された意見が「言葉の要素」のどれに当てはまるかを話し合う活動
　1）学習の意義：　　　　　　1．とてもあった　2．あった　3．あまりなかった　4．全くなかった
　2）生徒の参加意欲：　　　　1．とてもあった　2．あった　3．あまりなかった　4．全くなかった
（3）自己主張的コミュニケーションスキルで台本を書き、さらにグループで話し合って台本を修正する活動
　1）学習の意義：　　　　　　1．とてもあった　2．あった　3．あまりなかった　4．全くなかった
　2）生徒の参加意欲：　　　　1．とてもあった　2．あった　3．あまりなかった　4．全くなかった
6．上記の評価も含めて、特に良かった学習内容、活動、教材等があれば挙げてください。

7．上記の評価も含めて、特に改善すべき学習内容、活動、教材等があれば挙げてください。

8．本時全体に関して総合的に評定してください。
　　1．とても良い　　2．良い　　3．悪い　　4．とても悪い
9．この授業に関連して「家庭や地域と連携した活動」をされましたか。
　　1．はい　　2．いいえ
　　　・実施された場合は、具体的にはどのようなことをされましたか。

10．その他、この授業に関するご意見やご要望があればお書きください。

中学校2年　第4時「誘いを断る」【第2時】

以下の事項について、該当する番号や箇所に○を付けたり、空欄に数字を入れたりしてください。
1. 授業実施日：（　　　）年　（　　　）月　（　　　）日
2. 本時の学習に要した時間　約（　　　）分
3. 予定した学習内容や学習活動について全て指導することができましたか。
　　　1．はい　　2．いいえ（具体的には：　　　　　　　　　　　　　　　　　　　　　　　　　　　）
4. 本時全体について以下の点から評価してください。
　1）学習内容全体のつながりや授業の流れ：　　1．とても良い　　2．良い　　3．悪い　　4．とても悪い
　2）生徒の興味・関心：　　　　　　　　　　　1．とても高い　　2．高い　　3．低い　　4．とても低い
　3）生徒の授業への参加態度等：　　　　　　　1．とても良い　　2．良い　　3．悪い　　4．とても悪い
　4）生徒にとっての学習内容や学習活動のレベル：1．とても高い　　2．高い　　3．低い　　4．とても低い
　5）先生にとっての準備に要する負担や時間：　1．多い　　　　2．普通である　　　3．少ない
5. 各学習内容や学習活動について、評価してください。
（1）グループ内で、自分が書いた台本を用いて「誘いを断る」ロールプレイングを行う活動
　1）学習の意義：　　　　　　1．とてもあった　2．あった　3．あまりなかった　4．全くなかった
　2）生徒の参加意欲：　　　　1．とてもあった　2．あった　3．あまりなかった　4．全くなかった
（2）グループ内でロールプレイングを行う時に、仲間の演技を観察して評価する活動
　1）学習の意義：　　　　　　1．とてもあった　2．あった　3．あまりなかった　4．全くなかった
　2）生徒の参加意欲：　　　　1．とてもあった　2．あった　3．あまりなかった　4．全くなかった
（3）グループの代表者が全体の前でロールプレイングを行い、学級全体で観察して評価する活動
　1）学習の意義：　　　　　　1．とてもあった　2．あった　3．あまりなかった　4．全くなかった
　2）生徒の参加意欲：　　　　1．とてもあった　2．あった　3．あまりなかった　4．全くなかった
6. 上記の評価も含めて、特に良かった学習内容、活動、教材等があれば挙げてください。

7. 上記の評価も含めて、特に改善すべき学習内容、活動、教材等があれば挙げてください。

8. 本時全体に関して総合的に評定してください。
　　　1．とても良い　　2．良い　　3．悪い　　4．とても悪い
9. この授業に関連して「家庭や地域と連携した活動」をされましたか。
　　　1．はい　　2．いいえ
　　　　・実施された場合は、具体的にはどのようなことをされましたか。

10. その他、この授業に関するご意見やご要望があればお書きください。

中学校2年　第5時「男女の人間関係」

以下の事項について、該当する番号や箇所に○を付けたり、空欄に数字を入れたりしてください。

1. 授業実施日：（　　　）年（　　　）月（　　　）日
2. 本時の学習に要した時間　約（　　　）分
3. 予定した学習内容や学習活動について全て指導することができましたか。
   　　1．はい　　2．いいえ（具体的には：　　　　　　　　　　　　　　　　　　　　　　　　　）
4. 本時全体について以下の点から評価してください。
   1）学習内容全体のつながりや授業の流れ：　　1．とても良い　　2．良い　　3．悪い　　4．とても悪い
   2）生徒の興味・関心：　　　　　　　　　　1．とても高い　　2．高い　　3．低い　　4．とても低い
   3）生徒の授業への参加態度等：　　　　　　1．とても良い　　2．良い　　3．悪い　　4．とても悪い
   4）生徒にとっての学習内容や学習活動のレベル：1．とても高い　2．高い　　3．低い　　4．とても低い
   5）先生にとっての準備に要する負担や時間：　1．多い　　　　2．普通である　　　　　3．少ない
5. 各学習内容や学習活動について、評価してください。
（1）意志決定のステップ「STOP」について検討する活動
   1）学習の意義：　　　　1．とてもあった　　2．あった　　3．あまりなかった　　4．全くなかった
   2）生徒の参加意欲：　　1．とてもあった　　2．あった　　3．あまりなかった　　4．全くなかった
（2）意志決定のステップ「THINK」について検討する活動
   1）学習の意義：　　　　1．とてもあった　　2．あった　　3．あまりなかった　　4．全くなかった
   2）生徒の参加意欲：　　1．とてもあった　　2．あった　　3．あまりなかった　　4．全くなかった
（3）意志決定のステップ「GO」においてどのような選択をしたか意見交換をする活動
   1）学習の意義：　　　　1．とてもあった　　2．あった　　3．あまりなかった　　4．全くなかった
   2）生徒の参加意欲：　　1．とてもあった　　2．あった　　3．あまりなかった　　4．全くなかった
（4）感想を記入し、意志決定のポイントを確認する活動
   1）学習の意義：　　　　1．とてもあった　　2．あった　　3．あまりなかった　　4．全くなかった
   2）生徒の参加意欲：　　1．とてもあった　　2．あった　　3．あまりなかった　　4．全くなかった
6. 上記の評価も含めて、特に良かった学習内容、活動、教材等があれば挙げてください。

7. 上記の評価も含めて、特に改善すべき学習内容、活動、教材等があれば挙げてください。

8. 本時全体に関して総合的に評定してください。
   　　1．とても良い　　2．良い　　3．悪い　　4．とても悪い
9. この授業に関連して「家庭や地域と連携した活動」をされましたか。
   　　1．はい　　2．いいえ
   　　　　・実施された場合は、具体的にはどのようなことをされましたか。

10. その他、この授業に関するご意見やご要望があればお書きください。

中学校2年　第6時「性に関する情報源」

以下の事項について、該当する番号や箇所に○を付けたり、空欄に数字を入れたりしてください。
1．授業実施日：（　　　）年　（　　　）月　（　　　）日
2．本時の学習に要した時間　約（　　　）分
3．予定した学習内容や学習活動について全て指導することができましたか。
　　　1．はい　　2．いいえ（具体的には：　　　　　　　　　　　　　　　　　　　　　　　　　　　　）
4．本時全体について以下の点から評価してください。
　1）学習内容全体のつながりや授業の流れ：　　　1．とても良い　　2．良い　　3．悪い　　4．とても悪い
　2）生徒の興味・関心：　　　　　　　　　　　1．とても高い　　2．高い　　3．低い　　4．とても低い
　3）生徒の授業への参加態度等：　　　　　　　1．とても良い　　2．良い　　3．悪い　　4．とても悪い
　4）生徒にとっての学習内容や学習活動のレベル：1．とても高い　　2．高い　　3．低い　　4．とても低い
　5）先生にとっての準備に要する負担や時間：　　1．多い　　　　　2．普通である　　　　3．少ない
5．各学習内容や学習活動について、評価してください。
（1）情報源の信頼度について個人で評価する活動
　1）学習の意義：　　　　1．とてもあった　　2．あった　　3．あまりなかった　　4．全くなかった
　2）生徒の参加意欲：　　1．とてもあった　　2．あった　　3．あまりなかった　　4．全くなかった
（2）情報源の信頼度について、グループで話し合う活動
　1）学習の意義：　　　　1．とてもあった　　2．あった　　3．あまりなかった　　4．全くなかった
　2）生徒の参加意欲：　　1．とてもあった　　2．あった　　3．あまりなかった　　4．全くなかった
（3）グループでの意見をまとめて発表する活動
　1）学習の意義：　　　　1．とてもあった　　2．あった　　3．あまりなかった　　4．全くなかった
　2）生徒の参加意欲：　　1．とてもあった　　2．あった　　3．あまりなかった　　4．全くなかった
6．上記の評価も含めて、特に良かった学習内容、活動、教材等があれば挙げてください。

7．上記の評価も含めて、特に改善すべき学習内容、活動、教材等があれば挙げてください。

8．本時全体に関して総合的に評定してください。
　　　1．とても良い　　2．良い　　3．悪い　　4．とても悪い
9．この授業に関連して「家庭や地域と連携した活動」をされましたか。
　　　1．はい　　2．いいえ
　　　　・実施された場合は、具体的にはどのようなことをされましたか。

10．その他、この授業に関するご意見やご要望があればお書きください。

1 中学生の心と体の健康に関する生徒のニーズ調査

1 指導のねらい

これまでの学習を振り返り、これから学びたい内容を明らかにする。

　1年時では、思春期の心や体の変化、家族とのつながり、より良い情報を得る方法、人間関係やストレスのことなどについて学びました。2年時では、仲間の影響、自己主張的コミュニケーションスキルの大切さ、危険行動を避ける方法、危険な誘いの断り方、異性との関係に関する意志決定、メディアの信頼性などについて学びました。3年時にもさらに、今までの学習をもとに中学生の心と体の健康について学んでいきます。

　本時では、中学生の心と体の健康の学習を進めるにあたり、これまで学習した内容を再確認するとともに、生徒自身が中学生の心と体の健康について、さらに学びたい内容を明らかにするために、この題材を設定しました。

2 授業目標

①1、2年時に学習した内容を想起する。
②中学生の心と体の健康に関することで、3年時にはさらに、どのようなことを学習したいのかを明らかにする。

3 教育課程への位置付け

3学年：特別活動　学級活動

4 準備物リスト

- 活動シート1-1「心と体の健康に関する学習を思い出そう」
- 活動シート1-2「中学生の心と体の健康に関する調査」
- 活動シート1-3「振り返りシート」
- 模造紙（1／2の大きさ）
- マジック
- 保護者用アンケート「中学生の心と体の健康に関する調査」

5　指導過程の概略

	活動のステップ	活動のポイント	準備物
導入	**STEP 1** ● 本時から中学生の心と体の健康について学習することを確認する	● 教師は、これから1、2年時に引き続いて、中学生の心と体の健康に関する学習を進めていくことを伝える ● 教師は、本時では、1、2年時に心と体の健康についてどのようなことを学んだか、これからどのようなことを学びたいと思っているかを確認することを説明する	
展開	**STEP 2** ●「中学生の心と体」に関するマインドマップを作る	● 模造紙の中央に「中学生の心と体」という言葉を書く ● 今まで学習してきたことをもとに連想した言葉を書き、次々と言葉をつなげていく	● 模造紙 ● マジック
	STEP 3 ● できあがったマインドマップを回覧する	● 各グループで作り上げたマインドマップを1、2分ずつグループごとに回覧し、言葉を付け加えたり、興味深い言葉に対してマジックで印をつけたりする	● 完成したマインドマップ ● マジック
	STEP 4 ● 1、2年時に学んだ心と体の健康に関する学習を振り返る	● マインドマップを見ながら、1、2年時の学習を思い出し、活動シート1－1「心と体の健康に関する学習を思い出そう」に記入する	● 活動シート1－1「心と体の健康に関する学習を思い出そう」
	STEP 5 ●「中学生の心と体の健康に関する調査」に記入する	● 各自で、活動シート1－2「中学生の心と体の健康に関する調査」に記入する	● 活動シート1－2「中学生の心と体の健康に関する調査」
まとめ	**STEP 6** ● 本時の学習内容を確認する	● 教師は、次時からは、出された意見を踏まえながら、中学生の心と体の健康について具体的に学習していくことを伝える ● 授業を振り返って、活動シート1－3「振り返りシート」に記入する ● 教師は、保護者用アンケート「中学生の心と体の健康に関する調査」を配付し、保護者に記入してもらい、学校に持参するよう生徒に伝える	● 活動シート1－3「振り返りシート」 ● 保護者用アンケート「中学生の心と体の健康に関する調査」

6　指導の展開

導　入

STEP 1　本時から中学生の心と体の健康について学習することを確認する

※グループ活動を行うので、生徒を4～6人のグループに分けて座らせる。

- 教師は、これから1、2年時に引き続いて、中学生の心と体の健康に関する学習を進めていくことを伝えます。
- 教師は、本時では、今まで心と体の健康についてどのようなことを学んだか、これからどのようなことを学びたいと思っているかを確認することを説明します。

> **説明**　みなさんはこれから1年間、中学生の心と体の健康について様々な角度から学習をしていきます。今まで、心と体の健康についてどのようなことを学んだか、さらにこれからどのようなことを学びたいと思っているかを確認したいと思います。
> 　また、これから授業を進める上で、和やかに、そして真剣に話し合いができるようにしたいと思います。自分の意見を素直に友だちに伝え、さらに友だちの意見を真面目に受けとめる気持ちをもって授業に臨んでほしいと思います。

展　開

STEP 2　「中学生の心と体」に関するマインドマップを作る

- 教師は、マインドマップの作り方を説明します。

> **説明**　これから「中学生の心と体」という言葉についてマインドマップをグループごとに作っていきます。模造紙の中央に「中学生の心と体」と書いてください。次に、「中学生の心と体」から思い浮かぶ言葉を、今まで学習してきたことをもとに書いていきます。さらに、その言葉から連想する言葉を書き加え、次々に言葉をつなげていきます。
> 　「中学生の心と体」から思い浮かべる言葉は、「体に関すること」「心に関すること」「身のまわりで起こっていること」「将来に関すること」など、様々な角度から想像をふくらませてマインドマップを作ってください。

＜マインドマップの記入例＞

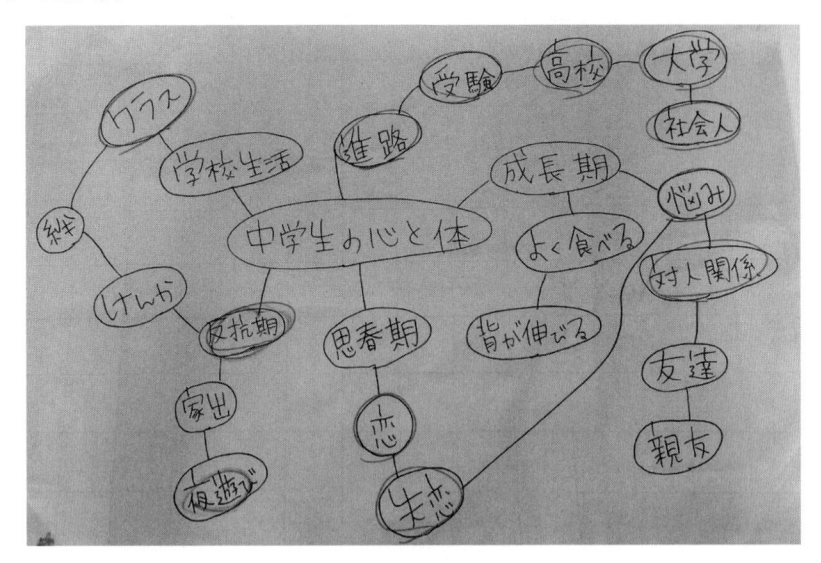

STEP 3　できあがったマインドマップを回覧する

- できあがったマインドマップをグループごとに1、2分ずつ回覧し、良い点を評価します。回覧されてきたマインドマップに書き加えたり、自分たちでは気付かなかった言葉にマジックで印をつけたりします。

> **指示**　マインドマップはできあがりましたか。1、2分ずつ順に、他のグループとマインドマップを交換し、どのようなものができあがったのか見てみましょう。その際、自分たちでは気付かなかった言葉や、興味深い言葉にマジックで印をつけましょう。では、始めます。

STEP 4　1、2年時に学んだ心と体の健康に関する学習を振り返る

- 1、2年時に学んだ心と体の健康に関する学習の中で、マインドマップに書かれた言葉と関連するものを、グループで話し合いながら、活動シート1−1「心と体の健康に関する学習を思い出そう」に記入します。

> **指示** 　1、2年生の時に学習した心と体の健康に関する学習の内容が、活動シート「心と体の健康に関する学習を思い出そう」に挙げてあります。先ほどグループで作ったマインドマップに書かれた言葉を見て、1、2年生の時に学んだ内容に関連するものを枠の中に記入していきましょう。
> 　学んだ内容に関連する言葉がマインドマップの中にない場合は、1、2年生の時に学習した内容を思い出して書き入れてみましょう。

※グループで話し合いながら記入してもよい。

STEP 5　「中学生の心と体の健康に関する調査」に記入する

- 各自、活動シート1−2「中学生の心と体の健康に関する調査」に記入します。

> **指示** 　これから、「中学生の心と体の健康に関する調査」を配ります。この調査は、みなさんがこれから、どのようなことを学習したいのかを知るために行います。この調査の答えは、これからの学習だけに活用します。みなさんの率直な意見を確認したいので正直に答えてください。

- 教師は、記入された調査票を回収し、授業後に集計して生徒のニーズを明らかにし、今後の学習に役立てます。

まとめ

STEP 6　本時の学習内容を確認する

- 教師は、本時では、心と体の健康に関して1、2年時に学習した内容を振り返るとともに、中学生の心と体の健康に関して、どのような内容を学習したいのかを確認したことを伝えます。
- 教師は、次時からは、生徒たちの意見を踏まえながら、中学生の心と体の健康について具体的に学習していくことを伝えます。
- 教師は、活動シート1−3「振り返りシート」に記入し、本時の学習の振り返りをするよう指示します。

> **指示** 今日は、1、2年生の時に学んだ「中学生の心と体の健康」に関する学習内容を思い出し、3年生ではさらにどのようなことを学習したいのか、活動シート「中学生の心と体の健康に関する調査」に記入しました。今日の学習を振り返り、考えたことや感じたことを振り返りシートに記入してください。

- 教師は、保護者用アンケート「中学生の心と体の健康に関する調査」を配付し、保護者に記入してもらい、指定した日までに学校に持参するように生徒に伝えます。

7　家庭や地域と連携した活動

- 教師は、回収した調査票を集計し、中学生の心と体の健康に関して、保護者はどのようなことを学んでほしいと考えているのかを確認します。

活動シート1−1　　「心と体の健康に関する学習を思い出そう」　　3−[1]−1−①

心と体の健康に関する学習を思い出そう

3年___組　名前_____

1、2年生の時に学んだ「心と体の健康に関する学習」はどのような内容だったでしょうか。グループでマインドマップを見ながら思い出しましょう。

各学習内容に関連する言葉を、マインドマップに書かれた言葉の中から探したり、みんなで思い出したりして記入しましょう。

1年生の時に学んだ「心と体の健康に関する学習」	マインドマップに書かれた言葉または、思い出した言葉
●思春期の体の変化 　・体の変化の男女差や個人差	
●思春期の心の変化 　・家族や友だちに対する考え方や気持ちの変化	
●思春期の心と体に関する情報源 　・様々な情報源のメリット、デメリットと、上手な活用法	
●私の成長と家族 　・自分の成長を支える家族の愛情	
●ストレスへの対処 　・ストレスの感じ方の個人差 　・ストレスへの対処法、自分なりの対処法	
●より良い人間関係を築く 　・人間関係を改善するための方法、自己主張的コミュニケーションスキル	
●友人関係に伴うトラブルの解決 　・意志決定の基本ステップ 　・友人関係に伴うトラブルの場面での意志決定スキルの活用	
●その他	

3－1－1－②

2年生の時に学んだ「心と体の健康に関する学習」	マインドマップに書かれた言葉 または、思い出した言葉
●仲間の影響 　・仲間と上手にかかわっていくことの大切さ	
●危険行動を避ける 　・危険行動に及ぼす仲間の影響 　・コミュニケーションのタイプ	
●誘いを断る 　・自己主張的コミュニケーションスキル	
●男女の人間関係 　・意志決定のステップの活用法	
●性に関する情報源 　・性に関する信頼できる情報源の適切な活用法	
●その他	

活動シート１－２　「中学生の心と体の健康に関する調査」　　３－1－２

中学生の心と体の健康に関する調査

　進級おめでとうございます。
　みなさんは、１、２年生の時に引き続いて「中学生の心と体の健康」について学んでいきます。学習を進めていくにあたり、みなさんがどのようなことを知りたいのか確認したいと思いますので、質問に答えてください。
　なお、この質問に対する答えはこれからの学習だけに活用します。それ以外には使用しないので正直に答えてください。

　　　　　　　　　　　　　　　　　　　　　３年　　　　組　　（　男　・　女　）

１　「中学生の心と体の健康」に関することで、どのようなことを学習したいですか。
　　以下の中から、あてはまるものを三つまで選んで、記号に〇をつけてください。

　　ア　性的接触が様々な影響を及ぼすことについて
　　イ　より良い男女交際について
　　ウ　危険な行動の結果を予測することの重要性について
　　エ　危険な行動を避けるための意志決定の仕方について
　　オ　十代の性感染症が多いことについて
　　カ　性感染症の予防法について
　　キ　将来の目標を達成するために、身近な目標を立てることが重要であることについて
　　ク　目標の達成を妨げる危険な行動があることについて

２　「中学生の心と体の健康」に関することで、「１」の項目以外で知りたいことはありますか。あればその内容を書いてください。

　　┌────────────────────────────────┐
　　│　　　　　　　　　　　　　　　　　　　　　　　　　　　　　　　　│
　　│　　　　　　　　　　　　　　　　　　　　　　　　　　　　　　　　│
　　│　　　　　　　　　　　　　　　　　　　　　　　　　　　　　　　　│
　　│　　　　　　　　　　　　　　　　　　　　　　　　　　　　　　　　│
　　└────────────────────────────────┘

３　あなた自身が性的接触（性交）をすることについてどう思いますか。
　　以下の中から、あてはまるものを一つ選んで、記号に〇をつけてください。

　　ア　結婚するまではしない
　　イ　好きであればかまわない
　　ウ　その時にならないと分からない
　　エ　意味が分からない
　　オ　どれにもあてはまらない

　　　　　　　　　　　　　　　　　　　　　　　　　　　　ありがとうございました。

活動シート１−３　　「振り返りシート」　　　　　　　　　　　　　　　　３−１−３

振り返りシート

３年＿＿＿組　名前＿＿＿＿＿＿＿＿＿＿＿＿＿＿

1　この授業を通して１、２年生の時に学習した内容を思い出すことができましたか。

　　　　　　　　　　　　　　　　　　　　　　　はい　　　いいえ

2　中学生の心と体の健康に関することで、３年生ではさらにどのようなことを学習したいか考えることができましたか。

　　　　　　　　　　　　　　　　　　　　　　　はい　　　いいえ

3　今日の授業を振り返って、考えたことや感じたことを書いてください。

保護者用アンケート 「中学生の心と体の健康に関する調査」　3－①－4

中学生の心と体の健康に関する調査

進級おめでとうございます。
　子どもたちは、1、2年生の時に引き続き、「中学生の心と体の健康」について学んでいきます。学習を進めていくにあたり、保護者の方々がどのような内容をお子さまに学んでほしいと思っていらっしゃるのか、確認したいと思います。お手数ですが質問にお答えください。
　なお、このご回答はこれからの学習だけに活用しますので、ご協力をお願いします。

お子さまは3年＿＿＿組　（　男　・　女　）

1　「中学生の心と体の健康」に関することで、どのようなことをお子さまに学んでほしいと思われますか。以下の中から、あてはまるものを三つまで選んで、記号に○をおつけください。

　　ア　性的接触が様々な影響を及ぼすことについて
　　イ　より良い男女交際について
　　ウ　危険な行動の結果を予測することの重要性について
　　エ　危険な行動を避けるための意志決定の仕方について
　　オ　十代の性感染症が多いことについて
　　カ　性感染症の予防法について
　　キ　将来の目標を達成するために、身近な目標を立てることが重要であることについて
　　ク　目標の達成を妨げる危険な行動があることについて

2　「中学生の心と体の健康」に関することで、「1」の項目以外でお子さまに学んでほしいと思われることがありますか。ありましたらその内容をお書きください。

　[　　　　　　　　　　　　　　　　　　　　　　　　　　　　]

3　1、2年生の時に学習した「中学生の心と体の健康」に関することで、ご家庭で話題になった内容はどのようなことでしたか。あてはまる記号すべてに○をおつけください。

　　ア　思春期の体の変化
　　イ　思春期の心の変化
　　ウ　思春期の心と体に関する情報源
　　エ　私の成長と家族
　　オ　ストレスへの対処
　　カ　より良い人間関係を築く
　　キ　友人関係に伴うトラブルの解決
　　ク　仲間の影響
　　ケ　危険行動を避ける
　　コ　誘いを断る
　　サ　男女の人間関係
　　シ　性に関する情報源

4　「3」の項目以外で、1、2年生の時に学習した「中学生の心と体の健康」について、お子さまがご家庭で興味深く話していた内容がありますか。ありましたらその内容をお書きください。

　[　　　　　　　　　　　　　　　　　　　　　　　　　　　　]

ご協力ありがとうございました。

1 中学生の心と体の健康に関する生徒のニーズ調査　219

> **参考資料**

● 中学生の心と体の健康に関する調査結果（どんなことを学習したいのか ― 生徒と保護者の比較）

　下の図1－1は、2013年7月に埼玉県川口市Ａ中学校において、中学3年生男子102人、女子95人、中学3年生保護者41人を対象に、無記名自記入式質問紙調査を行ったうちの、「どんなことを学習したいのか」の結果を示したものである。

図1－1　「心と体の健康」に関することでどんなことが学習したいか（生徒と保護者の比較）

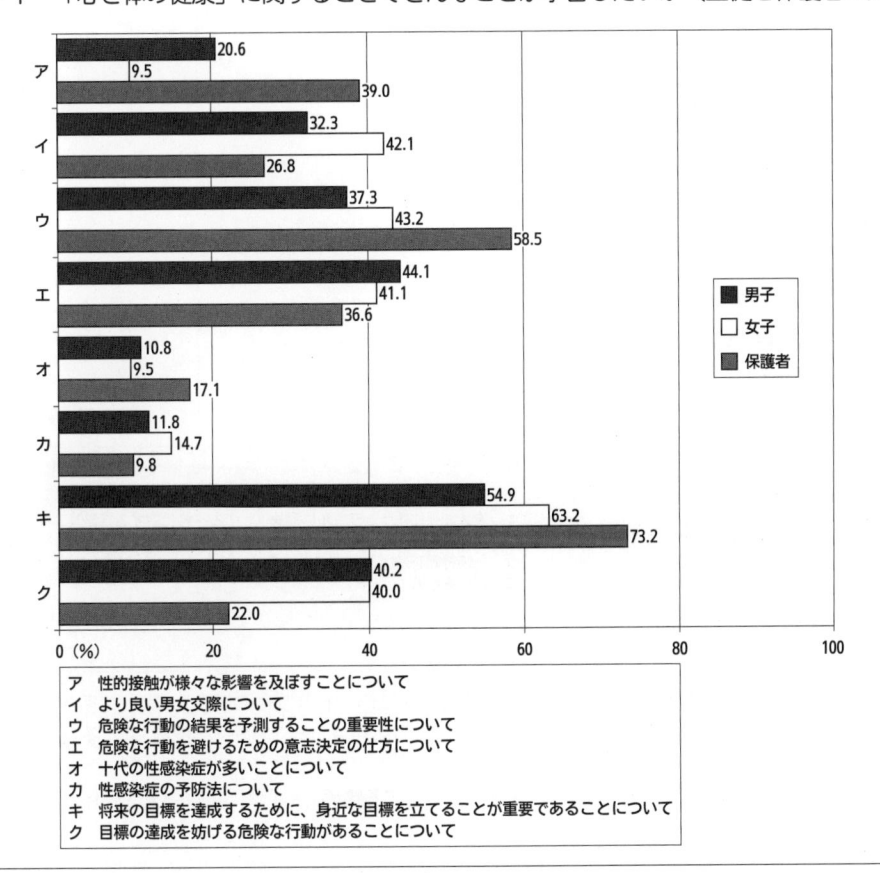

	男子	女子	保護者
ア	20.6	9.5	39.0
イ	32.3	42.1	26.8
ウ	37.3	43.2	58.5
エ	44.1	41.1	36.6
オ	10.8	9.5	17.1
カ	11.8	14.7	9.8
キ	54.9	63.2	73.2
ク	40.2	40.0	22.0

ア　性的接触が様々な影響を及ぼすことについて
イ　より良い男女交際について
ウ　危険な行動の結果を予測することの重要性について
エ　危険な行動を避けるための意志決定の仕方について
オ　十代の性感染症が多いことについて
カ　性感染症の予防法について
キ　将来の目標を達成するために、身近な目標を立てることが重要であることについて
ク　目標の達成を妨げる危険な行動があることについて

　生徒が学習したいと答えた割合が男女ともに高かったのは、「キ　将来の目標を達成するために、身近な目標を立てることが重要であることについて」であった。次いで多かったのは、男子が「エ　危険な行動を避けるための意志決定の仕方について」であり、女子は「ウ　危険な行動の結果を予測することの重要性について」であった。一方、保護者が我が子に学ばせたいと答えた割合が最も高かったのは、「キ」であった。次いで多かったのは、「ウ」であった。
　生徒、保護者ともに、最も割合が高かったのは「キ」であった。将来の目標を設定しそれに向かって前進していくことは、3年生の生徒や保護者にとって、最も学びたい内容となっている。

● 中学生の心と体の健康に関する調査結果（1、2年生の時に学んだことで、家庭で話題になった内容）

下の図1-2は、前述した質問紙調査のうち、「1、2年生の時に学んだことで、家庭で話題になった内容」の結果を示したものである。

図1-2　1、2年生の時に学んだ「中学生の心と体の健康」に関することで、家庭で話題になった内容

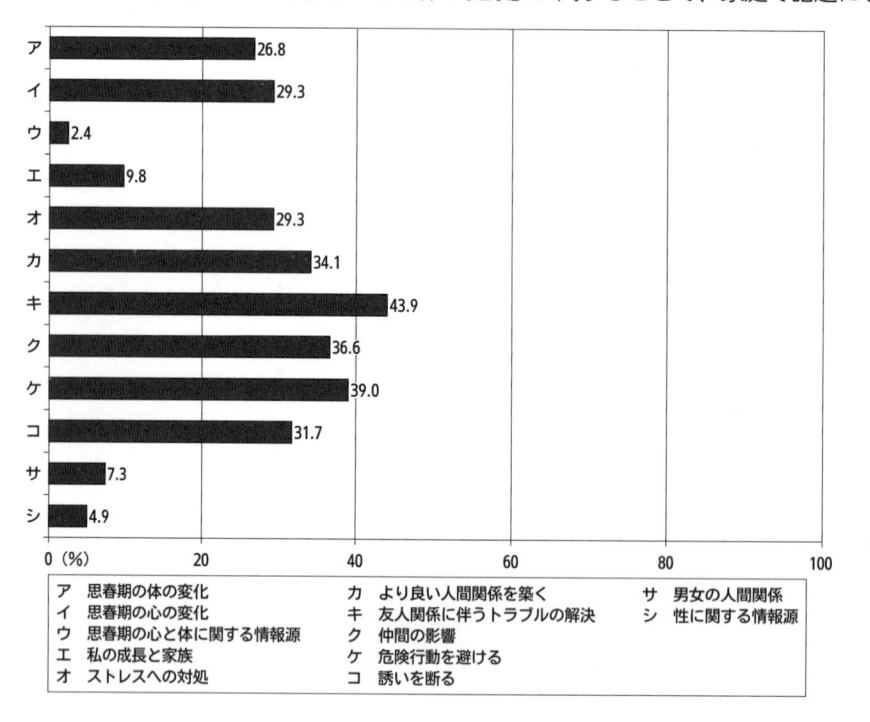

	%
ア	26.8
イ	29.3
ウ	2.4
エ	9.8
オ	29.3
カ	34.1
キ	43.9
ク	36.6
ケ	39.0
コ	31.7
サ	7.3
シ	4.9

ア　思春期の体の変化　　カ　より良い人間関係を築く　　サ　男女の人間関係
イ　思春期の心の変化　　キ　友人関係に伴うトラブルの解決　シ　性に関する情報源
ウ　思春期の心と体に関する情報源　ク　仲間の影響
エ　私の成長と家族　　ケ　危険行動を避ける
オ　ストレスへの対処　　コ　誘いを断る

　家庭で話題となった割合が最も高かったのは、「キ　友人関係に伴うトラブルの解決」、続いて多かったのは「ケ　危険行動を避ける」、次いで「ク　仲間の影響」であった。友人関係やコミュニケーションに関することが家庭で多く話題となっていた。
　反対に、「ウ　思春期の心と体に関する情報源」「シ　性に関する情報源」「サ　男女の人間関係」に関する内容は話題となっている割合が少なかった。

1 中学生の心と体の健康に関する生徒のニーズ調査

● 中学生の心と体の健康に関する調査結果（自身が性的接触をすることに対する態度）

下の図1－3は、前述した質問紙調査の結果のうち、「自身が性的接触をすることに対する態度」の結果を示したものである。

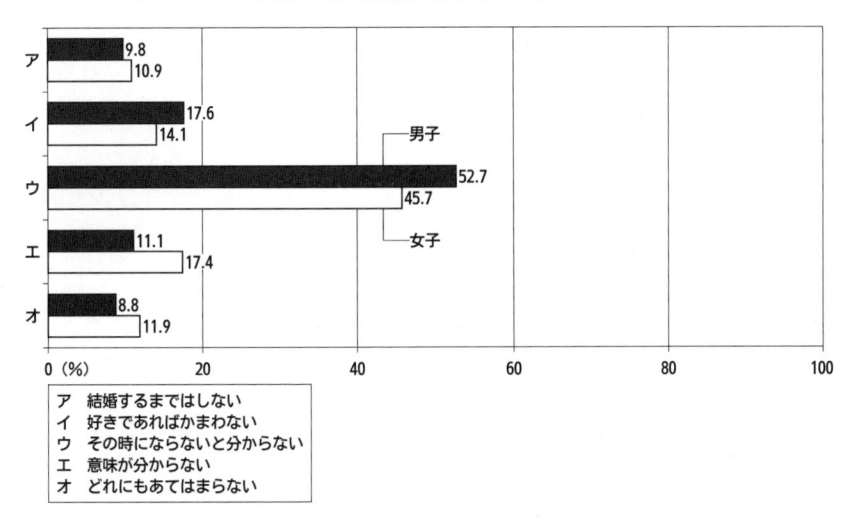

図1－3　自身が性的接触（性交）をすることについて

	男子	女子
ア	9.8	10.9
イ	17.6	14.1
ウ	52.7	45.7
エ	11.1	17.4
オ	8.8	11.9

ア　結婚するまではしない
イ　好きであればかまわない
ウ　その時にならないと分からない
エ　意味が分からない
オ　どれにもあてはまらない

自身が性的接触（性交）をすることについてどう考えるかという質問に対する回答の中で、最も高かったのは「ウ　その時にならないと分からない」であった。男女で比較すると、男子の方がその割合が高く半数を超えていた。次に高かったのは、男子が「イ　好きであればかまわない」、女子は「エ　意味が分からない」であった。

以上の結果は、心身の成長、社会的な責任を負うことができるのか等を踏まえて、適切な行動選択や、自分の意思を伝える力をつけることが重要であることを示している。

2 お互いを高め合う男女交際

1 指導のねらい

性的接触が様々な影響を及ぼすことに気付くとともに、より良い男女交際について考える。

下の図は、中学校3年生が「あなた自身が性的接触（性交）することをどう思いますか」という質問に対して回答した結果です。「好きであればかまわない」と肯定的な回答が3割を超え、「その時にならないと分からない」という回答が5割近くになっています。

図　あなた自身が性的接触（性交）することをどう思いますか

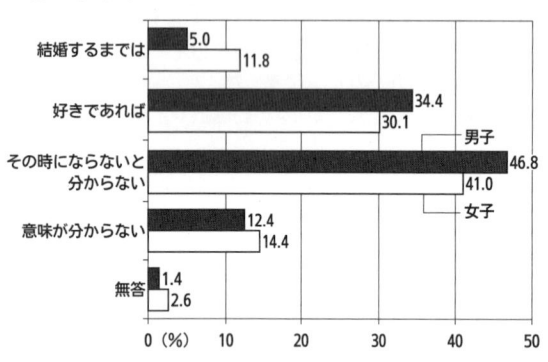

回答	男子	女子
結婚するまでは	5.0	11.8
好きであれば	34.4	30.1
その時にならないと分からない	46.8	41.0
意味が分からない	12.4	14.4
無答	1.4	2.6

（東京都幼稚園・小・中・高・心障性教育研究会『東京都の児童・生徒の性意識・性行動に関する実態調査（2008年）』による）

また日本性教育協会は、中学生における性行動の特徴について、「現代の青少年にとっては、デートとキスの経験年齢は接近しており、デートすることは同時にキスをともなうようになっていることが推察される」あるいは「性行動の低年齢化は、男女ともそれぞれの性的経験がなされる期間の短期化をともないつつ進行していることが確認できる」と指摘しています。（（財）日本性教育協会「『若者の性』白書－第6回青少年の性行動全国調査報告」、小学館、2007による）

しかし、中学生にとってこのような男女交際の在り方は、望まない妊娠や性感染症などのリスクが高く、場合によっては将来を大きく変えてしまうことにもなりかねません。

このことから、一時的な感情で安易に性的接触に走ることなく、お互いを大事にする男女交際について考えさせることは非常に重要です。

本時では、卒業後の自己実現のためにも、性的接触を伴わない男女交際の在り方について考え、より良い行動選択が必要であることを確認するために、この題材を設定しました。

2 授業目標

①性的接触によって起こる様々な影響に気付く。
②性的接触を伴わない、お互いを高め合う男女交際の在り方について考える。

3 教育課程への位置付け

3学年：特別活動　学級活動
　　　：総合的な学習の時間

4 準備物リスト

- 活動シート2－1「お互いを高め合う男女交際」
- 短冊（ブレインストーミング1回目用）
- 模造紙1／2（ブレインストーミング1回目用）
- やや大きめの短冊（ブレインストーミング2回目用）
- マジック　●のり　●セロテープ

5　指導過程の概略

	活動のステップ	活動のポイント	準備物
導入	**STEP 1** ●本時の学習のねらいを確認する	●教師は、本時では「お互いを高め合う男女交際」について考えることを伝える	
展開	**STEP 2** ●グラフを見て感想を書く	●活動シート2-1「お互いを高め合う男女交際」のグラフを見て、気付いたことや感じたことを書く	●活動シート2-1「お互いを高め合う男女交際」 ※都性研*のグラフまたは自校のニーズ調査の結果を用いる
展開	**STEP 3** ●ブレインストーミングを行い、意見を分類する	●「中学校3年生が性的接触をすることにより起こり得ること」について、ブレインストーミングを行い、模造紙に分類する ●いくつかのグループが、分類の結果を発表する	●短冊 ●模造紙1／2 ●マジック ●のり
展開	**STEP 4** ●「性的接触を伴わない愛情の伝え方」について、ブレインストーミングで意見を出し合う	●「性的接触を伴わない愛情の伝え方」について、ブレインストーミングで意見を出し合う	●やや大きめの短冊 ●マジック
展開	**STEP 5** ●各グループの代表者が、ブレインストーミングの結果を発表する	●ブレインストーミングで出た意見を黒板に貼り、結果を発表する	●セロテープ
まとめ	**STEP 6** ●本時の学習内容を確認する	●思ったことや考えたことを、活動シート2-1「お互いを高め合う男女交際」の2に記入する ●授業後に考え方が変わったかどうか確認する	●活動シート2-1「お互いを高め合う男女交際」

＊都性研…東京都幼稚園・小・中・高・心障性教育研究会

6　指導の展開

導　入

STEP 1 ｜ 本時の学習のねらいを確認する

- 教師は、男女別5、6人程度のグループで活動できるように準備しておきます。
- 本時の学習のねらいを確認します。

> **説明**　今日は、より良い男女交際の在り方について考えてみたいと思います。

- 教師は、活動シート2－1「お互いを高め合う男女交際」を配付します。

※活動シート2－1「お互いを高め合う男女交際」の左上部には、「都性研」のグラフまたは自校のニーズ調査の結果を用いて学習を進める。
※教師は、グラフの扱いについて、以下のことを踏まえて授業を進めるようにする。

> ＜グラフの扱いについて＞
> 　都性研のグラフで注目すべき箇所は、「好きであればかまわない」や「その時にならないと分からない」という、憂慮すべき回答が多いところである。この授業の大切なねらいは、生徒がもっているこれらの意識が改善されるよう展開することであり、このことを教師が理解し、意図をもって学習を進める必要がある。
> 　自校の調査結果に、都性研のグラフと同様の傾向が現れた場合は、有効に授業の展開に生かすことができる。自校の調査結果がない場合や、そのような傾向にならなかった場合は、都性研の結果を効果的に活用する。

展　開

STEP 2 ｜ グラフを見て感想を書く

> **説明**　活動シートのグラフを見てください。このグラフを見て、気付いたことや感じたことを活動シートの1に書いてください。

- 教師は、何人かの生徒に意見を発表させます。

[2] お互いを高め合う男女交際　225

STEP 3 | ブレインストーミングを行い、意見を分類する

> **説明**　いろいろな感想が発表されました。「好きであればかまわない」や「その時にならないと分からない」という考えをもっている生徒が多くいます。ところで、中学校3年生が性的接触をすることによって、その結果、起こり得ることには、どのようなことがあるのでしょうか。このことについて、これからブレインストーミングで意見を出してみましょう。

● 教師は、ブレインストーミングの活動方法、注意事項などについて確認します。
※必要に応じて第1学年の掲示用資料3-1「ブレインストーミングの約束」を参照する。

● 教師は、短冊、模造紙1/2、マジック、のりを配付します。

> **指示**　「中学校3年生が性的接触をすることによって、その結果、起こり得ること」について考えてみます。もしかしたら、こんなことが起こるかもしれない、あんなことも起こるかもしれない、というように視野を広げて考えてください。具体的には、例えば<u>体に関すること</u>、<u>心に関すること</u>、<u>友だちや家族などの人間関係のこと</u>、あるいは<u>将来に関すること</u>など、いろいろな角度から考えてみてください。では、始めます。ブレインストーミングの時間は3分間です。

※教師は、発想のヒントとなる「体」「心」「人間関係」「将来」などの言葉を、黒板に掲示するか、書くとよい。

● 準備が整ったら「始め」の指示を出し、活動の様子を見ながら3分間程度で「終わり」にします。

＜予想される意見（特に問題点）＞

健康に関係する問題	・妊娠　・中絶　・性感染症
経済的な問題	・妊娠から出産までの費用　・育児にかかる費用　・性感染症の治療費
心理的な問題	・人の目やうわさが気になる　・勉強（受験）に集中しない ・妊娠や性感染症などの心配や不安
人間関係の問題	・他の友だちとつき合えなくなる　・登校しにくくなる ・親に隠し事ができる（親の期待を裏切る）　・先生や親に怒られる
将来への問題	・妊娠したら学校に通えない　・高校入学試験が受けられない ・将来の仕事にも響く

＜予想される意見（その他）＞
・さらに愛情が深まる　・大人になった気分　・自慢できる　・早く結婚できる

> **指示** 出た意見を種類ごとに分類してみましょう。短冊を模造紙に貼って、分かりやすくまとめてください。できあがったら黒板に貼りましょう。貼り終わったらいくつかのグループの代表者に発表してもらいます。では、始めてください。

- 分類ができあがったら、いくつかのグループの代表者が発表します。

- 教師は、すべてのグループに対して、良かったところなどについて評価します。
- 教師は、とりわけ問題点（マイナス面）について気付かせるように説明します。

> **説明** 性的接触がもたらす様々な影響には、妊娠や性感染症などの健康に関係することだけでなく、経済的な問題、心理的な問題、親や友人など周囲の人に及ぼす影響など、たくさんあることが分かりました。中には非常に深刻な問題も出されました。男女がお互いに好意をもつことは自然なことです。しかし、その気持ちの伝え方や男女交際の方法については、考えるべきことがあるようです。
> 　重大かつ深刻な問題を抱えないためには、安易に性的接触を伴うような交際は避けなければなりません。では、男女がお互いに好意をもっている時、他にどのような気持ちの伝え方があるでしょうか。もう少し分かりやすく言うと「お互いを大切にする男女交際の方法」には、どんな方法があるのでしょうか。少し、各自で考えてみましょう。

- 教師は、質問を投げかけ、しばらく考える時間を与え、その後に次の指示をします。

② お互いを高め合う男女交際　227

STEP 4 「性的接触を伴わない愛情の伝え方」について、ブレインストーミングで意見を出し合う

> **指示**　性的接触を伴わない愛情の伝え方、つまり「お互いを大切にする男女交際の方法」について、思いついたものがありましたか。このことについて、これからブレインストーミングをします。他の人の考えも参考にしながら、たくさんの方法を考えてみましょう。

- 教師は、大きめの短冊を配り、ブレインストーミング後に黒板に貼って分類することと、そのために短冊を縦か横に統一して使用することを伝えます。
- 教師は、準備ができたら「始め」の指示を出し、ある程度の意見が出るまで3、4分の時間をとり、活動の様子を見て「終わり」の指示をします。

STEP 5 各グループの代表者が、ブレインストーミングの結果を発表する

> **指示**　グループの代表者に発表してもらいます。1グループずつ順番に、代表者は短冊を1枚ずつ持って前に出てきてください。まず短冊に書かれた内容を読み上げ、それから黒板に貼ります。各代表者は、まだ他の班から出ていないような意見を発表してください。貼りながら、同時に分類もします。みんなで一緒に意見を出し合いながら、どこに貼ればよいか決めていくことにしましょう。

- 教師は、全部のグループから順番に意見を出させ、何巡か繰り返します。
- 教師は、生徒たちの考えを上手に引き出しながら、出された短冊を黒板上で分類して仕上げます。

＜黒板のイメージ＞

- 教師は、何人かの生徒に感想や意見を述べさせ、愛情の表現には様々な方法があることを確認させます。

説明 自分のグループでは出なかった考え方が、他のグループから出されたかもしれません。愛情の表現には様々な方法があるということが分かりました。

まとめ

STEP6　本時の学習内容を確認する

指示 まとめをします。授業の最初にグラフを見て、気付いたことや感じたことを書きましたね。授業を終えた今、あらためて思ったことや考えたことを、活動シートの2に書いてみましょう。

- 教師は、何人かの生徒に、あらためて思ったことや考えたことを発表させます。
- 教師は、生徒の発表した内容を活用して、この授業のまとめをします。

※教師は、生徒から出された思いや考えの中から、特にこの授業のねらいに沿った感想を上手に取り上げ、その感想に共感したり賞賛したりすることによって、この学習のまとめとなるように心がける。

＜まとめのヒントとなる感想例＞
- 性的接触によって、様々な影響があることに初めて気付いた。
- 時には将来の人生にまで影響するようなことが起こることもあるので、性的接触を「好きであればかまわない」などと安易に考えず、男女交際についてしっかり考えることが大切だと思った。
- 愛情の伝え方についてのブレインストーミングで、友だちの意見を聞き、自分が考えていなかった方法がたくさんあることを知った。
- これから自分にも好きな人ができるかもしれないが、お互いの人生のために、男女交際の方法についてしっかり考えていきたいと思った。
- 安易に性的接触をすることで、自分や相手だけではなく、家族までも傷つけてしまうことがあると気付いた。大事な人を傷つけないようにしないといけないと思った。

7　家庭や地域と連携した活動

- 学級通信や学年通信などで、活動内容や生徒の感想などを紹介します。

② お互いを高め合う男女交際　229

| 活動シート2-1 | 「お互いを高め合う男女交際」 | 3-②-1 |

お互いを高め合う男女交際

3年＿＿＿組　名前＿＿＿＿＿＿＿＿＿＿＿＿＿

グラフを見て考えよう

○中学校３年生男女に聞きました。
「あなた自身が性的接触（性交）することをどう思いますか」

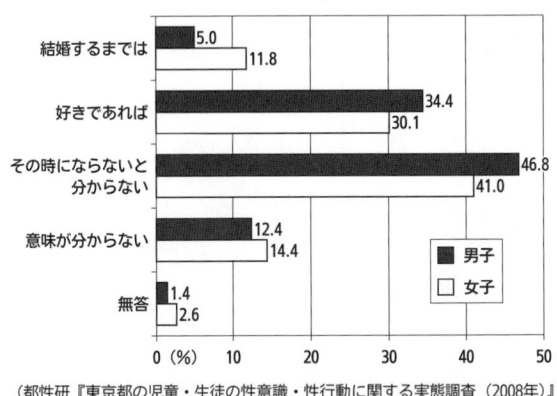

グラフ：
- 結婚するまでは：男子 5.0、女子 11.8
- 好きであれば：男子 34.4、女子 30.1
- その時にならないと分からない：男子 46.8、女子 41.0
- 意味が分からない：男子 12.4、女子 14.4
- 無答：男子 1.4、女子 2.6

■ 男子　□ 女子

（都性研『東京都の児童・生徒の性意識・性行動に関する実態調査（2008年）』による）

1　左のグラフを見て気付いたことや感じたことを書きましょう。

-
-
-
-
-

2　授業を終えて、あらためて思ったことや考えたことを書きましょう。

参考資料

次の図2−1は、李らが、2011年5月に新潟県A中学校および埼玉県B中学校2校の全校生徒909人を対象として、中学生の性にかかわる危険行動の関連要因を検討するために実施した質問紙調査の結果である。

図2−1 10代のうちに性交をする可能性

	キス経験者	非経験者
男子	2.6	2.1
女子	2.9	2.1

1．ぜったいにないと思う　2．たぶんないと思う　3．どちらともいえない
4．たぶんあると思う　5．ぜったいあると思う

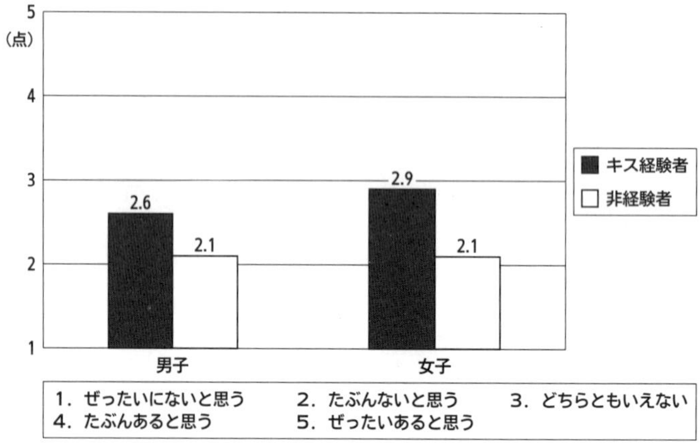

（李美錦他「中学生の性行動と心理社会的変数との関連」『学校保健研究』、54、2012より作図）

10代のうちに性交をする可能性について質問し、図2−1の下部に示したように5件法で回答を求めた。得点が高いほど10代の性交に対する行動意図が強いことを示す。その結果、男女ともにキス経験者は非経験者に比べて高い得点を示しており、10代の性交に対して強い行動意図をもつ傾向にあった。

次の図2-2は、都性研による「東京都の児童・生徒の性意識・性行動に関する実態調査（2008年）」の調査結果である。中学校3年生が「あなた自身が性的接触(性交)することをどう思いますか」という質問に対して答えた結果である。

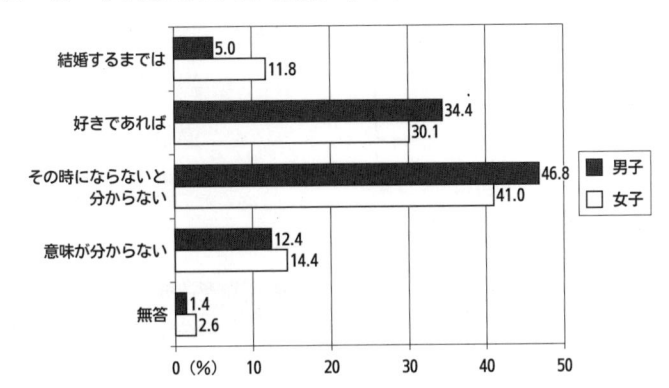

図2-2 あなた自身が性的接触（性交）することをどう思いますか

	男子	女子
結婚するまでは	5.0	11.8
好きであれば	34.4	30.1
その時にならないと分からない	46.8	41.0
意味が分からない	12.4	14.4
無答	1.4	2.6

この結果から、特に憂慮すべきと考えられることは、次の2点である。
① 「その時にならないと分からない」という回答
　性的接触の可能性がある場面に遭遇した場合に、自分の取るべき行動が分かっていない生徒が4割から5割いる。もしも、そのような場面に遭遇した場合には、その時の雰囲気や相手の状況などによって、好ましくない行動を選択する可能性が高くなることが想像できる。強引な誘いであれば、一層その危険性が高まるであろう。
② 「好きであればかまわない」という回答
　好きであればかまわないと思う生徒が約3割いる。中学校3年生という時期が、性的接触によってもたらされる影響についての知識が不十分であることを考えると、好きであるという感情が優先されていることは非常に危険である。特に、進路選択を控えた時期であることを踏まえると、性的接触を容認する考えは短絡的であり、望ましくない。

3 性にかかわる危険行動を避ける

1 指導のねらい

> 危険行動を避けるために、適切な意志決定を行うことの有用性に気付く。

　思春期には、心と体の発育・発達に伴って性衝動が生じたり、異性への関心が高まったりします。しかし、友だちやメディアからもたらされる性に関する情報は、正しい知識や望ましい異性観を育むものとは限りません。また、危険な状況につながる可能性の高い行動を選択してしまったことで、さらに他の危険行動を引き起こす結果になる場合も少なくありません。生徒が性的な発達に適応し、より良い男女の人間関係をつくっていくためには、自分を大切にするという視点から、性にかかわる危険行動を避けることが大切です。そのために、行動の結果の好ましくない影響をあらかじめ予測し、より良い行動選択ができるようにすることが必要です。

　本時では、行動の結果を予測して適切な意志決定を行うことの有用性を確認するために、この題材を設定しました。

2 授業目標

① 危険行動に伴う様々な影響を挙げる。
② 危険行動を避けるためには、意志決定スキルが有用であることを確認する。

3 教育課程への位置付け

3学年：特別活動　学級活動
　　　：総合的な学習の時間
　　　：道徳　主として他の人とのかかわりに関すること　2－(4)

4 準備物リスト

- 活動シート3－1「危険行動とその影響を予測する」
- 生徒用資料3－1「どんなことが起こるかな？」
- 掲示用資料3－1「意志決定の基本ステップ1・2・3」
- 教師用資料3－1「危険行動とその結果の例」
- 危険行動カード（アイスブレイク用）
- 短冊
- 模造紙
- のり
- マジック

5　指導過程の概略

	活動のステップ	活動のポイント	準備物
導入	**STEP 1** ● 危険行動にはどのようなものがあるか確認する	● 配られた「危険行動カード」に書かれた危険行動の内容が似ている者同士で4、5人のグループをつくる ● どのようなことが「危険行動」であるのか確認する	● 危険行動カード
展開	**STEP 2** ● 危険度を評定する	● 生徒用資料3-1「どんなことが起こるかな？」のケースについて、どの程度危険と考えるか評定し、活動シート3-1「危険行動とその影響を予測する」に記入する	● 生徒用資料3-1「どんなことが起こるかな？」 ● 活動シート3-1「危険行動とその影響を予測する」
	STEP 3 ● ケースについて起こり得る危険行動とその影響を挙げる	● 生徒用資料3-1「どんなことが起こるかな？」のケースについて、起こり得る危険行動とその影響をブレインストーミングで出し合う ● 短冊を短期的な危険行動とその影響や、長期的な危険行動とその影響などに分類して模造紙に整理する	● 短冊 ● 模造紙 ● のり ● マジック
	STEP 4 ● 考えられる危険行動とその影響を発表する	● 模造紙を黒板に掲示し、それぞれのケースにおいて起こり得る危険行動とその影響を発表する ● 活動シート3-1「危険行動とその影響を予測する」に、発表内容を必要に応じてメモする	● 短冊を貼った模造紙 ● 活動シート3-1「危険行動とその影響を予測する」
	STEP 5 ● 再度、危険度を評定する	● 生徒用資料3-1「どんなことが起こるかな？」のケースについて、どの程度危険と考えるか再度評定し、そう考えた理由を活動シート3-1「危険行動とその影響を予測する」に記入する	● 活動シート3-1「危険行動とその影響を予測する」
まとめ	**STEP 6** ● 危険行動とその影響を予測することの有用性を確認する	● 危険行動を予測することの有用性を確認し、意志決定のステップを復習する ● 活動シート3-1「危険行動とその影響を予測する」に、今日の学習の感想を記入し、発表し合う	● 掲示用資料3-1「意志決定の基本ステップ1・2・3」 ● 活動シート3-1「危険行動とその影響を予測する」 ● 教師用資料3-1「危険行動とその結果の例」

6　指導の展開

導　入

STEP 1　危険行動にはどのようなものがあるか確認する

- 教師は、切り離した「危険行動カード」を1枚ずつ配付します。

> **指示**　カードに書いてある内容が似ている友だちを探して、4、5人のグループをつくります。積極的に声をかけて、3分でグループをつくってください。

- 配られた「危険行動カード」に書かれた内容が似ていると思う者同士でグループをつくります。
- 教師は、どのような共通点で集まったか確認しながら、生徒を着席させます。

※「危険行動カード」に書かれた内容は、「生活習慣」、「食行動」、「安全」、「携帯電話・インターネット」、「非行・犯罪」、「酒・たばこ・薬物乱用」に分類できるが、これらはあくまで教師の参考として扱い、実際にグループをつくる時は、生徒なりの共通点をもってグループになっていればよい。

> **説明**　今、みなさんが持っているカードに書いてあることは「危険行動」と言い、自分たちの健康を損なったり、安全をおびやかしたり、周囲の人や社会に迷惑や害を及ぼしたりする行動です。
> 【例】　例えば、自転車に乗っている時を考えてみてください。左右確認や一時停止をしないで交差点に飛び出したらどうなるでしょうか。
> （何人かに聞いた後）そうですね。自動車と接触する交通事故に遭うかもしれません。自分の安全がおびやかされるわけです。でも、それだけではありません。道路を横断している歩行者に接触して、けがをさせてしまうかもしれません。自転車との接触で歩行者が命を落とすような場合が実際にあります。このように自分が深く考えないで行った危険な行動が、大変な結果につながってしまうことがあるのです。
> 今日は、実際のケースについて、どのような危険行動が起こり得るか、またどのような影響があるのか予測してみましょう。

※教師は、自分の経験や生徒の実態に合わせて、危険行動が、自分の健康や安全だけでなく、周囲の人にも影響を与えるという例を話す。

③ 性にかかわる危険行動を避ける　235

展　開

STEP 2　危険度を評定する

- 教師は、生徒用資料３－１「どんなことが起こるかな？」と活動シート３－１「危険行動とその影響を予測する」を配付します。
- No.１～３のケースの状況を読み上げた後、それぞれの状況についてどれくらい危険と感じたか、危険度を評定するように指示します。

> **指示**　それぞれのケースについて、どれくらい危険と感じるか、５段階で評定してください。まったく危険を感じない場合は１に○をつけます。絶対に避けなければならない状況だと感じた場合は５に○をつけます。

- 教師は、何番に○をつけたか挙手をさせて確認します。

STEP 3　ケースについて起こり得る危険行動とその影響を挙げる

- 教師は、No.１～３のケースを各グループに割り振り、短冊を配付します。

> **指示**　それぞれのケースについて、「この後、どのような危険行動につながる可能性があるか」、ブレインストーミングをします。思いついたものを声に出して言ってから短冊に書いてください。すぐ目の前の危険行動だけでなく、先ほど話した例のように、まわりの人のことや将来のことなども含めて、どんな影響があるか考えましょう。時間は５分です。

- 割り当てられたケースについて、考えられる危険行動とその影響をグループで出し合い、短冊に書いていきます。

※必要に応じて「ブレインストーミングの約束」を確認する。

「ブレインストーミングの約束」
1　一つの短冊に一つの考えを書きます。
2　できるだけたくさん考えを出します。
3　出された考えはみんな認め合い、反対意見を言いません。
4　人の意見に付け足してもいいです。
5　まったく同じもの以外はすべて認めます。
6　声を出しながらやりましょう。

- 教師は、模造紙、のり、マジックを各グループに1セット配付します。

> **指示** 書いた短冊を、分類して模造紙に貼ってください。分類する時は、危険行動やその影響の内容だけでなく、それは短期的な影響なのか、長期的な影響なのかといったことも考えてみてください。どのように分類したか分かるように、分類名を書き込みます。また、関係があると思った分類項目は、近くに貼り付けたり線でつないだりしてください。この後、模造紙をもとに発表してもらいますので、見やすさや分かりやすさも考えて工夫してください。

- グループで話し合って短冊を分類し、模造紙に貼り付け、分類名などを書き込みます。

STEP 4 　考えられる危険行動とその影響を発表する

- 教師は、各グループにブレインストーミングの結果を発表させます。

> **指示** これから、模造紙に書いた内容を発表してもらいます。どのような危険行動とその影響が考えられるのか、模造紙を示しながら発表してください。聞いているみなさんは、活動シート「危険行動とその影響を予測する」に、なるほどと思ったことをメモしてください。

- グループごとに、模造紙を示しながら、予想した危険行動とその影響について発表します。
- 活動シート3－1「危険行動とその影響を予測する」に、参考になった発表内容をメモします。

※時間が限られている場合は、数グループに発表させることにとどめ、他のグループについては、発表されなかった内容を付け足す形で発言させたり、後ほど模造紙を掲示したりするとよい。
※生徒の実態によって、発表の仕方を例示してもよい。

STEP 5　再度、危険度を評定する

- 教師は、生徒用資料3-1「どんなことが起こるかな？」のケースについて、危険度を再び評定するように指示します。

> **指示**　みなさんの発表から、起こり得る危険行動とその影響が分かりました。ここで改めて最初に評定した危険度を考えてみましょう。活動シート「危険行動とその影響を予測する」を見てください。「再評定とそう考えた理由」の欄に、その状況の危険度を今はいくつと考えるか数字で記入してください。そして、そう考えた理由も簡単に記入してください。

- 教師は、再評定の結果を何人かの生徒に発表させます。

※机間指導により、評定が高い方向に変化した生徒を確認しておく。

まとめ

STEP 6　危険行動とその影響を予測することの有用性を確認する

- 教師は、掲示用資料3-1「意志決定の基本ステップ1・2・3」を掲示します。
- 教師は、生徒の発表をもとに、それぞれの状況において、様々な理由によって危険行動が起こり得ることや、危険行動をとることによって将来の目標が妨げられる可能性があることなどを指摘します。

※教師用資料3-1「危険行動とその結果の例」を参照するとよい。

> **説明**　最初はあまり危険を感じなかったことも、よく考えると危険が潜んでいる場合があることが分かりました。つまり、結果について予測することが重要なのですね。このことをみなさんはすでに学んできました。（掲示用資料3-1「意志決定の基本ステップ1・2・3」を示しながら）この三つのステップを常に心にとどめ、特に「ＴＨＩＮＫ」のステップを大切にしてください。起こり得る危険行動とその影響について予測した上で行動することによって、危険行動やその悪影響を避けることができます。
> 　では、今日の学習を振り返り、感想をまとめてみましょう。

- 活動シート3-1「危険行動とその影響を予測する」に、今日の学習の感想を記入します。
- 教師は、数人の生徒に感想を発表させます。

7　家庭や地域と連携した活動

- 活動シート3-1「危険行動とその影響を予測する」と、生徒用資料3-1「どんなことが起こるかな？」を家庭に持ち帰り、身のまわりにある危険行動や回避の仕方について家族で話し合います。

活動シート3－1　「危険行動とその影響を予測する」　3－3－1

危険行動とその影響を予測する

3年___組　名前_____

No.	状況と危険度の評定		友だちの発表を聞いてメモ	再評定とそう考えた理由
1	・体育祭の打ち上げ ・会場はAさんの家 ・Aさんの家族は留守 ・明日は部活動の大会 ・楽しそう	↑高 5 4 3 2 1 低↓		↑高 5 4 3 2 1 低↓
2	・高校生と知り合える ・先輩は他の中学校出身 ・先輩は目立った存在 ・先輩の家に行く予定 ・自慢できる	↑高 5 4 3 2 1 低↓		↑高 5 4 3 2 1 低↓
3	・付き合っている人と2人でカラオケ ・校則では禁止 ・親もだめというはず ・断るのは、かっこう悪い	↑高 5 4 3 2 1 低↓		↑高 5 4 3 2 1 低↓

○今日の学習の感想を書きましょう

生徒用資料3－1　　「どんなことが起こるかな？」　　　　　　　　3－③－2

どんなことが起こるかな？

どんなことが起こるかな？　No.1

　体育祭の打ち上げをやると連絡が回ってきた。
　会場はＡさんの家。ちょうど家族が出かける予定で、「多少さわいでも夜遅くなっても平気だから盛り上がろう！」だって。
　明日は部活の大会もあるけど、なんとかなるよね。なんだか楽しくなってきた！

どんなことが起こるかな？　No.2

　友だちが高校生の先輩を紹介してくれるそうだ。先輩は他の中学校出身だけど、いつも駅前にいて、ちょっと派手な感じで目立った存在なので顔は知っている。
　明日、駅前に行けば、そのグループのメンバーに紹介してもらえることになっている。それから先輩の家に行く予定だそうだ。
　高校生の先輩と知り合いって、ちょっと自慢じゃない？　早く明日にならないかな。

どんなことが起こるかな？　No.3

　付き合っている人に、二人でカラオケに行こうと誘われた。校則では生徒だけで行くのは禁止されているけど、みんなもよく行っているよって言われた。でも、親がいつもだめって言うから行ったことはないし、行きたいって言っても、きっとまた怒られるよなぁ。
　だけど…断るのは、なんだかかっこう悪い気がする。バレなきゃ大丈夫だよね。

掲示用資料3−1　「意志決定の基本ステップ1・2・3」　3−3−3

意志決定の基本ステップ1・2・3

STEP 1　赤信号「止まって」

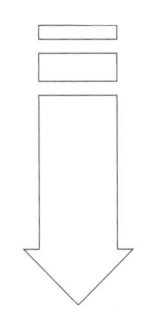

何について決めなければならないのか

STEP 2　黄色信号「考えて」

どんな選択肢があるか、複数考える
その選択をした場合、どんな結果になるか
　○プラス面は何か
　○マイナス面は何か

STEP 3　青信号「決めよう」

一番良いと思うことを決定する

教師用資料3-1　「危険行動とその結果の例」　　3-③-4-①

危険行動の例

飲酒、喫煙、薬物乱用、非行、性行動など

※危険行動カードも参照

危険行動の結果の例

○犯罪に巻き込まれる
○性犯罪の被害に遭う（売春　買春　レイプ　麻薬　暴力団の関与など）
○性暴力の被害による精神的ダメージ
○望まない妊娠　人工妊娠中絶　性感染症　エイズ
○退学

「危険行動カード」（アイスブレイク用）

生活習慣	夜中まで起きている	まったく運動をしない	歯を磨かない
	歯の治療に行かない	長時間テレビを見る	長時間パソコンを使う
食行動	朝食を食べない	好きなものだけを食べる	食事代わりにお菓子を食べる
	野菜をほとんど食べない	塩分の多い食事をたくさんとる	絶食してやせる
	揚げ物ばかりを好んで食べる	日常的にジュースを水代わりに飲む	夜中に食べる
安全	自転車の二人乗り	自転車の並列走行	左右確認をしないで横断
	自転車の傘さし運転	無灯火で自転車に乗る	信号無視
携帯電話・インターネット	インターネット上に自分の情報を公開する	友だちの悪口をネットに書き込む	ネットで知り合った人に自宅を教える
	ネットに顔写真を公開して友だちを募集する	友だちの実名や住所をネットで公表する	メールで知り合った異性と会う
非行・犯罪	電車の無賃乗車をする	壁などに落書きをする	親のクレジットカードで勝手に物を買う
	他人の傘を勝手に使う	公園の遊具をわざと壊す	レジを通らないで品物を持ち帰る
酒・たばこ・薬物乱用	中学生がビールを飲む	中学生がたばこを吸う	風邪が早く治るように薬を2倍のむ
	中学生がフルーツチューハイを飲む	同級生にたばこを吸うように勧める	知らない人からもらった「やせる薬」を飲む

※使いやすい大きさに拡大し、1枚ずつ切り離して使用します。
※空欄は実態に即して危険行動を記入して使用します。

参考資料

下の図３−１は、川畑らが、2000年11月から2001年２月にかけて実施した、中・高校生の性行動の実態およびその関連要因に関する全国調査の結果を示したものである。

性交経験者は非経験者に比べて、性や学校種の別を問わず、この１か月間に喫煙や飲酒をしたり、これまで薬物乱用を経験したりしている割合が高い傾向にあった。

図３−１　性交経験別にみた中学生男子の飲酒、喫煙、薬物乱用経験

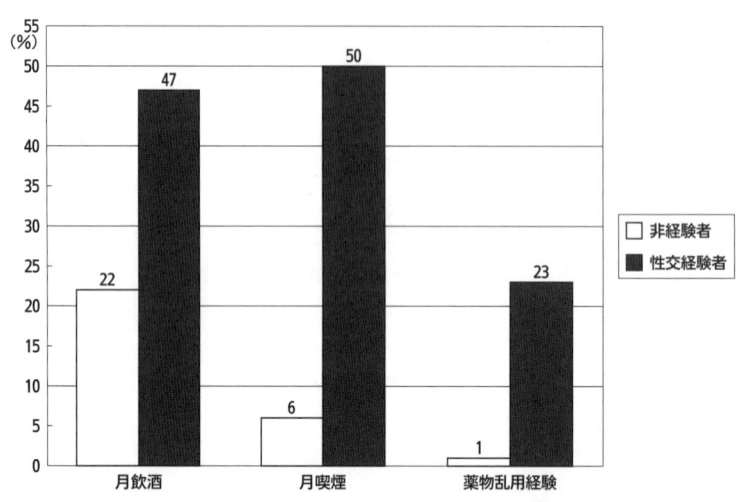

	非経験者	性交経験者
月飲酒	22	47
月喫煙	6	50
薬物乱用経験	1	23

（川畑徹朗他「中・高校生の性行動とその関連要因」『学校保健研究』、49、2007より作図）

4 性感染症の予防

1 指導のねらい

性感染症とその予防法について理解する。

前時では、性行動や他の危険行動にかかわる場面において、意志決定スキルを使って適切に対処することで、それらの危険行動を避けることができることを学びました。

思春期は、異性に対する関心や異性と親しくしたいという欲求が強くなってくる時期です。こうした関心や欲求は、正しい知識や十分な理解がない場合、妊娠や性感染症などのリスクの高い危険行動につながることもあります。

そのため、性行動によって引き起こされる妊娠や性感染症について、科学的知識を習得することは、性に関する思春期の危険行動を回避するために必要です。特に、性感染症は、将来にわたって心身に大きなダメージを与えるものも少なくありません。

本時では、情報に基づいた適切な意志決定と行動選択の前提として、性感染症の原因と予防法に関する基礎的知識を学ぶために、この題材を設定しました。

2 授業目標

①若い世代の性感染症が多い理由について話し合う。
②性感染症を避けるための方法について話し合う。
③性的接触を避けることが、中学生にとっては最も望ましい予防法であることに気付く。

3 教育課程への位置付け

3学年：特別活動　学級活動

※保健体育との関連を図りながら行うことが望ましい。

4 準備物リスト

- 活動シート4-1「若い世代の性感染症」
- 活動シート4-2「振り返りシート」
- 生徒用資料4-1「性感染症ってどんな病気？」
- 短冊
- 模造紙
- マジック（グループ内で各自が違う色を使用するためグループごとに3、4色）

5 指導過程の概略

	活動のステップ	活動のポイント	準備物
導入	**STEP 1** ●アイスブレイクでグループをつくる **STEP 2** ●本時の学習のねらいを確認する	●「うつる病気を防ぐためにできること」を短冊に一つ書き、似たような内容を書いた者同士で3、4人のグループをつくる ●性感染症について知っていることを自由に挙げる ●教師は、性感染症について、その原因と予防法などについて学習することを説明する	●短冊
展開	**STEP 3** ●性感染症について確認する **STEP 4** ●若い世代に性感染症が多い理由について考える **STEP 5** ●性感染症を防ぐための予防法について話し合う	●教師は、性感染症とは性的接触によって感染する病気であることを説明する ●教師は、生徒用資料4-1「性感染症ってどんな病気？」の1について簡単に説明する ●生徒用資料4-1「性感染症ってどんな病気？」の2を参考に、若い世代の性感染症が多い理由について考え、活動シート4-1「若い世代の性感染症」の1に記入する ●生徒用資料4-1「性感染症ってどんな病気？」を参考に、プレイスマットのそれぞれの場所に、「中学生ができる性感染症を防ぐための方法」について記入する ●グループ内で発表し合い、予防法として良いと思われるものをプレイスマットの中央に記入する ●教師は、グループごとに発表させ、予防法として有効だと思われることを、活動シート4-1「若い世代の性感染症」の2に記入させる	●生徒用資料4-1「性感染症ってどんな病気？」 ●活動シート4-1「若い世代の性感染症」 ●生徒用資料4-1「性感染症ってどんな病気？」 ●活動シート4-1「若い世代の性感染症」 ●生徒用資料4-1「性感染症ってどんな病気？」 ●模造紙 ●マジック（3、4色）
まとめ	**STEP 6** ●本時の学習内容を確認する	●教師は、十代の子どもにとっては、性的接触を避けることが極めて有効な予防法であることを確認する ●活動シート4-2「振り返りシート」に記入する	●活動シート4-2「振り返りシート」

6　指導の展開

導　入

STEP 1　アイスブレイクでグループをつくる

- 「うつる病気を防ぐためにできること」を短冊に一つ書き、似たような内容を書いた者同士で3、4人のグループをつくります。

※教師は、2分程度を目安に、ゲームを進める。
※教師は、出た意見を板書しておく。

STEP 2　本時の学習のねらいを確認する

> **指示**　うつる病気を防ぐためのいろいろな方法が出ましたね。今日は、うつる病気の一つである性感染症の予防法について学習します。性感染症は、若い世代に多い病気の一つです。では、性感染症について、どんなことを知っていますか。自由に出し合ってみましょう。

- 性感染症について知っていることを自由に挙げます。
- 教師は、生徒の意見を板書します。

※教師は、板書をする際、感染経路、原因、予防法、その他に分類して板書するとよい。

- 教師は、性感染症について、その原因と予防法などについて学習することを説明します。

展　開

STEP 3　性感染症について確認する

- 教師は、生徒用資料4-1「性感染症ってどんな病気？」を配付します。
- 教師は、生徒用資料4-1「性感染症ってどんな病気？」の1を参考に、簡単に主な性感染症の特徴と症状を説明します。

※保健学習などで学習していない場合は、簡単に以下のような説明を行う。
　①特に女性においては、はっきりした症状が出ない場合が多く、発見が遅くなることがある。
　②不妊症の原因となることがある。
※ここでの説明は、保健学習で学んだことの想起にとどめ、ステップ5の活動に十分な時間を確保できるようにすることが望ましい。

> **説明** 　性感染症とは、性的接触によって感染する病気です。みなさんがよく知っている病気の一つにエイズがあります。他にはどんな病気があるでしょうか。資料の1を見てください。主な性感染症を表にまとめたものです。
> 　みなさんは、すでに保健の時間に学習していると思いますが、感染してもはっきりした症状がでない場合もあり、感染を自覚しないまま進行し、気付いた時には大変ひどい状態になっていることがあるのです。また、不妊症の原因となったり、がんになったりする場合もあります。

STEP 4 　若い世代に性感染症が多い理由について考える

- 教師は、活動シート4-1「若い世代の性感染症」を配付します。
- 教師は、生徒用資料4-1「性感染症ってどんな病気？」の2を参考に、若い世代に性感染症が多い理由について、各自で活動シート4-1「若い世代の性感染症」の1に記入するよう指示します。

> **指示** 　次に、資料2を見てください。
> 　この図は、性器クラミジア感染症と診断された報告数を示したものです。この図から分かることを発表してください。

- 教師は、生徒の発表をもとに、特に若い世代に多いことを確認します。

> **指示** 　若い世代に性感染症が多い理由について、活動シート「若い世代の性感染症」の1に各自で記入しましょう。

- 教師は、机間指導を行い、全員が記入できたことを確認し、数名に発表させます。

STEP 5 　性感染症を防ぐための予防法について話し合う

- 教師は、模造紙と人数分の色の違うマジックを配付します。
- 教師は、グループごとに模造紙の中央に大きめの楕円を書き、余白をグループの人数分で仕切り、一人一人が書くスペースを割り当てて準備するよう指示します。
- 教師は、生徒用資料4-1「性感染症ってど

【プレイスマットの例】

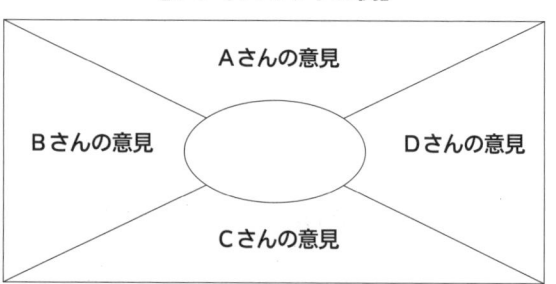

Aさんの意見／Bさんの意見／Cさんの意見／Dさんの意見

4 性感染症の予防　249

んな病気？」を参考に、各自の枠内に割り当てられた色のマジックを使って、質問に対する考えをできるだけたくさん記入するよう指示します。

指示　まず、配られた模造紙の中央に大きめの楕円を書いてください。その後、楕円を中心にグループの人数分、線を引き仕切ります。次に一人一人が書くスペースを決めましょう。（準備ができたことを確認して）

ではこれから、若い世代に性感染症が多い理由について考えたことや、生徒用資料を参考にしながら、「中学生ができる性感染症を防ぐための方法」について考えます。

質問に対する考えを、各自のスペースに、割り当てられた色のマジックでできるだけたくさん書きます。時間は3分間で、まずは一人で考えて書きます。では、始めてください。

※教師は、3分後に終了の合図をし、次の指示を行う。

指示　次に、グループ内で各自の意見を発表し合いましょう。その際、自分と共通の意見があれば下線を引きましょう。そして、他の人の意見で良いと思うものは、自分のスペースに書き加えましょう。最後に、各自の発表が終わったら、グループ内で合意できる意見を模造紙の中央の楕円の中に書きましょう。

後で、楕円の中に書き込まれた意見を全体で紹介し合います。代表者は、発表できるように、意見をまとめておきましょう。

まとめができたグループは、グループ内で出た意見を各自の活動シート2の欄に書き写します。活動シートの残りの欄には、他のグループの発表を聞きながら、良いと思う意見を書き込むようにします。

- 教師は、各グループの代表者に、グループで考えた予防法を発表するように指示します。
- 教師は、発表の内容をもとに性感染症の予防法について、活動シート4−1「若い世代の性感染症」の2に記入させます。

※予想される予防法としては、性的接触を避ける、二人きりにならない、知らない人とは付き合わないなどが考えられる。

まとめ

STEP 6　本時の学習内容を確認する

- 教師は、特に十代の子どもにとっては、性的接触を避けることが最も望ましい方法であることを確認します。

> **説 明（例）**　今日は、性感染症について考えてきました。
> 　性感染症は、感染したことに気付かないまま経過し、気付いた時には、体に重大なダメージを与えるものも少なくないことが分かりました。特に、女性では重症化するまで発見されず、不妊症などの原因ともなることが分かりました。
> 　性感染症についてよく知ることは、病気の早期発見や予防のために大切なことです。
> 　また、どの性感染症にも共通する予防法は、性的接触を避けることです。
> 　マンガやインターネットなどのメディアから、同世代の人はほとんど性的接触の経験があるといった情報が、あなたのもとに届くかもしれません。しかし、それは誤った情報です。メディアなどの情報に惑わされることなく、正しい判断ができるようにしましょう。
> 　性感染症に限らず、病気ではないかと思われるような症状がある場合は、身近で信頼できる大人に相談をしてください。きっとあなたの力になってくれるはずです。

- 活動シート４－２「振り返りシート」に記入し、本時の振り返りをします。

7　家庭や地域と連携した活動

- 生徒用資料４－１「性感染症ってどんな病気？」を家庭に持ち帰り、家族と性感染症について話し合う機会とします。

活動シート4−1　「若い世代の性感染症」　　　　3−4−1

若い世代の性感染症

3年＿＿＿組　名前＿＿＿＿＿＿＿＿＿＿＿＿

1　資料の図は、性感染症である「性器クラミジア感染症」にかかったと診断された者の、年齢区分別報告数です。この図から若い世代に性感染症が多い理由について、考えられることを書きましょう。

2　どうすれば性感染症は予防することができるでしょうか。その予防法について、グループで話し合いましょう。

	予防法
1	
2	
3	
4	
5	

活動シート4－2　「振り返りシート」　　　　　　　　　　　　　　　　3－④－2

振り返りシート

3年___組　名前_____

今日の学習について振り返ってみましょう。
次の質問について、最もあてはまる番号に○をつけましょう。

1　性感染症の原因や症状などが分かりましたか。
　　①よく分かった　　②分かった　　③あまり分からなかった　　④分からなかった

2　グループの話し合いでは、積極的に発言することができましたか。
　　①よくできた　　②できた　　③あまりできなかった　　④できなかった

3　資料を参考にして、効果的な予防法について考えることができましたか。
　　①よくできた　　②できた　　③あまりできなかった　　④できなかった

4　学習を振り返って、分かったことや、そのことが今後の自分の生活にどのように役立てるかを書きましょう。

（分かったこと）

（今後の自分の生活にどのように役立てるか）

4 性感染症の予防　253

生徒用資料4－1　「性感染症ってどんな病気？」　3－4－3

性感染症ってどんな病気？

1　主な性感染症

	病　名	特　徴	症　状
1	性器クラミジア感染症 （病原体：クラミジアトラコマティス）	・潜伏期：1～3週間 ・症状がはっきり出ないことがある	女性：多少おりものが増える程度で症状が出ないことが多い 　　　（腹膜炎を起こし、腹痛で発見されることが多い） 男性：尿道からのうみ、排尿痛など
2	性器ヘルペスウイルス感染症 （病原菌：単純ヘルペスウイルス）	・潜伏期：2～10日 ・症状がはっきり出ないことがある ・再発しやすい	性器やその周辺の痛み、水ぶくれ
3	エイズ （病原菌：ヒト免疫不全ウイルス）	・潜伏期：6か月～15年以上 ・完治する治療法が見つかっていない	免疫の働きが壊され、感染症やがんなど様々な病気にかかりやすい
4	淋菌感染症 （病原菌：淋菌）	・潜伏期：2～9日 ・症状がはっきり出ないことがある	女性：症状が出ないことが多い 　　　（腹膜炎を起こし、腹痛で発見されることが多い）
5	尖圭コンジローマ （病原菌：ヒトパピローマウイルス）	・潜伏期：3～8週間 ・子宮けいがんの原因ともなる	性器やその周辺に先のとがったいぼができる（痛みを伴わない）
6	トリコモナス （病原菌：トリコモナス原虫）	・潜伏期：2～3日 ・かゆみが強い	悪臭のある黄色、泡の混じったおりものが多くなり、強いかゆみがある

2　性感染症の現状

図　年齢区分別にみた性器クラミジア感染症報告数（2012年）

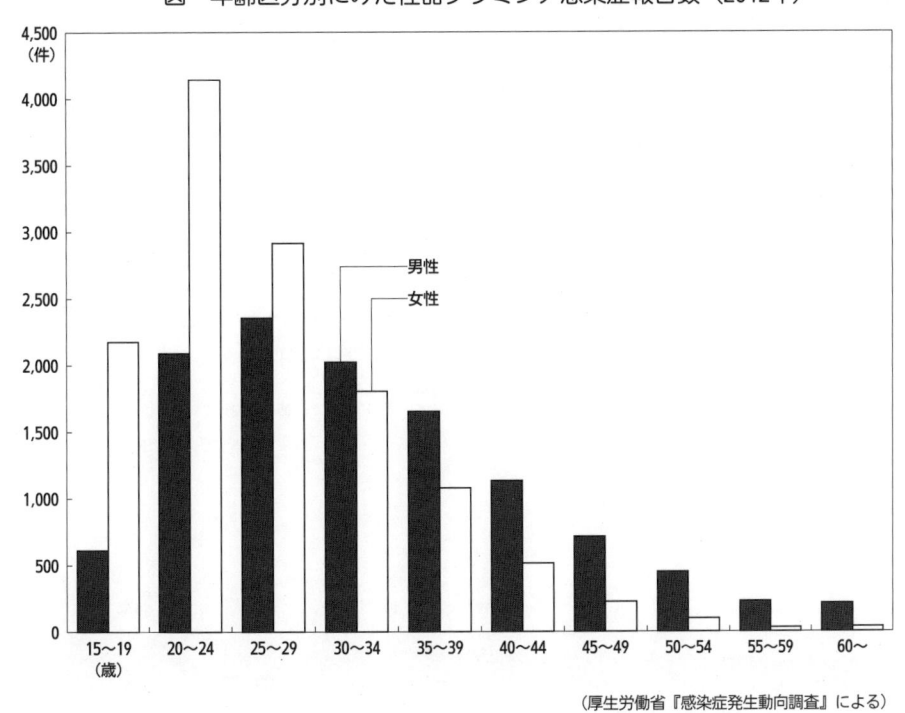

（厚生労働省『感染症発生動向調査』による）

参考資料

● 性感染症報告数の年次推移（感染症動向調査、定点医療機関※1当たり年間報告数※2）

　性感染症とは、性行為によって感染する病気である。性感染症は、性行為の際、感染者の性器からの精液や膣分泌液中に含まれた病原体が粘膜から侵入することによって起こる。

　性感染症は、定点医療機関当たりの性感染症報告数によると、性器クラミジアが最も多く、次いで淋病、性器ヘルペス、尖圭コンジローマの順となっている。性器クラミジア、淋病は、2002年をピークに減少している。性器ヘルペスや尖圭コンジローマは横ばいとなっている。

※1：定点医療機関とは、感染症法に基づいて定められた感染症を診断した場合に、週または月ごとにとりまとめて、保健所に届け出ることが求められている医療機関のことである（2011年度の性感染症に関する定点医療機関数は967医療機関）。これらのデータは、様々な感染症対策に役立てられている。

※2：定点医療機関当たり報告数とは、対象となる感染症について、すべての定点医療機関からの報告数を定点数で割った値のことである。言いかえると1医療機関当たりの平均報告数のことであり、ほかの地域や全国レベルで流行状況を比較する場合などに有効である。

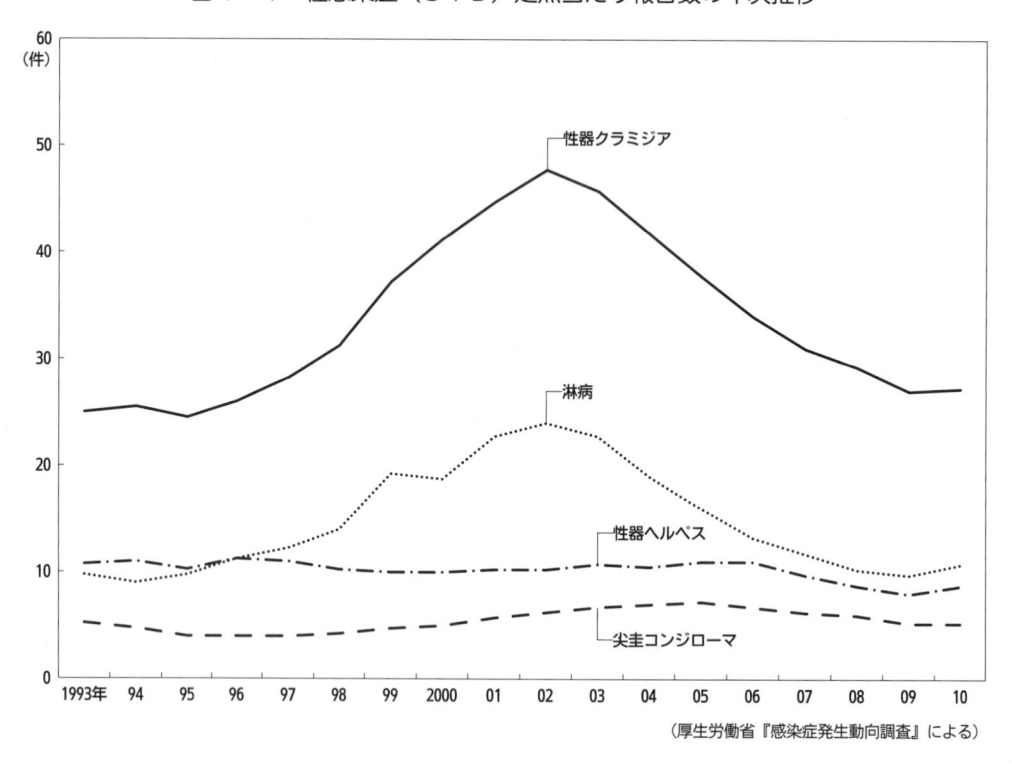

図4-1　性感染症（STD）定点当たり報告数の年次推移

（厚生労働省『感染症発生動向調査』による）

● HIV感染者およびエイズ患者の年次推移

　エイズは、1981年に最初の患者が発見されて以来、世界中に広がったHIVを病原体とする性感染症である。世界の先進国の動向とは異なり、我が国ではエイズは現在でも広がり続けている。

　HIV感染は、免疫機能を低下させ、通常なら感染しない感染力の弱い病原体に感染したり、がんなど様々な病気を引き起こしたりする。この状態をエイズという。

　HIVに感染してから潜伏期が約10年と長く、感染に気付かず他人に感染させることが少なくないことや、現在でも完全に治す治療法は開発されていないため死亡率が高いなどの特徴がある。

　日本では、かつてHIVに汚染された血液製剤が原因で感染が広がったが、現在ではそのほとんどが性行為による感染で、青少年の感染者数が増加している。

　感染予防対策として、性感染症がいつどのように発生しているのかを公表するなど、情報提供をしている。またエイズに関して、拠点となる病院を定め専門的な治療を行ったり、1988年からはHIV感染者やエイズ患者に身体障害者手帳を交付したりするなど、治療費等の経済的な負担軽減も図られている。

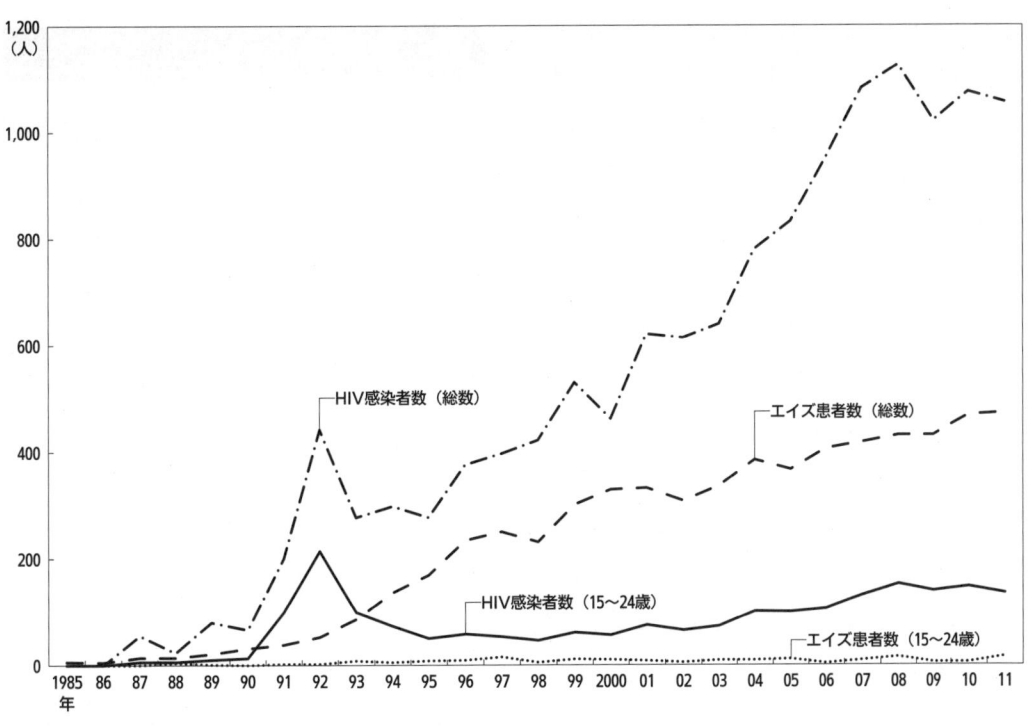

図4-2　日本におけるHIV感染者およびエイズ患者の年次推移

（厚生労働省エイズ動向委員会資料による）

5 自分の未来を考える

1 指導のねらい

未来の自分をイメージし、夢の実現に向けて、危険行動を回避する心構えをもつ。

思春期を上手に乗り越え、日々を健やかに過ごし、ライフスキルを生かして将来を豊かにしていくことを目標に、「思春期の心と体」に関する学習を行ってきました。今回は最後の学習として、自分の未来について考えていきます。

夢を実現させるためには、長期的な目標につながる短期的な目標を設定し、目的をもって毎日を送ることが大切です。しかし、未来の夢に向かう道のりには、その実現を阻害する様々な誘惑や障害が発生し得ることも事実です。そのようなものの中には喫煙や飲酒、早期の性行動などの危険行動も含まれます。自分の夢に向かう道のりにどんな危険行動が潜んでいるかを予測し、それに対して心構えをもつこと、そして自分にとって必要なライフスキルについて確認することは、夢の実現のために大切なことです。

本時では、自分の将来の目標につながる短期的な目標を設定することの必要性と、様々な危険行動を上手に回避したり、対処したりすることの大切さに気付くために、この題材を設定しました。

2 授業目標

①将来の目標を達成するために、短期的な目標を設定する。
②目標の達成を妨げる様々な危険行動に気付く。

3 教育課程への位置付け（2時間扱い）

3学年：総合的な学習の時間
　　　：特別活動　学級活動
　　　：道徳　主として自分自身に関すること　1-（2）

4 準備物リスト

- 活動シート5-1「3年間の『思春期の心と体』の学習を振り返ろう」
- 活動シート5-2「10年後の私」
- 活動シート5-3「コラージュ『10年後の私』」
- 活動シート5-4「振り返りシート」
- 短冊
- 広告・雑誌（写真や絵を切り抜いて使用）
- はさみ
- のり

5 指導過程の概略

		活動のステップ	活動のポイント	準備物
導入		**STEP 1** ● アイスブレイク「あこがれている職業は？」を行い、グループをつくる **STEP 2** ● 本時の学習のねらいを確認する	●「あこがれている職業」を短冊に書き、同じような職業を書いた者同士で4人程度のグループをつくる ● 教師は、本時は、自分の将来の目標を達成するための生き方について考えていくことを説明する	● 短冊
第1時	展開	**STEP 3** ● 3年間の学習を振り返り、将来にわたって注意すべきことや身に付けたいことを確認する **STEP 4** ●「10年後の私」を書き、自分の将来について目標をもつ **STEP 5** ●「コラージュ『10年後の私』」を作成する準備をする	● 活動シート5－1「3年間の『思春期の心と体』の学習を振り返ろう」を用いて、これまでに学習してきたことを確認する ● 将来にわたって注意すべきことや身に付けたいことを書く ● 10年後の「なりたい自分」を想像し、活動シート5－2「10年後の私」を書く ● 10年後の「なりたい自分」につながる、これから頑張りたいこと、回避したいこと、身に付けたいライフスキルを書く ● 活動シート5－3「コラージュ『10年後の私』」を隣の生徒に渡し、横顔の輪郭を描いてもらう	● 活動シート5－1「3年間の『思春期の心と体』を振り返ろう」 ● 活動シート5－2「10年後の私」 ● 活動シート5－3「コラージュ『10年後の私』」
第2時		**STEP 6** ●「10年後の私」をイメージして、コラージュを作る **STEP 7** ● グループ内で、「コラージュ『10年後の私』」を発表する	● 活動シート5－3「コラージュ『10年後の私』」を作り、将来の自分の姿のイメージを明確にする ● グループ内で順番に「コラージュ『10年後の私』」を発表する ● グループ内でコラージュを回し、そのまわりに「応援メッセージ」を書く	● 活動シート5－3「コラージュ『10年後の私』」 ● 広告・雑誌 ● はさみ ● のり ● 活動シート5－3「コラージュ『10年後の私』」
	まとめ	**STEP 8** ● 本時の学習内容を確認する	● 活動シート5－4「振り返りシート」を用いてこの学習を振り返り、感想などを記入する	● 活動シート5－4「振り返りシート」

6　指導の展開

【第1時】

導　入

STEP 1　アイスブレイク「あこがれている職業は？」を行い、グループをつくる

- 教師は、生徒に短冊を1枚ずつ配り、「あこがれている職業は？」のやり方を説明します。

> **説明**　みなさんのあこがれている職業は何ですか。それを短冊に書いてください。そして、先生の合図で、同じような職業を書いた人を探して4人ずつのグループになってください。

- 同じ職業、または似たような職業を書いた者同士、早い順で4人程度のグループをつくって座ります。

※教師は、生徒の様子を観察し、全員がグループになれるよう支援する。
※教師は、何人かの生徒に、その職業を書いた理由を発表させてもよい。

STEP 2　本時の学習のねらいを確認する

- 教師は、この時間は、自分の10年後の「目標とする姿」を想像し、その目標を達成するために、どのような心構えをもつことが大切か考えていくことを説明します。

> **説明**　これまで、思春期の心と体に関する学習をしてきました。今回が最後の学習になります。今回は、みなさんが10年後に「こんなふうになっていたい」という10年後の自分の姿を想像し、その目標を実現するにはどうしたらよいかを考えていきます。

展　開

STEP 3　3年間の学習を振り返り、将来にわたって注意すべきことや身に付けたいことを確認する

- 教師は、活動シート5-1「3年間の『思春期の心と体』の学習を振り返ろう」を読み、3年間の学習のポイントを確認します。

5 自分の未来を考える

説明　「3年間の『思春期の心と体』の学習を振り返ろう」には、これまで学習してきた内容と、みなさんへのアドバイスが載っています。これを読んで、これまで学習してきたことを確認しましょう。これを読むと、将来にわたって注意すべきことや身に付けたいことなどに気付くと思います。それを、後で、表の下の欄に記入してもらいますので、アンダーラインを引きながら、聞いてください。

※これまで学習してきたことを思い出し、自分の現在や将来を見つめながら考えることができるように、教師は簡単な説明を加えながら読む。教師が読んでいる時は、生徒は、将来にわたって注意すべきことや身に付けたいことなどにアンダーラインを引きながら聞く。教師が読み終えた後、生徒は表の下の欄を記入する。

※何人かに、どのようなことを記入したか発表させる。ここで出された事柄が、活動シート5－2「10年後の私」の「回避したいこと」や「身に付けたいライフスキル」の内容につながっていくため、教師は出された意見を参考例として板書する。

STEP 4　「10年後の私」を書き、自分の将来について目標をもつ

- 教師は、活動シート5－2「10年後の私」を書くことを説明します。

説明　みなさんの10年後を想像してください。みなさんはどんな大人になっていたいですか。どんな仕事に就いて、誰と一緒に暮らして、どんな毎日を過ごしていたいですか。ここでは、10年後の自分の理想を実現するために、どのような過ごし方をすればよいか考えていきます。

- 教師は、活動シート5－2「10年後の私」の書き方を指示します。

指示
1. 「現在の私」……自分の中の好きなところや、これから改めていきたいところ、今、どんなことにあこがれているかなどを書きます。
2. 「10年後のなりたい私」……10年後にどんな自分になっていたいかなどを書きます。
3. 「20歳までの5年間」……「10年後のなりたい私」を実現させるために、これからの5年間に頑張りたいことは何かを考えて書きます。
4. 「20歳から25歳の間の5年間」……20歳から25歳までの5年間について、頑張りたいことを書きます。
5. 「回避したいこと」……「3年間の『思春期の心と体』の学習を振り返ろう」を見ながら話し合ったことをもとに、自分の目標の妨げとなる「回避したいこと」と、なぜそれを回避したいのか、その理由を書きます。
6. 「身に付けたいライフスキル」……「10年後のなりたい私」を実現するために、自分が身に付けていきたいライフスキルと、そのライフスキルを選んだ理由を書きます。

- 教師は、活動シート5－1「3年間の『思春期の心と体』の学習を振り返ろう」を参照しな

がら、これまでに学習したライフスキルには、ストレス対処スキルや自己主張的コミュニケーションスキル、意志決定スキル、そして、この授業にもかかわる目標設定スキルなどがあることを確認します。

※ 5 「回避したいこと」、 6 「身に付けたいライフスキル」は、活動シート５－１「３年間の『思春期の心と体』の学習を振り返ろう」の表の下の欄に書いたことや、ＳＴＥＰ３の板書を参考にさせる。また、危険行動として、飲酒、喫煙、薬物乱用、望まない妊娠につながる行動、性感染症につながる行動、不健康な食生活、交通事故につながる行動、暴力につながる行動などがあることを知らせてもよい。

STEP5　「コラージュ『10年後の私』」を作成する準備をする

● 教師は、活動シート５－３「コラージュ『10年後の私』」作成の準備として、活動シートに横顔の輪郭を書く方法を説明します。

> **説明**　「10年後の私」をコラージュで表すための準備をしましょう。まず、グループの中で互いに自分の活動シートを右隣の人に渡してください。活動シートを受け取った人はその人の横顔の輪郭を、活動シートにできるだけ大きく描き、本人に戻してください。次の時間に、その輪郭の中に、「10年後の私」をイメージしながら広告や雑誌から切り抜いた絵や文字を貼り、コラージュを完成させます。

※この時間はこれで終わる。次の時間にコラージュを完成させ、それを用いて「10年後の私」の発表をすることを伝えておく。
※次の時間に、広告・雑誌、はさみ、のりを持ってくるように指示する。
※これまでに、コラージュを作成した経験がない場合は、資料編を参考にして、コラージュがどのようなものであるか、また、コラージュを作成する際に、どのような広告や雑誌を用意したらよいかを伝えておく。
※事前に、保護者に雑誌等を使うことを通知しておいたり、学校で古雑誌等をストックしておいたりするとよい。

⑤ 自分の未来を考える

【第2時】

STEP 6 　「10年後の私」をイメージして、コラージュを作る

● 教師は、活動シート5－3「コラージュ『10年後の私』」の作り方を説明します。

> **説明**　前の時間に、活動シートに互いの横顔の輪郭を描きました。この時間は「コラージュ『10年後の私』」を完成させます。まず、「10年後の私」に書いた事柄にかかわるような絵、写真、言葉などを雑誌や広告から切り抜いてください。それを活動シートの自分の顔の輪郭の中に貼ってコラージュを作ります。これから頑張りたいことや、回避したいこと、身に付けたいライフスキルなどを具体的にイメージしながら、作っていきましょう。

※活動の流れや、時間配分等を板書しておくとよい。

STEP 7 　グループ内で、「コラージュ『10年後の私』」を発表する

● 教師は、活動シート5－3「コラージュ『10年後の私』」の発表の仕方を説明します。

> **説明**　まず、グループ内で発表の順番を決めてください。順番が決まったら、リーダーの司会のもとに発表を行います。発表時間は1人3分間くらいです。「10年後の私」に書いたことも含めて発表をしてください。その後、その発表について質問をし合ってください。グループ内の全員の発表が終わったら、コラージュを回し合って、それぞれの人の発表に対して「応援メッセージ」を書いてください。

● グループ内で「応援メッセージ」を書き終えたら、コラージュを本人に戻します。

※発表は、活動シート「10年後の私」を見ながら行わせるとよい。
※時間に余裕があれば、各グループの代表者を決め、クラス全員の前で発表を行う。

まとめ

STEP 8　本時の学習内容を確認する

- この学習を振り返り、感想などを活動シート5-4「振り返りシート」に記入します。

7　家庭や地域と連携した活動

- 学級通信などを通して、活動内容や生徒の感想を紹介します。コラージュは教室に掲示し、授業参観などで保護者に見てもらえるようにします。

活動シート5-1　　「3年間の『思春期の心と体』の学習を振り返ろう」　　3-5-1

3年間の「思春期の心と体」の学習を振り返ろう

3年　　　組　名前　　　　　　　　　　

ジャンル	項目	こんなことが起きます	アドバイス
心と体	思春期の体	体にいろいろな変化が起きてきます。それに伴う悩みが出てくるかもしれません。	個人差や男女差があります。あまり心配をしないようにしましょう。
	思春期の心	不安定な気持ちやイライラした気分に悩むことがあるかもしれません。	様々なライフスキルを身に付けて、思春期を上手に乗り越えていきましょう。
	ストレス	精神的にも身体的にもストレスが強くなることがあります。	<u>ストレス対処スキル</u>を学習し、自分なりの対処の仕方を見つけましょう。
人間関係	家族の果たす役割	家族が煩わしく感じられたり、家族の愛情に気付きにくくなったりすることがあります。	家族にはどんな力があるのか、時にはじっくりと家族に目を向けてみましょう。
	良い人間関係	自分の考えに固執したり、友人の言動に過剰に同調するようになったりすることがあります。	<u>自己主張的コミュニケーションスキル</u>で自分の気持ちを伝え、良い人間関係を築いていきましょう。
	友人間のトラブル	感情の起伏が激しくなり、友人との間でトラブルが生じやすくなることがあります。	<u>意志決定スキル</u>を用いて、トラブルを解消する方法を考えてみましょう。
	仲間の影響	仲間はかけがえのない存在であると同時に、プレッシャーになる場合もあります。	時には距離をおいて、仲間との上手なかかわり方について考えてみましょう。
	異性からの誘い	好きな異性の誘いでも、上手に断る必要のある場合が出てきます。	<u>自己主張的コミュニケーションスキル</u>で、自分の意志を上手に伝えられるようにしましょう。
	男女の人間関係	異性への関心が高まり、男女のかかわり方に悩むかもしれません。	<u>意志決定スキル</u>を用いて適切な行動選択をし、互いを尊重する関係を築いていきましょう。
	男女交際	男女交際の中で、性的接触につながりそうな場面に出会うかもしれません。	性的接触を伴わない愛情の伝え方について考えていきましょう。
情報源	心と体に関する情報源	心や体に関する悩みの解決のために、どのような情報源に頼ったらよいか、迷うことがあるかもしれません。	悩みに適切に答えてくれる情報源にはどのようなものがあるか、考えてみましょう。
	性に関する情報源	たくさんの情報源の中で、どれを信頼したらよいのか分からなくなるかもしれません。	信頼できる情報源を確認し、危険行動を回避できる力を備えましょう。
危険行動	危険行動	喫煙、飲酒、薬物乱用などの危険行動や、異性からの誘いなど、注意すべきものが増えてきます。	危険を予測し、<u>自己主張的コミュニケーションスキル</u>で、危険行動を回避できるようにしましょう。
	性にかかわる危険行動	危険な状況につながる行動選択は、他の危険行動も引き起こす場合があります。	危険行動の影響を予測し、<u>意志決定スキル</u>で適切な行動選択をしましょう。
	性感染症	正しい知識がないと、性的欲求は性感染症など、リスクの高い危険行動につながることがあります。	中学生にとって、性的接触を避けることが、性感染症を避けるための最も望ましい予防法になるでしょう。

⬇

将来にわたって注意すべきことや、身に付けたいこと

活動シート５－２　　「10年後の私」　　　　　　　　　　　　　　３－⑤－２

10年後の私

３年＿＿＿組　名前＿＿＿＿＿＿＿＿＿＿＿＿

②10年後のなりたい私

（例）どんな仕事に就いていますか？　誰と一緒に暮らしていますか？
　　　どんな毎日を過ごしていますか？

＜頑張りたいこと＞
「10年後の私」を実現するために、どんな過ごし方をすればよいでしょう。

④○20歳から25歳の間の５年間

③○20歳までの５年間

9年後
8年後
7年後
6年後
5年後
4年後
3年後
2年後
1年後

⑤　＜回避したいこと＞
「10年後の私」を実現するために、避けたいことは何ですか？　理由も書きましょう。

⑥＜身に付けたいライフスキル＞
「10年後の私」を実現するために、身に付けたいライフスキルは何ですか？　理由も書きましょう。

①現在の私

（例）自分の中で好きなところはどんなところですか？　これから改めていきたいところはどんなところですか？　どんなことにあこがれていますか？

JKYB

活動シート5-3　「コラージュ『10年後の私』」　3-5-3

コラージュ「10年後の私」　（制作日　年　月　日）

3年＿＿組　名前＿＿＿＿＿＿＿＿＿＿＿＿

＿＿＿＿＿＿より　　＿＿＿＿＿＿より　　＿＿＿＿＿＿より

活動シート5－4　「振り返りシート」　　　　　　　　　　　　　　　　3－5－4

振り返りシート

3年___組　名前_____

1　10年後の「なりたい私」をイメージし、目標をもつことができましたか。
　　　　　　　　　　　　　　　　　　　　　　　　　　はい　　いいえ

2　10年後の「なりたい私」を実現するために、頑張りたいことは何か、考えることができましたか。　　　　　　　　　　　　　　　　　　　　はい　　いいえ

3　将来の目標を実現するためには、どういうことを回避すればよいか、考えることができましたか。　　　　　　　　　　　　　　　　　　　　　はい　　いいえ

4　将来の目標を実現するために、どのようなライフスキルを身に付けたいか、考えることができましたか。　　　　　　　　　　　　　　　　　はい　　いいえ

5　自分の将来を想像したり、仲間の夢を聞いたりして気が付いたことや、心に決めたことを書いてください。

参考資料

● 目標設定スキル

　目標設定スキルとは「現実的な目標を設定、計画、到達する能力」であり、目標設定スキルを向上させ、目標を達成する経験を積み重ねることは、自尊心の重要な要素の一つである自己有能感を高めるのに極めて大きな役割を果たす。

　下の表には、目標設定スキルに関して学習すべき内容を示した。

目標設定スキルに関する学習内容
1. 目標の設定に関連して、自分の特性を評価する
2. 自分の価値観や信念を明確にする
3. 自分自身や他者からの短期的、長期的期待を確認する
4. 自分の将来像をもつ
5. 自分の行動の短期的、長期的結果を予測する
6. 達成可能な短期的目標を文章化する
7. 自分の目標を達成した時に報酬を与える方法を確認する
8. 自分の目標達成を妨げる障害と、そうした障害を克服する方法を確認する
9. 目標を達成するためのステップを適用する
10. 自分の意志決定が将来の目標に与える影響を確認する

(Fetro JV『*Personal and Social Skills Level 1*』ETR Associates, 2000)

　本時の学習内容は、主として「4．自分の将来像をもつ」にかかわっており、「6．達成可能な短期的目標を文章化する」や「8．自分の目標達成を妨げる障害と、そうした障害を克服する方法を確認する」ともかかわりが深い。

　自分の明確な将来像をもつことは、自分が進むべき人生の方向性を指し示し、具体的な長期的目標や短期的目標を設定する際の助けとなる。また、自分の将来像をもっている子どもは、自分にとって重要なことと重要でないことを区別することができ、重大な意志決定が迫られるような場面において、自分を見失うことなく賢明な意志決定をすることができる。さらに、明確な将来像をもっている人のとる行動には一貫性があり、矛盾がない。そして、一時的に失敗を経験したとしても、修正が早く、長く道を迷うことはない。

● コラージュについて

　コラージュは、新聞・雑誌などから切り抜いた写真や絵・文字などを台紙に貼り、作品としたものである。コラージュの作成を通して、自分の考えや興味を表現することで、自分に対するイメージを具体化することができる。また、その過程で自己の内面に気付くことが多い。

　この授業では、ペアになって互いの横顔の輪郭を描き、自分の輪郭の中にコラージュを作成することで、「自分」に対するイメージを具体化することができる。

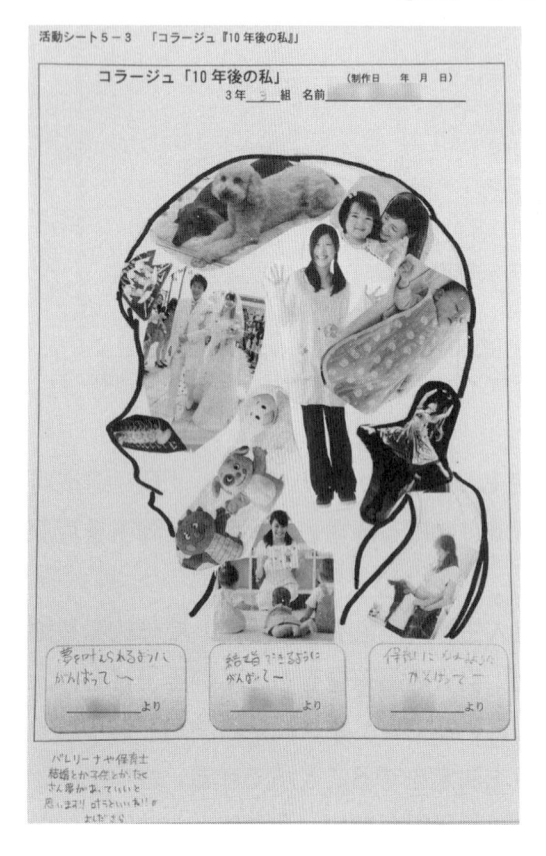

〇コラージュ「10年後の私」の作品例

中学校3年　第1時「中学生の心と体の健康に関する生徒のニーズ調査」

以下の事項について、該当する番号や箇所に○を付けたり、空欄に数字を入れたりしてください。
1．授業実施日：（　　　）年（　　　）月（　　　）日
2．本時の学習に要した時間　約（　　　）分
3．予定した学習内容や学習活動について全て指導することができましたか。
　　1．はい　　2．いいえ（具体的には：　　　　　　　　　　　　　　　　　　　　　　　　　　　　　　　　　　）
4．本時全体について以下の点から評価してください。
　1）学習内容全体のつながりや授業の流れ：　　　1．とても良い　　2．良い　　3．悪い　　4．とても悪い
　2）生徒の興味・関心：　　　　　　　　　　　　1．とても高い　　2．高い　　3．低い　　4．とても低い
　3）生徒の授業への参加態度等：　　　　　　　　1．とても良い　　2．良い　　3．悪い　　4．とても悪い
　4）生徒にとっての学習内容や学習活動のレベル：1．とても高い　　2．高い　　3．低い　　4．とても低い
　5）先生にとっての準備に要する負担や時間：　　1．多い　　　　　2．普通である　　　　3．少ない
5．各学習内容や学習活動について、評価してください。
（1）「中学生の心と体」という言葉についてのマインドマップを作成する活動
　1）学習の意義：　　　　　　1．とてもあった　　2．あった　　3．あまりなかった　　4．全くなかった
　2）生徒の参加意欲：　　　　1．とてもあった　　2．あった　　3．あまりなかった　　4．全くなかった
（2）マインドマップをグループ間で回覧する活動
　1）学習の意義：　　　　　　1．とてもあった　　2．あった　　3．あまりなかった　　4．全くなかった
　2）生徒の参加意欲：　　　　1．とてもあった　　2．あった　　3．あまりなかった　　4．全くなかった
（3）心と体の健康に関して、1、2年時に学習した内容を振り返る活動
　1）学習の意義：　　　　　　1．とてもあった　　2．あった　　3．あまりなかった　　4．全くなかった
　2）生徒の参加意欲：　　　　1．とてもあった　　2．あった　　3．あまりなかった　　4．全くなかった
（4）「中学生の心と体の健康に関する調査」に記入する活動
　1）学習の意義：　　　　　　1．とてもあった　　2．あった　　3．あまりなかった　　4．全くなかった
　2）生徒の参加意欲：　　　　1．とてもあった　　2．あった　　3．あまりなかった　　4．全くなかった
6．上記の評価も含めて、特に良かった学習内容、活動、教材等があれば挙げてください。

7．上記の評価も含めて、特に改善すべき学習内容、活動、教材等があれば挙げてください。

8．本時全体に関して総合的に評定してください。
　　1．とても良い　　2．良い　　3．悪い　　4．とても悪い
9．この授業に関連して「家庭や地域と連携した活動」をされましたか。
　　1．はい　　2．いいえ
　　　・実施された場合は、具体的にはどのようなことをされましたか。

10．その他、この授業に関するご意見やご要望があればお書きください。

中学校3年　第2時「お互いを高め合う男女交際」

以下の事項について、該当する番号や箇所に○を付けたり、空欄に数字を入れたりしてください。

1. 授業実施日：（　　　）年　（　　　）月　（　　　）日
2. 本時の学習に要した時間　約（　　　）分
3. 予定した学習内容や学習活動について全て指導することができましたか。
　　1．はい　　2．いいえ（具体的には：　　　　　　　　　　　　　　　　　　　　　　　　　　）
4. 本時全体について以下の点から評価してください。
　1）学習内容全体のつながりや授業の流れ：　　1．とても良い　2．良い　3．悪い　4．とても悪い
　2）生徒の興味・関心：　　　　　　　　　　　1．とても高い　2．高い　3．低い　4．とても低い
　3）生徒の授業への参加態度等：　　　　　　　1．とても良い　2．良い　3．悪い　4．とても悪い
　4）生徒にとっての学習内容や学習活動のレベル：1．とても高い　2．高い　3．低い　4．とても低い
　5）先生にとっての準備に要する負担や時間：　1．多い　　　　2．普通である　　3．少ない
5. 各学習内容や学習活動について、評価してください。
（1）「性的接触によって起こり得ること」についてブレインストーミングで意見を出し、模造紙にまとめる活動
　1）学習の意義：　　　　　1．とてもあった　2．あった　3．あまりなかった　4．全くなかった
　2）生徒の参加意欲：　　　1．とてもあった　2．あった　3．あまりなかった　4．全くなかった
（2）「性的接触を伴わない愛情の伝え方」に関するブレインストーミング
　1）学習の意義：　　　　　1．とてもあった　2．あった　3．あまりなかった　4．全くなかった
　2）生徒の参加意欲：　　　1．とてもあった　2．あった　3．あまりなかった　4．全くなかった
（3）活動シート「お互いを高め合う男女交際」に、グラフから気付いたことや学習後の考えを書く活動
　1）学習の意義：　　　　　1．とてもあった　2．あった　3．あまりなかった　4．全くなかった
　2）生徒の参加意欲：　　　1．とてもあった　2．あった　3．あまりなかった　4．全くなかった
6. 上記の評価も含めて、特に良かった学習内容、活動、教材等があれば挙げてください。

7. 上記の評価も含めて、特に改善すべき学習内容、活動、教材等があれば挙げてください。

8. 本時全体に関して総合的に評定してください。
　　1．とても良い　　2．良い　　3．悪い　　4．とても悪い
9. この授業に関連して「家庭や地域と連携した活動」をされましたか。
　　1．はい　　2．いいえ
　　　・実施された場合は、具体的にはどのようなことをされましたか。

10. その他、この授業に関するご意見やご要望があればお書きください。

中学校3年　第3時「性にかかわる危険行動を避ける」

以下の事項について、該当する番号や箇所に○を付けたり、空欄に数字を入れたりしてください。

1. 授業実施日：（　　　）年　（　　　）月　（　　　）日
2. 本時の学習に要した時間　約（　　　　）分
3. 予定した学習内容や学習活動について全て指導することができましたか。
   1．はい　　2．いいえ（具体的には：　　　　　　　　　　　　　　　　　　　　　　　　　　　　　）
4. 本時全体について以下の点から評価してください。
   1）学習内容全体のつながりや授業の流れ：　　1．とても良い　　2．良い　　3．悪い　　4．とても悪い
   2）生徒の興味・関心：　　　　　　　　　　　1．とても高い　　2．高い　　3．低い　　4．とても低い
   3）生徒の授業への参加態度等：　　　　　　　1．とても良い　　2．良い　　3．悪い　　4．とても悪い
   4）生徒にとっての学習内容や学習活動のレベル：1．とても高い　2．高い　　3．低い　　4．とても低い
   5）先生にとっての準備に要する負担や時間：　1．多い　　　　2．普通である　　　3．少ない
5. 各学習内容や学習活動について、評価してください。
  （1）危険行動カードを使って、危険行動にはどのようなものがあるか確認する活動
   1）学習の意義：　　　　　1．とてもあった　2．あった　3．あまりなかった　4．全くなかった
   2）生徒の参加意欲：　　　1．とてもあった　2．あった　3．あまりなかった　4．全くなかった
  （2）生徒用資料「どんなことが起こるかな？」のケースについて危険度を評定する活動
   1）学習の意義：　　　　　1．とてもあった　2．あった　3．あまりなかった　4．全くなかった
   2）生徒の参加意欲：　　　1．とてもあった　2．あった　3．あまりなかった　4．全くなかった
  （3）生徒用資料「どんなことが起こるかな？」のケースについて、起こりうる危険行動とその影響を予測する活動
   1）学習の意義：　　　　　1．とてもあった　2．あった　3．あまりなかった　4．全くなかった
   2）生徒の参加意欲：　　　1．とてもあった　2．あった　3．あまりなかった　4．全くなかった
  （4）生徒用資料「どんなことが起こるかな？」のケースについて危険度を再評定し、発表する活動
   1）学習の意義：　　　　　1．とてもあった　2．あった　3．あまりなかった　4．全くなかった
   2）生徒の参加意欲：　　　1．とてもあった　2．あった　3．あまりなかった　4．全くなかった
6. 上記の評価も含めて、特に良かった学習内容、活動、教材等があれば挙げてください。

7. 上記の評価も含めて、特に改善すべき学習内容、活動、教材等があれば挙げてください。

8. 本時全体に関して総合的に評定してください。
   1．とても良い　　2．良い　　3．悪い　　4．とても悪い
9. この授業に関連して「家庭や地域と連携した活動」をされましたか。
   1．はい　　2．いいえ
   ・実施された場合は、具体的にはどのようなことをされましたか。

10. その他、この授業に関するご意見やご要望があればお書きください。

中学校3年　第4時「性感染症の予防」

以下の事項について、該当する番号や箇所に○を付けたり、空欄に数字を入れたりしてください。

1. 授業実施日：（　　　）年　（　　　）月　（　　　）日
2. 本時の学習に要した時間　約（　　　）分
3. 予定した学習内容や学習活動について全て指導することができましたか。
   1．はい　　2．いいえ（具体的には：　　　　　　　　　　　　　　　　　　　　　　　　　　　　）
4. 本時全体について以下の点から評価してください。
   1）学習内容全体のつながりや授業の流れ：　　1．とても良い　　2．良い　　3．悪い　　4．とても悪い
   2）生徒の興味・関心：　　　　　　　　　　　1．とても高い　　2．高い　　3．低い　　4．とても低い
   3）生徒の授業への参加態度等：　　　　　　　1．とても良い　　2．良い　　3．悪い　　4．とても悪い
   4）<u>生徒にとっての学習内容や学習活動のレベル</u>：1．とても高い　　2．高い　　3．低い　　4．とても低い
   5）<u>先生にとっての準備に要する負担や時間</u>：　1．多い　　　　2．普通である　　　3．少ない
5. 各学習内容や学習活動について、評価してください。
   （1）アイスブレイク「うつる病気を防ぐためにできること」を行い、グループをつくる活動
   　1）学習の意義：　　　　　1．とてもあった　　2．あった　　3．あまりなかった　　4．全くなかった
   　2）生徒の参加意欲：　　　1．とてもあった　　2．あった　　3．あまりなかった　　4．全くなかった
   （2）生徒用資料「性感染症ってどんな病気？」を使って、若い世代の性感染症が多い理由について確認する活動
   　1）学習の意義：　　　　　1．とてもあった　　2．あった　　3．あまりなかった　　4．全くなかった
   　2）生徒の参加意欲：　　　1．とてもあった　　2．あった　　3．あまりなかった　　4．全くなかった
   （3）「中学生ができる性感染症を防ぐための方法」について、プレイスマットに各自で記入する活動
   　1）学習の意義：　　　　　1．とてもあった　　2．あった　　3．あまりなかった　　4．全くなかった
   　2）生徒の参加意欲：　　　1．とてもあった　　2．あった　　3．あまりなかった　　4．全くなかった
   （4）プレイスマットに「中学生ができる性感染症を防ぐための方法」について、グループの考えをまとめる活動
   　1）学習の意義：　　　　　1．とてもあった　　2．あった　　3．あまりなかった　　4．全くなかった
   　2）生徒の参加意欲：　　　1．とてもあった　　2．あった　　3．あまりなかった　　4．全くなかった
6. 上記の評価も含めて、特に良かった学習内容、活動、教材等があれば挙げてください。

7. 上記の評価も含めて、特に改善すべき学習内容、活動、教材等があれば挙げてください。

8. 本時全体に関して総合的に評定してください。
   1．とても良い　　2．良い　　3．悪い　　4．とても悪い
9. この授業に関連して「家庭や地域と連携した活動」をされましたか。
   1．はい　　2．いいえ
   ・実施された場合は、具体的にはどのようなことをされましたか。

10. その他、この授業に関するご意見やご要望があればお書きください。

中学校3年　第5時「自分の未来を考える」

以下の事項について、該当する番号や箇所に○を付けたり、空欄に数字を入れたりしてください。

1. 授業実施日：（　　　）年　（　　　）月　（　　　）日
2. 本時の学習に要した時間　約（　　　）分
3. 予定した学習内容や学習活動について全て指導することができましたか。
　　1．はい　　2．いいえ（具体的には：　　　　　　　　　　　　　　　　　　　　　　　　　　　　　　　　　　）
4. 本時全体について以下の点から評価してください。
　1）学習内容全体のつながりや授業の流れ：　　1．とても良い　　2．良い　　3．悪い　　4．とても悪い
　2）生徒の興味・関心：　　　　　　　　　　　1．とても高い　　2．高い　　3．低い　　4．とても低い
　3）生徒の授業への参加態度等：　　　　　　　1．とても良い　　2．良い　　3．悪い　　4．とても悪い
　4）生徒にとっての学習内容や学習活動のレベル：1．とても高い　　2．高い　　3．低い　　4．とても低い
　5）先生にとっての準備に要する負担や時間：　1．多い　　2．普通である　　3．少ない
5. 各学習内容や学習活動について、評価してください。
（1）アイスブレイク「あこがれている職業は？」を行い、グループをつくる活動
　1）学習の意義：　　　　1．とてもあった　　2．あった　　3．あまりなかった　　4．全くなかった
　2）生徒の参加意欲：　　1．とてもあった　　2．あった　　3．あまりなかった　　4．全くなかった
（2）活動シート「3年間の『思春期の心と体』の学習を振り返ろう」を用いて、これまでの学習を振り返り、将来にわたって注意すべきことや身に付けたいことを書く活動
　1）学習の意義：　　　　1．とてもあった　　2．あった　　3．あまりなかった　　4．全くなかった
　2）生徒の参加意欲：　　1．とてもあった　　2．あった　　3．あまりなかった　　4．全くなかった
（3）活動シート「10年後の私」を用いて、これから頑張りたいことや回避したいこと、身に付けたいライフスキルをイメージして書く活動
　1）学習の意義：　　　　1．とてもあった　　2．あった　　3．あまりなかった　　4．全くなかった
　2）生徒の参加意欲：　　1．とてもあった　　2．あった　　3．あまりなかった　　4．全くなかった
（4）活動シート「コラージュ『10年後の私』」を作り、将来の自分の姿のイメージを明確にする活動
　1）学習の意義：　　　　1．とてもあった　　2．あった　　3．あまりなかった　　4．全くなかった
　2）生徒の参加意欲：　　1．とてもあった　　2．あった　　3．あまりなかった　　4．全くなかった
（5）活動シート「コラージュ『10年後の私』」をグループ内で発表し、その後に、応援メッセージを書く活動
　1）学習の意義：　　　　1．とてもあった　　2．あった　　3．あまりなかった　　4．全くなかった
　2）生徒の参加意欲：　　1．とてもあった　　2．あった　　3．あまりなかった　　4．全くなかった
6. 上記の評価も含めて、特に良かった学習内容、活動、教材等があれば挙げてください。

7. 上記の評価も含めて、特に改善すべき学習内容、活動、教材等があれば挙げてください。

8. 本時全体に関して総合的に評定してください。
　　1．とても良い　　2．良い　　3．悪い　　4．とても悪い
9. この授業に関連して「家庭や地域と連携した活動」をされましたか。
　　1．はい　　2．いいえ
　　　・実施された場合は、具体的にはどのようなことをされましたか。

10. その他、この授業に関するご意見やご要望があればお書きください。

本書付録の CD-ROM について

本書付録の CD-ROM には、本書に掲載している教材が、各学年の授業事例ごとに PDF ファイルの形式（※）で収録されています。必要に応じてご活用ください。

収録内容：「活動シート」
　　　　　「教師用資料」
　　　　　「掲示用資料」
　　　　　「家庭用資料」
　　　　　「生徒用資料」
　　　　　「保護者用アンケート」
　　　　　「授業評価表」

・本 CD-ROM に収録しているデータの無断複製は、著作権法上の例外を除き禁じられています。
・本 CD-ROM に収録しているデータを、本書の目的に沿わない方法で使用することや、公序良俗に反する使用、名誉毀損を伴う使用、その他法律の定めに反する使用をすることは固く禁止いたします。
・製造上発生した本製品の物理的な欠陥による良品との交換以外の保障、また、本製品を使用したことにより発生した不具合等についての保証はいたしかねますので、ご了承の上ご使用ください。
・本 CD-ROM が入った袋を開封した場合は、上記内容を承諾したものと判断させていただきます。

（※）　PDF ファイルを閲覧するには、アドビシステムズ社（Adobe Systems Incorporated）の Adobe Reader／Adobe Acrobat がインストールされている環境が必要です。
　　　Adobe Reader は、アドビシステムズ社のホームページ（http://www.adobe.com/jp/downloads.html）からダウンロードすることができます（無償）。

● 編著者

川畑　徹朗（かわばた　てつろう）

神戸大学大学院人間発達環境学研究科　教授。

　1951年鹿児島県生まれ。東京大学教育学部体育学健康教育学科（健康教育学コース）卒業、同大学院教育学研究科（健康教育学専攻）修士課程修了、同博士課程中途退学、東京大学教育学部助手、神戸大学発達科学部講師、同助教授、同教授を経て現職へ。1992年10月、東京大学において博士（教育学）を取得。

＜主な社会的活動＞
- JKYBライフスキル教育研究会代表
- 伊丹市教育委員会教育委員
- 一般社団法人　日本学校保健学会常任理事

● 執筆者

池田真理子	福山市立野々浜小学校　校長
岩澤奈々子	埼玉県教育局県立学校部保健体育課　指導主事
片倉　有紀	川口市立安行中学校　主幹教諭
工藤ひとし	新潟県学校生活協同組合本部　常務理事
坂井　知子	川口市立戸塚綾瀬小学校　教頭
佐藤　恵子	川口市立並木小学校　教頭
堀　　　徹	新潟市立潟東中学校　教諭
牧野淡紅恵	新潟市立東石山中学校　教諭
李　　美錦	神戸大学大学院人間発達環境学研究科　研究員

ライフスキルを育む
「思春期の心と体」授業事例集　［CD－ROM付］

2014年7月15日　初　版　発　行

編著者──川　畑　徹　朗
発行者──星　沢　哲　也

発行所──東京法令出版株式会社

〒112-0002　東京都文京区小石川5丁目17番3号　☎03(5803)3304
〒534-0024　大阪市都島区東野田町1丁目17番12号　☎06(6355)5226
〒062-0902　札幌市豊平区豊平2条5丁目1番27号　☎011(822)8811
〒980-0012　仙台市青葉区錦町1丁目1番10号　☎022(216)5871
〒462-0053　名古屋市北区光音寺町野方1918番地　☎052(914)2251
〒730-0005　広島市中区西白島町11番9号　☎082(212)0888
〒810-0011　福岡市中央区高砂2丁目13番22号　☎092(533)1588
〒380-8688　長　野　市　南　千　歳　町　1005　番　地
　　　　　　〔営業〕☎026(224)5411　FAX 026(224)5419
　　　　　　〔編集〕☎026(224)5421　FAX 026(224)5409
　　　　　　http://toho.tokyo-horei.co.jp/

©TETSURO KAWABATA Printed in Japan, 2014
- 本書の全部又は一部の複写，複製及び磁気又は光記録媒体への入力等は著作権法上での例外を除き，禁じられています。これらの許諾については，当社までご照会ください。
- 落丁本・乱丁本はお取替えいたします。

ISBN978-4-8090-6306-0